亲清政商:寻求政府与商会的策略性合作

徐越倩 著

浙江工商大学出版社
ZHEJIANG GONGSHANG UNIVERSITY PRESS
·杭州·

图书在版编目(CIP)数据

亲清政商：寻求政府与商会的策略性合作 / 徐越倩
著. — 杭州：浙江工商大学出版社，2019.12
ISBN 978-7-5178-3446-5

Ⅰ. ①亲… Ⅱ. ①徐… Ⅲ. ①行政干预－市场经济－
研究－中国 Ⅳ. ①F123.16

中国版本图书馆 CIP 数据核字(2019)第 188423 号

亲清政商:寻求政府与商会的策略性合作
QINQING ZHENGSHANG：XUNQIU ZHENGFU YU SHANGHUI DE CELUEXING HEZUO
徐越倩 著

责任编辑	徐　凌	
封面设计	林朦朦	
责任印制	包建辉	
出版发行	浙江工商大学出版社	
	（杭州市教工路 198 号　邮政编码 310012）	
	（E-mail:zjgsupress@163.com）	
	（网址:http://www.zjgsupress.com）	
	电话:0571－88904980,88831806(传真)	
排　　版	杭州朝曦图文设计有限公司	
印　　刷	杭州高腾印务有限公司	
开　　本	710mm×1000mm　1/16	
印　　张	13.75	
字　　数	217 千	
版 印 次	2019 年 12 月第 1 版　2019 年 12 月第 1 次印刷	
书　　号	ISBN 978-7-5178-3446-5	
定　　价	49.00 元	

总　序

从 70 年前毛泽东同志在天安门城楼上庄严宣告中华人民共和国成立，到如今社会主义中国巍然屹立在世界东方，中华民族再一次创造了人类历史上的伟大奇迹。　站在 2019 年的时代节点，回顾以往，梳理总结中华人民共和国成立 70 年以来的发展经验，开辟国家富强与民族复兴之新境，是时代赋予中华儿女的责任。

钱塘自古繁华，文明薪火相传。　浙江是中国革命红船启航地、改革开放先行地、习近平新时代中国特色社会主义思想重要萌发地。　浙江这 70 年的发展，是全方位的发展，更是特色鲜明的发展。　特别是改革开放以来，浙江一直是当代中国发展的潮头阵地，"温州模式""义乌模式"等彰显了当代浙江经济、社会发展的巨大成就；20 世纪 90 年代以来，以马云为代表的浙商更是创造了浙江发展的新景观：作为浙江省会的杭州已经发展成为世界电子商务中心、全球移动支付大本营、"一带一路"倡议与"长三角一体化"发展战略的交会地。

当代浙江在各个领域取得的成就为世界瞩目，这种成就既得益于中华优秀文化，也得益于之江山水所培育的浙学传统。　浙学传统是涵养浙江精神的源头活水，也是促进浙江当地社会文化与经济发展的文化力动因。　浙商文化是浙商之魂，崇义养利的价值逻辑、知行合一的认知逻辑、包容开放的行为逻辑，促使一代又一代浙商搏击商海、乘风破浪、勇立潮头，闯出了敢为人先的新路，书写了创业创新的传奇，承载了浙江发展的荣光。　义利相和、知行合

一、创新融汇的浙学特质是浙商精神的深层文化内蕴。 从"走遍千山万水、吃尽千辛万苦、说尽千言万语、想尽千方百计"的"四千精神"，到"千方百计提升品牌、千方百计保持市场、千方百计自主创新、千方百计改善管理"的"新四千精神"，再到以"坚忍不拔的创业精神、敢为人先的创新精神、兴业报国的担当精神、开放大气的合作精神、诚信守法的法治精神、追求卓越的奋斗精神"为内涵的新时代浙商精神，都已融入浙商群体的血脉里，化作浙商群体的优秀基因，促使浙商跨出省界、国界，成为具有全球影响力的商帮。 而浙商世界化及随之而来的浙学传统、浙江精神的世界化，实质上也表征了中华文化走向世界、中国经验走向世界的文化景象。

"国家当富强，始基端在商。"浙江工商大学作为浙江省重点建设大学，同时也是省政府与教育部、商务部共建的大学，总结浙商发展、传承浙商文化、引领浙商发展，是它的天然使命。 我们不会忘记，100 多年前浙江工商大学的先贤们在实业兴国呼号中为实现救亡图存、国富民强的创校初心；我们不会忘记，15 年前时任浙江省委书记习近平在视察学校时对学校提出要在"全国有位置、全省很重要"的殷切期望。 而今，把大商科人才培养好，让学校早日进入"双一流"建设大学的行列，既是全体商大人的历史担当，也是全体商大人的共同梦想。 作为浙江工商大学的学者，我们当然要总结和记录浙江 70 年的发展历程，以及浙江 70 年围绕"商"的发展历程。 为此我们设计和组织编写了"中华人民共和国成立 70 周年浙商研究院智库丛书"，梳理、总结浙江 70 年以来在"商"领域所取得的成就、收获的经验。

《勇立潮头：浙江高水平现代化建设研究》一书介绍了浙江高水平现代化建设的经验和成效。 近 5 年来，浙江现代化建设规模不断扩大，质量不断提升，创业生态环境不断优化，就业工作成绩显著。 站在新的起点上，该书系统总结了浙江高水平现代化建设的经验，并面对新的矛盾和挑战、新形势、新变化，提出了相应的政策建议，为实现浙江"高水平全面建成小康社会和高水平推进社会主义现代化建设"的目标提供参考。《浙江省新型政商关系"亲清"指数研究》一书总结了浙江在构建新型浙商关系方面的经验，构建了浙江新型政商关系"亲清"指数的指标体系，并对浙江 11 个城市进行指数评价，为浙江"亲清"政商关系优化提供了改进方向。《亲清政商：寻求政府与商会的策略性合作》一书系统回顾了中华人民共和国成立以来我国政府与商会关系发展的历史脉络与演进逻辑，从 3 个方面提出政府与商会"策略性合作"的分析框架，并站在历史新起点上提出政府与商会展开合作治理的路径。

《大国经贸：新国际贸易冲突理论构建与中美经济关系》一书建立和发展了适应世界经济发展形势和生产技术水平的新贸易冲突理论，以更好地解释中美国际贸易摩擦及 21 世纪国际贸易冲突问题，在重构全球贸易规则和经济贸易体制、促进世界经济贸易格局的健康发展等方面提出了相应建议。《跨境电商：数字经济第一城的新零售实践》一书深入探讨了杭州跨境电子商务综合试验区的成功经验，总结了杭州在解决数字经济体制性难题方面的先行先试经验，为基于大数据分析的政府管理创新提供经验借鉴，以推进杭州成为"世界商店"在中国的主窗口，成为中国数字经济第一城。《卓越流通：数字经济时代流通业高质量发展与浙江经验》一书在全面回顾我国电子商务及跨境电商发展历程、趋势与动因的基础上，从微观、中观和宏观的角度系统阐述了跨境电商的相关理论；在总结我国跨境电子商务综合试验区试点成效与存在问题的基础上，系统阐述我国跨境电子商务综合试验区试点的主要内容和实践创新。

《撬动全球：复杂制度环境下浙商海外直接投资研究》一书梳理了浙商全球化发展的文化、经济与政策环境，总结了浙商海外直接投资所取得的成就及在合法性获取和高端资源获取方面的经验，并提出了浙商海外直接投资高质量发展的具体策略。《品质民生：浙江民生服务的创新与发展》一书以全球公共服务改革为基本背景，系统总结分析了浙江省自中华人民共和国成立以来在民生方面的发展历程、发展的阶段性特征和取得的主要成就，系统阐述了近 70 年来尤其是 21 世纪以来在民生方面的创新实践，并对未来构建以人民为中心的高质量发展型服务体系提出了框架性展望。《文旅融合：理论探索与浙江产业发展实践》一书从理论上建构了文化产业与旅游产业的耦合机制与模式，并利用翔实的案例分析了文化产业和旅游产业耦合发展的问题及解决对策。

百余年前，历史风云如澎湃的钱江大潮汹涌而来，留学东京的蒋百里为《浙江潮》撰写的发刊词，成了鼓舞人心的战斗号角。 其中写道："可爱哉！

浙江潮。 挟其万马奔腾，排山倒海之气力，以日日激刺于吾国民之脑，以发其雄心，以养其气魄。 二十世纪之大风潮中，或亦有起陆龙蛇，挟其气魄，以奔入于世界者乎？"青春的追问与腾飞的梦想依然在天空回荡，它折射出历史的光彩，唤醒了记忆，让人缅怀。 令人欣慰的是，中华人民共和国成立 70 年以来，浙江的实践与发展成就对此做出了最好的回答。 我们为浙江的今天而振奋，也期待浙江的明天更美好。

虽然是系列丛书，但是我们并不追求面面俱到，而是利用浙江工商大学的研究积累对浙江 70 年"商"的特色进行了基于不同角度的透析。 在总结浙江经验的同时，我们更希望这些经验能够为浙江未来的高质量发展提供借鉴。

是为序。

陈寿灿

2019 年 11 月 30 日

本著作是以下项目资助成果

- 教育部哲学社会科学研究重大课题攻关项目"新型政商关系研究"(17JZD008)
- 国家社科基金项目"城市治理转型中异地商会与地方政府的策略性合作机制研究"(18BZZ094)

C目录 ontents

1
政府与商会关系的历史发展与政策演变

中华人民共和国成立 70 年以来，政府与商会的关系作为政商关系的"晴雨表"，以不同的表现形态呈现。 要理解其"晴雨"背后的原因，需要对政商关系有一定把握。

党的十九大报告明确提出要构建亲清新型政商关系，促进非公有制经济健康发展和非公有制经济人士健康成长。 国家正以前所未有的战略高度，看待政商关系在促进非公有制经济健康发展和民营企业家健康成长中的作用，并在中央层面全面开启了政商关系发展的新进程。 "亲""清"两个字深刻阐明了构建新型政商关系的原则和方向，也提出政府－商会关系的新要求与新议题。 新型政商关系可以从三大层面来分析，宏观层面的政商关系是政治与经济的关系，中观层面的政商关系是政府与商会组织的关系，微观层面的政商关系则是政府官员和企业家的关系。 因此，把握政商关系的发展，需要从中观层面厘清政府和商会关系的理论进路和政策演化，以推进新时代新型政商关系的研究。

本章首先从政商关系的基本内涵与意义出发，梳理了政商关系相关研究理论，并以历史上政府与商会的关系为基础，通过梳理中华人民共和国成立 70 年来政府与商会关系发展的政策演变，来厘清这 70 年来政府与商会关系发展的历史脉络。 在此基础上，结合新时代亲清政商关系的提出、民营经济的发展和社会治理的新要求等，讨论在新型政商关系构建背景下的政府与商会关系蓝图。

1.1　政府与商会关系发展的历史脉络

总的来说，政商关系就是各级政府同民营企业之间的关系，是一种社会关系和利益关系。国家是公共资源的分配者，商人是商业资源的分配者，二者必然会在社会资源分配领域发生重要联系。这就是政商关系产生的逻辑起点。在不同的层面上，政商关系分别体现为政治与经济、政府与企业、官员与企业家三个方面的关系。进入现代社会以来，政治和经济的联系日趋紧密，政商关系逐渐成为一个影响国家经济发展、社会秩序、国际竞争力的重要问题。基于各自的历史经验和价值取向，不同类型的国家对政商关系的态度、观点和政策各有不同。相应的是，不同类型的政商关系都在某种程度上反映了该国在某一历史时期的政治体制、经济发展和社会思潮状况。

基于独特的国情和文化传统，中国的政商关系呈现出鲜明的特点。比如，政府在经济发展中占主导地位，经济发展服务于政治目的，政商之间缺乏明晰的界限等。这些特点可以表明，中国的政商关系是自身历史文化和实践经验的产物，具有独特的发展脉络和演进路径。把握这些特点是构建新时代新型政商关系的首要前提，众多学者从不同视角出发，深入研究了不同语境下政商关系的含义与特点，较为准确地把握了中国政商关系的特殊维度。

1.1.1　政商关系的内涵与意义

一般意义而言，从宏观层面看，政商关系是指政治和经济的关系，而从微观层面来看，是指官员和企业家之间的关系。从这一定义出发，可以推定研究中国特色的新型政商关系所涉及的对象也是可以从这两个方面加以归纳的。从宏观层面看，政商关系主要体现的是政治运行机制与经济运行方式相互间的影响。"政"主要是指政府，包括中央政府和地方政府；"商"则首先包括体现公有制性质的企业（如国有企业、集体企业等），其次包括体现非公经济性质的企业（如民营企业、外资企业等）。从微观层面看，"政"是指手中掌握国家公权力的国家公职人员，也就是通常所说的"官员"；"商"

是指企业家，即通常所说的"商人"。

中国特色新型政商关系的核心内涵在于"亲"与"清"。具体而言，在价值层面，"亲"和"清"反映了党中央和政府试图通过重构正常的市场经济主体关系，来全面塑造符合社会主义核心价值观的社会价值体系基础。这种社会价值体系基础的核心是民主法治价值及官商二元化价值，其支撑价值体系是平等服务精神、清廉正派意识和守法诚信价值。在制度层面，"亲"和"清"厘清了政府部门的职能边界和企业的经营边界，并在法治框架下得以明确，从而尽可能地释放企业的自主空间，使市场在资源配置中起决定性作用。同时，进一步推进行政体制改革，建立健全"权力清单"与"负面清单"制度，全面推进依法治国。在机制层面，重塑官员与企业、企业家之间的互动规则，使政治家、官员和企业家在各自的扩展秩序里根据法律和规则行事，各司其职。政治家、官员和企业的关系是基于扩展的政治秩序、理性化官僚秩序和市场秩序的关系。各级领导干部要依法行政、依法用权，积极为企业办好事、办实事，同时，企业家要树立正确的经营理念，由坚持走产品创新之路，而非依靠传统的人情关系实现企业发展。

"亲"和"清"的中国特色新型政商关系体现出非人格化和双向性的特征。人格化是传统政商关系的特征。一些民营企业家在官员和政府之间画等号，使政商关系被"人格化"，其结果就是在处理政商关系的过程中，企业家不得不考虑每个官员独特的利益需求和行为偏好，最终造成了对"商"的利益侵害。而在新型政商关系中，由于"亲"和"清"互为条件的设定，行为的边界得到了明确，企业家不必再考虑官员的个人喜好和利益需求，政商关系表现出非人格化的特征。双向性特征具体表现为三点：一是从关系自身看，"亲"和"清"互为条件；二是构建这种关系需要双方共同付出努力，单凭一方的努力是无法构建成功的；三是这种关系的最终效果是双方共赢，即政府引导和支持了企业的发展，企业缴纳税收保障了政府的财力。

事实上，中国特色新型政商关系分析框架可由表及里分为三个层次：官员与企业家、政府与企业、政治与经济。最表层的是政府官员与企业家的关系；中间层的是政府与企业的关系；最深层的是政治与经济的关系。最表层的关系类似"晴雨表"，可以在现实中直接反映出政商关系正常与否。中间层的关系是最表层关系的深入，从表层人与人的关系折射出政府部门与企业组织的关系，反映出政府"有形之手"的干预和企业对政府决策的影响。 最深层的关系是最基本、最核心的关系，反映出政治运行机制与经济运行方式相互间的影响。 一般来讲，权力越集中的政治运行机制对经济运行的控制越强，而经济主体活动自由度越高，对进一步分散政治权力的控制的呼声就越高。 作为行业利益及特定群体利益的代表的行业协会，商会在新型政商关系构建中该如何发挥作用？ 这对于提高"政"与"商"的"亲""清"程度意义重大。

1.1.2 政商关系研究综述

习近平总书记在 2016 年 3 月 4 日看望参加政协会议的民建工商联委员时，提出了新形势新条件下政府官员和非公有制经济人士互动交往的新要求、新希望，并将其概括为"亲""清"政商关系。 习近平指出，新型政商关系，概括起来说就是"亲""清"两个字。 对领导干部而言，所谓"亲"，就是要坦荡真诚地同民营企业接触交往，特别是在民营企业遇到困难和问题的情况下更要积极作为、靠前服务，对非公有制经济人士多关注、多谈心、多引导，帮助他们解决实际困难，真心实意支持民营经济发展；所谓"清"，就是同民营企业家的关系要清白、纯洁，不能有贪心、私心，不能以权谋私，不能搞权钱交易。 对民营企业家而言，所谓"亲"，就是积极主动同各级党委、政府及部门多沟通，多交流，讲真话，说实情，建诤言，满腔热情地支持地方发展；所谓"清"，就是要洁身自好、走正道，做到遵纪守法办企业、光明正大搞经营。

新型政商关系，是习近平总书记在深刻把握社会主义市场经济规律、国家治理规律的基础上提出来的，是习近平总书记通过对改革开放以来政府官员和非公有制经济人士交往的实践中长期观察而总结提炼出来的。 习总书记提出的新型政商关系，是中国特色社会主义市场经济建设和社会主义现代化建设过程中政府官员和非公有制经济人士互动交往的指南，具有深刻的理论意义和现实意义。

为了更加深刻理解及更加深入研究新型政商关系，我们有必要对关涉新型政商关系的一些基础性、关键性和前沿性问题做一些学术梳理，并在此基础上提炼出若干主要研究问题，以丰富并推进新型政商关系的进一步研究。通过对新型政商关系相关既有研究的梳理和总结，本节内容将从政商关系的逻辑起点与基本类型研究、政商关系的规范化与法制化问题研究、政商关系中的政府职能问题研究、商企主体与政府互动研究、商会与政商关系、互联网经济背景下的政商关系等六个部分展开综述工作。

（一）政商关系的逻辑起点与基本类型研究

政商关系一般是指"政"和"商"在履行行政职能和经济职能过程中所形成的相互作用关系（韩影、丁春福，2016）。从政商的角度看，政商关系涉及权力与资本、政府与市场、公职人员与企业家的关系，是一种复杂的关系。同时，政商关系也涉及政治、经济、文化、社会等问题，是当前社会普遍关心的热点问题（庄聪生，2016）。因此，在中国的语境下，政商关系又可被称为政企关系、权钱关系、政资关系、官商关系等。

1.政商关系的缘起和本质

严格地说，政商关系是一个科学概念，是一种客观存在，因而是一个中性词汇。从边界来说，政商是绝缘的，而从其在国家、社会中的位置来看，政商又有着很深的联系（肖擎，2015）。实际上，政商关系起源于商品交换，恩格斯认为，"由于商品交换的发展，出现了一个不再从事生产只从事产品交换的商人阶级……由于有了阶级对立，于是产生了国家"（恩格斯，1884），即"作为一种社会关系，政商关系出现于人类历史上的第三次社会大分工"（韩阳，2016）。不难理解，作为公共资源的分配者与作为商业资源的分配者，政府和商人必然会在社会资源分配中发生这样那样的联系，这种联系就是政商关系基本内涵的逻辑起点（陈连艳，2017）。

因此，究其本质而言，政商关系可理解为交换关系。这种交换是以双方资源为基础，以满足对方需求为核心而形成的特殊关系。政府拥有公权力，可凭借政策法规和税收等手段监管、服务、支持企业的发展；反之，企业通过上缴税收、为社会提供各类产品和服务，促进就业和经济发展，保障政府的顺利运转（刘忠和、杨丽坤，2016）。这种交换场域类似于政治市场，那些熟知市场规则、掌握市场品格的民营企业家往往对政治事务做市场规则的解读和处理，因而形成了制度经济学意义上的政治市场。 在这一政治市场中，民商付出财富（正式渠道的税收和其他非正式渠道的支出）和政治服从，换取政府给予的在市场资源、政治资源等方面的回报。 在此过程中，企业和企业家提高了经济绩效，政府和官员收获了经济利益和政绩，政商双方各得其所（张伟，2015）。 正是这样一种特殊的交换关系，使得政商关系表现为较为复杂的政治经济关系，因而这种关系必将受到来自政治、经济、文化、社会等多个方面的影响，也必将涉及政治与经济、权力与资本、政府与市场、政府职能部门与企业、政府官员与企业家等多个维度的关系（蔺丰奇、马俊红、辛颖，2017）。 更为复杂的是，这一本来就复杂的政治经济关系又与中国的改革开放联系在一起，同当代中国由计划经济向市场经济的改革、从人治向法治的转型联系在一起，造就了当代中国政商关系的复合结构（佟德志，2015）。

2.国外政商关系的基本类型

不同的制度环境、话语体系、发展模式会形成不同的政商关系类型。 从现有研究来看，政商关系类型可从学术话语体系和实际政商关系两个角度展开。

从学术话语体系来看，政商关系可分为自由主义语境下的政商关系、国家主义语境下的政商关系和统合主义语境下的政商关系三个类别。

（1）自由主义语境下的政商关系。 自由主义强调"个人自由的重要性，并把保障个人的自由权利作为政府基本的甚至是唯一的目的，把宪政与法治作为实现这一目的的主要手段"（马德普、刘训练，2013）。 将此逻辑演绎到政府与市场关系领域，政商关系坚守市场至上原则，反对国家干预。

（2）国家主义语境下的政商关系。 国家主义认为："私利的无尽追求是导致社会道德沦丧和社会混乱的'罪魁祸首'，唯有作为完善伦理实体的国家才能克服"（徐伟，2013），因此必须让国家这个具有理性能力的行动主体参与甚至主导经济发展。

（3）统合主义语境下的政商关系。 统合主义综合自由主义和国家主义的优缺点，强调国家和社会、政府与市场的互动。 在统合主义模式中，"国家在其中扮演的角色是建筑师或政治秩序的立法者"（曹海军、文长春，

2006），"国家是指导和控制私有企业走向团结、秩序、民族主义和成功四大目标的一种经济体系"（Weaver. R，1993；韩阳，2016）。

从发达的市场经济体的发展实践来看，政商关系还可以划分为代理关系、指导关系和管理关系这三种类型。在代理关系中，政府是商人的代理者；在指导关系中，政府是商人的指导者；在管理关系中，政府是商人的管理者。

（1）"代理关系"式政商关系。该类政商关系以美国为典型代表。美国的建国历史是一部贯穿自由主义政治理念的历史。在该政治理念的渲染下，美国建立了较为原教旨意义上的政府，即"越小越好"的政府和以"不能够做什么"为目的的政府。在这样的政治理念支配下，商人成了社会的主宰，大集团、大财阀控制了美国的政治经济发展，美国可以配得上"被商人俘获的国家"的称号，正如《谁统治美国》一书所说，"统治美国的是那些创造了巨额财富的所有者和高管"（多姆霍夫，1967）。

（2）"指导关系"式政商关系。该类政商关系以日本为典型代表。在日本的明治维新时期，政商关系体现为相互依赖和互相支持的关系。随着财阀的迅速发展，日本的经济乃至政治都为其左右。"二战"结束后，在美国的干预下，日本政府获得了制定经济方针和产业政策的权力。在此过程中，自由市场经济的理念逐步加强，财阀的市场化水平逐渐提高，并形成了政府指导发展的习惯和模式，当然，财阀也从政府指导中获得了经济利益，形成了"政府指导＋财阀经营"的政商关系模式（韩阳，2016）。

（3）"管理关系"式政商关系。该类政商关系以新加坡为典型代表。新加坡面积狭小，单个企业的力量特别是资本力量过于薄弱，因而在1965年立国之后，新加坡政府聚合社会资源，让政府参与经济建设，直接管理、经营各类公司，出现了各类由官方主导、主办的国有企业。不仅如此，为了对日益增多的国有企业进行更加有效的管理，1974年，新加坡财政部投资司组建了一家专门经营和管理国联企业中国家资本的公司——淡马锡公司，其宗旨是"通过有效的监督和商业性战略投资来培育世界级公司，从而为新加坡的经济发展做出贡献"，进而形成了颇具特色的"管理主义"政商关系（储建国，2016）。

3. 我国"旧式"政商关系的类型与形成机制

"旧式"政商关系有多种类型，按照政府和官员及企业和企业家的主动、被动程度大致可分为官商勾结、仗权欺商、消极躲避和商裹挟政等四个类型（孙丽丽，2016）。不管何种类型，上述"旧式"政商关系都具有"权""利"合谋行为及损害公众利益的特点。从官员主动的角度看，"旧式"的政商关系表现为"官倒""国有资产私有化""公用事业与公共资源贱卖化""项目运作腐败化"等多种表现形态（唐亚林，2015）；从企业家、商人主动的角度看，这种"旧式"的政商关系则表现为民营企业家与公职人员建立非理性私人联系，对重要事项以利益诱惑，以各种方式寻求政治代言人，结成固化的"政商利益联盟（韩影、丁春福，2016）"，以及"拉拢腐蚀官员，违规进入人大、政协，干预基层民主，争夺政策红利"等其他形式（韩阳、宋雅晴，2015），以至于形成"权力围猎"（祝捷，2017）的可怕景象。

研究显示，形成"旧式"的政商关系的原因，既包括权力划分不合理，也包括监督机制不完善，还包括政治文化差异。其中，政商关系"不健康"最根本和最关键的原因是政府的定位不合理，也即权力划分不合理，对政府与市场、政府与社会的治理边界缺乏清晰的界定（田国强、单一良，2015），公权力的"模糊边界"（马俊红、辛颖，2017）甚至存在着部分领域的政商重叠（韩阳、宋雅晴，2015）；从监督机制上说，权力运行缺少制度约束，针对政府官员拥有的过多的自由裁量权的监督机制相对滞后（刘以沛，2016）；从政治文化上说，"官本位"和"抑商"的传统文化（韩影、丁春福，2016）、"内圣外王"的思想传统（刘海平，2016），以及极具中国特色的关系文化导致的公私不分（王增杰，2017）等。而三者的结合，则更加有力地为"不健康"的政商关系提供了滋生的土壤和生长的广阔空间。如果说上述原因具有"进"和"积极"的性质，那在反腐力度加大的当下，另一种具有"退"和"消极"性质的被称为"官员不作为"的现象也成为"不健康"政商关系的重要原因。其具体表现为：对政商关系的"度"吃不准——不敢为、怕出事，不敢担当——不愿为，能力恐慌——不作为。

(二)政商关系的规范化与法制化研究

1．"亲""清"政商关系的内涵解读

"亲"就是党员领导干部要"亲"商，廉洁从政；民营企业家要"亲"政，守法诚信（尹晋华，2016）。 这种新型政商关系，是指建立在社会主义市场经济体制框架下的，受法律约束的，同时也受公众监督的，平等的、合作的政商关系。 它是一种以造福人民为目标的和谐关系（李轶楠、房广顺，2015），是建立在制度化、法治化基础上的平等、独立、合作和互补的民营企业与政府之间的关系，它与完善的市场经济相适应，具有鲜明的非人格化特征（王建均，2015）。 总而言之，伦理和法律制度是构成这种新型政商关系的两个基本层面（竺乾威，2016）。

习总书记关于新型政商关系的论述，是建立在习总书记对长期工作实践的总结和理论反思的基础之上的，有其深刻的历史基础和鲜明的时代背景。 "亲""清"政商关系的提出，是针对一些又想当官又想发财的人提出的，是为鼓励、支持和服务民营经济发展提出的，是针对某些政府官员不能把握政商交往分寸提出来的，是为了进一步明确政府和市场边界提出来的，是为了倡导民营企业家守法经营、履行社会责任提出来的，是为了促进非公有制经济和非公有制经济人士形成"两个健康"提出来的，是为了规避"八项规定"后少数领导干部认为多一事不如少一事以确保政治安全的想法提出来的（杨卫敏，2016）。 可以说，新型政商关系是时代的呼唤，是坚持和发展中国特色社会主义基本经济制度的基本要求（侯远长，2017）。

"亲""清"政商关系具有重要的经济意义、社会意义和政治意义：第一，"亲""清"政商关系是对社会主义市场经济条件下政商关系的深刻反思和重新定位，它重新阐释了权力与资本的规范关系，再次体现了社会主义制度的活力和优越性；第二，"亲""清"政商关系有利于克服、避免和降低权力异化和资本异化，防止权钱转化；第三，"亲""清"政商关系再次宣示了党中央对懒政怠政鲜明的反对态度，要求社会主义市场经济中政府官员必须投入大量精力做好经济工作；第四，"亲""清"政商关系有利于最大限度地发挥资本的经济效益，有利于解放资本的逐利性质；第五，"亲""清"政商

关系有利于降低或克服市场经济中的自利人、理性人假设的局限，也有利于
实现社会主义市场经济条件下社会的公平正义（张国清、马丽、黄芳，
2016）；最后，这种"亲""清"关系营造了政商精英集团的良性互动与成长
的良好环境，还有利于避免上层政商精英与下层民众的割裂（靳浩辉、常青，
2017）。

2. 新型政商关系的法制体系

法治下的政商关系是区别于旧的、落后的政商关系而产生的新型政商关
系，新型政商关系也必然以法治为基础。这里的法治，包括法治经济、法治
思维、法治生态、法治框架和法治路线。

（1）法治经济。法治经济是新型政商关系的核心。法治经济是指国家
通过制定法律、法规调整经济关系，制定并实施科学完备的市场经济规则（裴
长洪，2015），规范经济行为，指导经济运行，维护经济秩序，从而使整个经
济逐步按照法律规定的方式快速、健康、持续、有序地发展。从某种意义上
说，社会主义市场经济的本质就是法治经济（邱黎，2016）。

（2）法治思维。法治思维是新型政商关系的基础。在法治思维下，政
府犯法，也必须承担相应的法律责任。就企业而言，法无禁止则行（李轶
楠、房广顺，2015）。这就是说，法治思维下的政府和民营企业具有同等的
法律地位。民营企业经商要守法，政府执法也要守法。这就要求政府官员和
民营企业家都以法治思维思考问题，以法治思维处理问题。

（3）法治生态。法治生态是新型政商关系的保障。法治生态不是无中
生有，而是建立在科学的法律体系、规范的执法环境、公正的司法环境，以及
良好的守法环境基础之上的。这就要求政商双方都正确对待法律和权力，高
度重视自身信誉和信用，既要严格约束政府权力，使之不发生异变，又要努力
发挥权力的管理功能和服务功能，防止权力退化（方世南，2017）。

（4）法治框架。法治框架是构建新型政商关系的关键。新型政商关系
依赖于科学的制度体系，而科学的制度体系必须建立在法治框架的基础之
上。法治框架下的政商关系，既应该重视宏观的政策制度问题，又应该重视
微观的法律法规问题；既应该把握静态的法治框架，又不能忽视其动态调整；
既应该把重点放在法治上面，又不能回避客观存在的人治问题（张学娟、郝宇

青，2017）。

（5）法治路线。 法治路线是落实新型政商关系法治化的操作步骤。 不可否认的是，不论何种政策法规和制度安排，都必须落实到具体的人，也即官员和企业家身上。 因此，必须注重政府官员和企业家朝向法治化的互动交往。 推进这种法治化的交往，应当遵循"构建法治框架下的官员相对自主性—构建法治框架下的国家和政府官员的嵌入式自主性—构建法治框架下非公有制经济人士的反向嵌入式自主性—形成政商之间的治理式互赖"（杨鹏程，2017）这样一个技术路线。

3. 新型政商关系的基础和保障

新型政商关系不是凭空产生的，更不是依靠政治口号形成的。 构建新型政商关系必须具备若干基础和保障。

（1）价值基础。 新型政商关系的社会价值核心基础是民主法治价值及官商二元化价值，其支撑价值体系是平等服务精神、清廉正派意识和守法诚信价值（唐亚林，2016）。 同时，要真正实现政商之间的良性互动，还须遵循一些基本性伦理规则，特别要符合三利（利己、利民、利国）三公（公开、公正、公平）的道德要求（靳凤林，2016）。 在此基础上，还应以德治党，构建政商关系新生态，包括坚定理想信念、发扬优良作风、提升思想道德修养（刘俊杰、董雨荣，2016）。

（2）法纪基础。 在全面从严治党的背景下，除了用道德确立领导干部行为高线外，还应用国法党规划定领导干部行为底线，这就要求科学配置权力，发挥党委"一把手"的监督作用，推行领导干部个人事项申报制度与财产公开制度相结合的政策，推行"三张清单制度"，严格执行《中国共产党纪律处分条例》（刘俊杰、董雨荣，2016）。

（3）制度基础。 首先，要加强政府制度方面的建设，这就要求建立领导干部考核问责（靳浩辉、常青，2017）、领导干部职务任期等相关制度；其次，要将非公经济放在一个恰当的位置并建立和完善相关的制度，这里特别要重视落实好政府和民营企业在法律上的平等地位（竺乾威，2016）；最后，要健全权力运行制约和监督体系，让人民监督权力，让权力在阳光下运行，确保国家机关按照法定权限和程序行使权力（陈林，2016；张学娟、郝宇青，

2017）。

（4）技术基础。 这里主要指通过政绩考核促进"亲""清"型政商关系的建立。 陈璟、刘俊生认为，可以从四个维度进行政绩考核。 首先是职能转变维度，考察的是政府为了更好地满足顾客的要求而需要做出的改变和成长；其次是工作流程维度，关注的是政府为了构建新型政商关系应该如何对自己的工作流程进行设计和改进的问题；再次是顾客维度，关注的是作为政府服务对象的顾客对政府服务的评价和感受；最后是效益维度，即要对政府服务所带来的经济效益、社会效益、环境效益及服务成本等加以考核（陈璟、刘俊生，2016）。

（三）政商关系中的政府职责研究

1.改革开放后政府职能与政商关系演化

由于中华人民共和国成立后我国实行的是高度集中、政企合一的计划经济体制，而非公有制经济是随着改革开放形成和发展起来的，因此政商关系的建立应从改革开放开始算起。 从现有研究来看，政商关系可从扩大国有企业自主权开始演化，并经历以下四个阶段（邱实、赵晖，2015）：

第一阶段（1979—1983 年）：政企合一开始变化，政商关系开始演变。这一时期的民营企业刚刚萌芽，并未形成独立的重要力量，因而这一时期的政商关系主要体现在政府和国有企业的放权让利上。 需指出的是，此处政商关系的"商"，虽然不是指民营企业和民营企业家，但"放权让利"毕竟初步体现了市场经济性质，因此可将其列入政商关系的政策定位演化谱系中来。在这一时期，政府为国有企业松绑，赋予其更多的生产经营自主权。

第二阶段（1984—1991 年）：经济发展呈双轨制运行状态，政商关系深层演变。 在此期间，政企合一和民营经济独立发展同时进行，并在价格机制和资源配置等方面呈现双轨制特征，民营经济在该阶段无论是在经济总量还是在经济地位上都取得了巨大提升。 中共十二届三中全会对个体经济的政治定位做了明确规定，会议通过的《中共中央关于经济体制改革的决定》中明确提出，个体经济"是和社会主义公有制相联系的，是社会主义经济必要的有益的补充"。 不仅如此，全会还从基本经济制度的层面确立了非公有制经济的合法地位，以及"坚持多种经济形式和经营方式的共同发展，是我们长期的方针，是社会主义前进的需要"。

第三阶段（1992—2013年）：双轨制结束，民营经济迅速发展，政商关系发生根本性的演变。在此阶段，政企分开取得实质成效，政府逐渐放弃直接干预经济的职能，并将工作重心转移到制定经济规则、提供公共服务等职能上来，民营经济取得了迅速发展，特别是1992年，邓小平同志的"南方谈话"进一步明确了非公有制经济的法律地位，吹响了各类所有制经济共同发展的号角。此后，非公有制经济和公有制经济一起，为社会主义市场经济的发展做出了重要贡献。在此过程中，政商关系发生了根本性的变化。非公有制经济的规模迅速扩大，体量迅速增加，地位日益提升。

第四阶段（2014年至今）：民营经济发展进入新阶段，推进建立新型政商关系。随着非公有制经济和政商关系领域的新发展，出现了一系列的新问题、新情况，以习近平同志为核心的党中央，站在国家治理现代化的高度，对政商关系做出了重要论述，突出强调市场在社会主义市场经济中要对资源配置起到决定性作用（雪珥，2015；保育钧，2015）。随后，习近平总书记在2016年初进一步明确阐述了"亲""清"政商关系的重要意义和主要内容。这标志着党中央对政商关系的最新要求和科学定位，真正开始实现从政企合一到政府主导，再到如今强调市场主导的转变（江华，2015）。

2. 新型政商关系中的政府职能定位

构建新型政商关系的重点和难点在于"政"。没有一个职能科学、权责法定、执法严明、公开公正、廉洁高效、守法诚信的政府，政商关系的"亲"和"清"便无从谈起。所以，加快政府职能转变，是构建新型政商关系的必然要求。政府职能定位是新型政商关系的重要内容，构建新型政商关系必须正确定位政府职能。党的十六大对政府职能做了新的概括，指出政府主要承担经济调节、市场监管、公共服务、社会管理这四大职能，具体到新型政商关系，则应强调政府在经济调节和市场监管上的职责。

首先，严格限制权力在资源配置中的作用。这就是说，权力不能染指微观主体的具体经营，权力对市场的职能，应该从资源配置转为对市场秩序的维护与监管，在市场失灵时发挥关键作用（江华，2015），即必须严格划定政府公权力的边界，将过去模糊的政商行为清晰化，通过法律等正式规则予以规范，让官员和商人进一步明确哪些事情可以做，哪些事情不可以做（储建国，2016），真正做到十八届三中全会提出的，发挥市场对资源配置的决定性作用（雪珥，2015）。

其次，正确发挥政府的经济管理和服务职能。 实际上，新型政商关系并不排斥政府参与到经济工作中来，从某种意义上说，较之于过去，新型政商关系所要求的政府职责更有难度，更具挑战性。 具体来说，首先，政府要超越单个企业进行整体层面的工商业规划和布局，积极对接市场化改革要求进行市场秩序的治理，同时分类推动传统产业的转型升级（杨典，2017）；其次，政府要制定更为科学的协调经济主体的策略，除了制度化的法律条文，政府还可以借助弹性的政治传统和社会文化进行监管和微观调控（刘成斌，2014）；再次，政府还需要进行服务性监管，让企业家和企业更加符合外在的公共领域的要求（毛寿龙，2017）；最后，新型政商关系还要求政府真正学会为企业服务，对非公企业开展诸如金融支持（刘立言，2009）等精准服务，落实好国家各项政策的细节服务，提供无缝隙服务，形成"一条龙"式完整的服务体系（周超，2017）。

（四）商企主体与政府互动研究

1. 民营经济发展和民营经济人士的政治身份演化

民营经济人士的政治身份是随着党和政府对民营经济的不同认知和民营经济的发展而演化的。 为了正确理解 1949 年以来民营经济人士参政议政历史，本部分通过梳理共和国相关历史，将民营经济发展和民营经济人士的政治身份划分为四个主要阶段。

第一阶段（1949—1952 年）：从合法地位和团结对象到"五反"运动。1949 年《中国人民政治协商会议共同纲领》确定将"公私兼顾、劳资两利、城乡互动、内外交流"作为我国的根本经济方针。 这就是说，中华人民共和国成立之初，中国共产党和中央政府赋予了民营经济合法地位。 不过，随着1951 年针对私营工商业者开展的"反行贿、反偷税漏税、反盗骗国家财产、反偷工减料、反盗窃国家经济情报"（即"五反"运动）斗争的不断推进，私营工商业主开始恐慌，包括卢作孚在内的相关著名民族资产阶级人士相继自杀，在一定程度上导致工商业元气大伤（吴敬琏，2010）。

第二阶段（1953—1957年）：手工业和资本主义工商业的社会主义改造与消灭资产阶级。1953年，我国确立了"一化三改造"的过渡时期总路线。实际上，这一时期的私营企业是被当作资本主义工商业的，私营企业家也是被当作剥削阶级的。对于资本主义工商业的社会主义改造，从1954年至1956年底全面进行。中国共产党对之采取了"和平赎买"的政策，通过国家资本主义的形式，逐步将其改造成社会主义公有制企业，而且将所有制改造与人的改造相结合，努力使剥削者成为自食其力的劳动者。中国对资本主义工商业的改造包括对资产阶级分子的改造，使剥削者逐步转变为社会主义的劳动者。随着资本主义工商业改造的完成，资产阶级作为一个阶级被消灭了。

第三阶段（1958—1978年）：私营经济彻底消灭和私营企业主彻底消失。1958年"大跃进"和人民公社化运动的狂风袭来，使得"三大改造"中残存的少量的个体经济、集体农民的"自留地"、个体小业主在公私合营后的"自负盈亏"安排，以及农民交换家产农副产品的集市（"自由市场"）作为"资本主义尾巴"被消灭。至此，民营经济与作为一个阶级和一个政治成分存在的民营经济群体已经彻底不复存在了（吴敬琏，2010）。

第四阶段（1979年至今）：民营经济茁壮成长与民营经济人士参政议政。改革开放后的20世纪80年代以来，随着个体经济的破茧而出和逐步壮大及国家对非公有制经济性质、地位认识的不断深化，企业家开始在商品领域出现，这些企业家基本上都是在政策的夹缝里生长出来的，政府给了他们发展空间，从20世纪90年代开始，国家允许私人经济发展，于是大量的私人企业和股份制上市公司出现了，真正的企业家也大量涌现。在这个时候，私人企业家开始进入政界，担任人大代表和政协委员（毛寿龙，2016）。2002年，新修改的《中国共产党党章》明确规定，只要条件具备，其他社会阶层的先进分子都可以申请加入中国共产党。这就意味着，民营企业家的政治身份彻底改变了。当然，1979年至今，随着国内外政治形势的变化，国内对民营经济的定位和认识，以及民营经济人士的政治地位也出现过一些变化，但从总体上看，改革开放以来，民营经济呈现出茁壮成长的态势，民营经济人士的参政议政地位也在逐步提高。

2.民营企业家参政议政的动力来源

正是由于政治与经济、政府与企业、官员与企业家的紧密联系，以及政治对经济、政府对企业、官员对企业家的重要影响，政商关系必须得到企业和企业家的极大重视。研究显示，政治关联能带来企业绩效的正面改进，这就是民营企业家参政议政的动力机制。

陆梦龙等人（陆梦龙、苏忠秦，2012；潘越、宁博、肖金利，2015）的研究显示，政治关联对于企业的影响可以从政治影响力大的企业绩效高[1]，由于政治关联所依赖的政客的垮台、去世等导致原有政治关系丧失、企业市场价值下降[2]，以及获得政治地位则关联企业价值上升，政治角逐失利则关联企业价值下降[3]等正面、反面和正反对比三方面凸显出来。

（1）政商关系提升企业绩效的经济学解释。经济学对良好政商关系之于企业绩效提升的内在机制作了不同解释：新古典经济学范式认为，政治关联不仅有助于提升企业的竞争力，即通过直接影响政府决策，俘获政府的企业有机会获得巨大的收益（Hellman，2003），还有助于企业构建不确定性的缓冲机制，比如聘请熟知政府运作、具有政治背景的退休官员到企业工作，即通过"旋转门"帮助企业应对充满不确定性的政策信息（Agrawal，2001）。新制度经济学范式认为，政治关联可以使企业从政府手中获得进入高利润市场的机会并且免受政府的掠夺（Choi & Thum，2009）。美国的经验表明，产品卖给政府、依赖出口的制造企业，有政治经验的董事更加普遍；当电力公司竞争加剧、政治重要性凸显的时候，有政治经验的董事会迅速增加

---

[1] 比如，Faccio 对 47 个国家的 20202 家上市公司的样本进行研究发现，公司高管或大股东的政治关联度与股票累积回报率呈显著正相关（M Faccio、R W Masulis、J J Mcconnell，2006）。

[2] 比如，Fisman 对 79 家与印尼总统苏哈托政治集团相关联的企业样本研究表明，在市场传出苏哈托健康状况恶化的消息时，这些企业的市场价值都下降了，且政治关系最紧密的企业的股票收益率比政治关系最弱的低 23％。

[3] Knight 以美国 2000 年总统竞选为案例，发现支持布什的 41 家企业市值增加了 3％，支持戈尔的 29 家企业市值减少了 6％。

（Agrawal, 2001）。 也就是说，为了应对政府管制，企业必须重视政商关系，增强政治关联。

（2）政商关系提升企业绩效的微观渠道。 在信贷渠道方面，具有政治关联的企业能获得更多的贷款。 在跨国研究案例中，Boubakri Metal（2008）和 Faccio（2009）的研究显示，具有更强政治关联的企业能够获得更多的银行贷款。 进一步地讲，具有政治关联的企业的信贷约束更小（比如，Charumilind、Cetal 在 2006 年的研究显示，与政治家和银行有关系的泰国公司能获得更多的长期贷款），融资直接成本更低（比如，Baum 于 2008 年对乌克兰的经验研究发现，政治关联企业可以获得利率较低的银行贷款），政府的金融救援更多（比如，Faccio Metal 在 2006 年的研究表明，政治关联企业在遇到财务困境时更可能得到政府救援）；在市场扩张渠道方面，Faccio（2005）的来自 47 个国家的经验研究表明，政治关联度强的企业市场份额更大。 Goldman（2009）的研究还发现，与总统选举获胜的政党有关联的公司更有可能增加政府采购合同，而与竞选失败一方相关联的公司的政府采购合同则下降了。 换言之，政治关联有助于企业通过信贷和市场扩张渠道提高绩效。

（3）中国情境下的经验证据。 上述研究得到了国内经验研究的证实，潘越等人（潘越、宁博、肖金利，2015）研究发现，由地方官员更替引致的企业高管变更会显著降低制造业企业的经营绩效。 有学者更是直接指出，在市场经济和法制尚不健全的中国，各级政府行政往往凌驾于法律之上，企业的腐败行为起到了"润滑剂"和"保护费"的作用，企业因此既能获取程序上的政治便利，还能得到如政府补贴、税收奖励等一定的政治收益（贾明、向翼、张喆，2015）。 叶静（2011）也指出，税收政策并非是中性的，它受政商关系的影响和塑造。 商界力量通过三个途径来影响国家的税收政策，即利益集团、社会网络及财政契约的方式。 这三种方式在一定程度上造就了"赢者全得"的效应。 因此，企业必须从战略高度上重视与政府的关系，并依据内外部实际情况，有针对性地制定防御型战略、反应型战略、预期型战略和前瞻型战略等政治战略（罗明新，2017）。 不管实施何种政治战略，都应该健全企业与外部的沟通渠道，建立相应的组织机构，配备专职人员，将政治行为纳入企业生产经营和管理等决策的全过程（吴婧洁，2016）。

3.民营企业家参政议政的优化机制

要构建"亲""清"政商关系，减少政商腐败的发生，一个重要的历史和国际经验就是要保证各类民营企业政治参与的制度化（杨典，2017）。常玉洁（2017）、周庆智（2014）等人也指出了中国政商关系治理结构封闭、治理主体一元化、治理过程单向度等症结，并提出要构建"亲""清"新型政商关系，需要从形成开放式多中心的治理结构、培育具有合作能力的多元行动主体、搭建合作互动通道等三个维度寻求实现路径。综合学术界的研究成果，优化民营企业家参政议政，除了通过行业商会外，更需要从系统性、专业性、积极性和一致性等方面加以解决。

（1）系统性。优化民营企业家参政议政机制，需要加强系统设计。这就要求在体制机制上建立健全并不断完善各种参政议政的制度和渠道。在宏观的制度设计上，应该加强统一战线等原有机制的作用发挥。在微观的参政议政渠道上，应该创新各种体制机制，比如党委和政府主要官员要定期定点联系辖区内重要代表性企业与重要代表性企业家（唐亚林，2016）。更为重要的是，应该强调宏观制度之间、微观机制之间，以及宏观微观之间的协同性和对接性。

（2）专业性。优化民营企业家参政议政机制，需要提高机制设计和机制运行的专业性。要从专业的角度和专业的思维研究民营企业家参政议政的问题。这就要求从沟通平台、功能定位、权责分配、沟通程序等方面加强民营企业家参政议政的专业性和专业能力。具体来说，政府要建立分级管理、双向沟通的政商沟通平台，引导不同层次的沟通机构，建立功能定位准确、权责清晰的分工协作机制，使政商沟通程序化、制度化（韩布谷、冯洁，2016）。

（3）积极性。优化民营企业家参政议政机制，还需要培养其参政议政的积极性。要培养民营企业家参政议政的积极性，必须增强其作为社会主义建设重要角色的使命感、荣誉感和自豪感（陈连艳，2017）。必须构建民营企业家参政议政的良性循环，这要从政府和企业家两个方面下功夫：政府应该善于倾听，有效采纳企业家提出的关于行业问题、企业问题和社会问题的意见建议；企业家则应该敢于摆事实，讲道理，加强调研和分析能力，提高参政议政水平。

（4）一致性。优化民营企业家参政议政，还必须注重民营企业家和党的路线方针的一致性。这是民营企业家参政议政的政治基础，也是民营企业家参政议政必须遵循的政治方向。在我国，工商界人士，特别是党和政府官员及民营企业家，必须用好用足统一战线这一平台机制，发挥统一战线在构建健康政商关系中的积极作用，建立起市场与政府、企业与官员的良性互动关系（王伟达，2016），确保民营企业家提出的政策建议与党的路线方针和社会主义政治方向保持一致。

（五）商会与政商关系

1. 西方国家商会的基本类型

按照法律定位来说，西方国家商会可分为大陆模式、英美模式和混合模式。在以德国和法国为代表的大陆模式中，行业协会商会属于公法人，承担政府公共职能，也被称为法团主义模式；在以英国和美国为代表的英美模式中，行业协会商会属于私法人，不承担任何政府职能，实行自由竞争淘汰，又称多元主义模式；在以日本为代表的混合模式中，行业协会商会介于公法人与私法人之间（浦文昌，2010）。而按照政府与商会的相互关系来说，西方国家商会又分为三种模式：合作模式、市场主导模式和政府主导模式。

（1）合作模式。该模式以法国为典型代表。在这种模式中，商会在资金上得到政府的支持，具有半官方性质。政府如今还保留着让商会行使某些行政职能的传统（林夏、王亚茹、陈家林、袁梦迪、周睿杰，2014）。合作模式下的商会以实现公共利益为组织使命，属于公立组织，但与政府保持相对独立性，为会员企业服务，但不以盈利为目的。其"合作"性质表现在，政府和商会存在较为密切的合作关系，商会作为行业企业"代理人"，向政府提供政策建议和政策咨询服务；政府也需要商会的支持与合作，进而更好地管理和服务特定的行业企业（Pligrim M & Bonn R M，2012）。

（2）市场主导模式。该模式以美国为典型代表。美国的商会是自理经费、自愿建立、自主活动的民间团体，属于非盈利的私法人。其中规模较小的商会大多属于非法人化的自由团体，任意性较强。在这些商会中，企业可自愿选择进入和退出，政府在大多数时候并不介入。从理论上讲，这些商会并不需要承担任何政府职责和公共责任，只需作为行业企业整体的代理人向政府提出行业意愿，促进行业企业特别是会员企业的利益实现和组织发展。政府不干涉商会的活动，且在制订有关工商业政策时需要征求商会组织的意见（姚蕾、田志宏，2001）。

（3）政府主导模式。 该模式以日本为典型代表。 日本商会的协调功能非常强，组织非常严密，因而在某种程度上限制了行业竞争。 同时，日本商会十分注重民族文化和社会价值在商会运行中的重要作用，类似于习惯法的存在使其不需要严格的法律条文。 实际上，从某种程度上来说，日本商会承担了政府的行业监管职责。 这些商会的领导者往往是德高望重、地位崇高的大企业领导，因而这些商会领袖往往具有很强的公信力，甚至可以说是一言九鼎。 当然，日本的这些团体组织都有详细的规章制度、健全的运作机制和强有力的监督职能（沈永东、宋晓清，2016）。

2. 我国商会与政府互动的制度环境

自 20 世纪 80 年代以来，以市场化为导向的经济体制改革和以放权与转变职能为中心的政治体制改革调整了政府与市场和社会的关系，为商会组织的出现创造了社会空间。 梳理党和政府关于行业组织和商会的政策法规，可将我国商会与政府的互动划分为五个阶段：

第一阶段：萌芽与培育。 1993 年党的十四届中央委员会第三次全体会议颁布的《中共中央关于建立社会主义市场经济体制若干问题的决定》明确指出"必须培育和发展市场体系，发展市场中介组织，发挥行业协会、商会等市场中介组织的服务、沟通、公证、监督作用"。

第二阶段：进一步发展。 1996 年的《政府工作报告》进一步强调要发挥行业协会、商会的作用，提出"把应由市场解决的问题交给市场，充分发挥行业协会、商会等市场中介组织的作用"（江华，2008）。

第三阶段：自律发展。 2003 年党的十六届三中全会通过的《中共中央关于完善社会主义市场经济体制若干问题的决定》指出"积极发展独立公正、规范运作的专业化市场中介服务机构，按市场化原则规范和发展各类行业协会商会等自律性组织"。 这里突出了商会的自律性质及其发展的市场化原则。商会组织只有实现市场化发展才能更好地发挥积极作用（何学文，2009）。

第四阶段：加快发展。 2005 年的《政府工作报告》再次强调"加快转变政府职能。 进一步推进政企分开、政资分开、政事分开。 坚决把政府不该管的事交给企业、市场和社会组织，充分发挥社会团体、行业协会、商会和中介机构的作用。"

第五阶段：独立发展。 随着改革的全面深化，2013 年，国务院办公厅发布《关于实施〈国务院机构改革和职能转变方案〉任务分工的通知》，提出"逐步推进行业协会商会与行政机关脱钩，强化行业自律，使行业协会商会真正成为提供服务、反映诉求、规范行为的主体"，在 2017 年"基本形成政社分开、权责明确、依法自治的现代社会组织体制"。 关于政会分开的路径越来越具体化、明晰化，商会作为行动主体的地位也愈加凸显。

3.民营企业商会与政府的互动

从性质上说，商会具有"俱乐部式的组织"和"代理人"两重属性。 前一种属性主要反映的是商会与企业之间的关系，后一种主要反映的是商会与政府之间的关系（黄红华，2005）。 因此，民营企业商会在与政府的互动中，主要扮演的是其作为整个行业企业的"代理人"角色。 这一角色具有两重意义，从政府立场上说，商会可以主动承担政府简政放权下来的职能，帮助政府规范市场秩序，维护商界的合法利益（靳浩辉、常青，2017）；从行业企业的立场上说，商会可以聚合企业家的意愿、意志和诉求，更有效地进行利益表达和政治沟通。

（1）我国民营企业商会的基本特征。 从理论上讲，商会是企业和企业家的自治团体，是代表企业家利益的自治组织，由他们自行组织和自愿参加，是独立的民间社会团体和法人组织（吴敬琏，2005）。 只不过，由于中国的特殊国情，我国的商会性质较为复杂。 按照来源来说，我国商会可以划分为政府主导推动的体制内商会、企业自主推动的体制外商会和政府企业合力推动的体制内外结合式商会（余晖，2002；徐家良，2003）。 当然，不同模式的商会都有其存在的原因和价值，现阶段也不需要对其做强制统一的规定和划分，而应该允许各种模式同时发展，让市场决定，促使它们在竞争中优胜劣汰（冯巨章，2007）。 但不论何种商会，都需要和政府进行交流、互动与合作。 从我国实际情况看，民营企业商会与政府所进行的交流互动与合作在一定程度上表现为程序依附、实质合作（马红光，2016）。 这就是说，为了使自身存在更具合法性，民营企业商会必须严格遵循相关社团政策法规，不能违背党和政府的意志，需按制度办事，按程序办事。 同时，在实际运行过程中，商会又有自己的独立意志和自主能力，会基于会员企业的利益和偏好并以其代理人的身份与政府发生关系。

（2）我国民营企业商会的成长与发展。 由于我国民营企业独特的发展历史和成长环境，民营企业商会经历了与西方商会截然不同的发展历程，其与政府的互动合作也不是一蹴而就的。 作为中国民营企业商会典型代表的温州商会，其与政府的关系就经历了开创期的"监督、受管制、缺乏自主性"、发展期的"互相服务、齐抓共管"，以及成熟期的"互动合作、合作治理"（彭正波，2009）。 郁建新、黄红华（2004）通过考察温州商会对政府的依赖、交流及政府对商会的管理和干预情况，提出温州商会与政府已经实现了某种程度的互动与合作。 王诗宗、何子英（2008）与张家林（2009）等人的研究也显示，温州商会已经发挥了相当程度的自主性，其实际运作已经体现出行业自律、政府沟通和行业引领的特征，可以说，温州商会已经实现了行业管理由政府部门管理为主向商会自主治理为主的转化。

（3）民营企业商会与政府合作的动力和基础。 实际上，商会与政府的互动与合作对双方都是有利的。 原先我国商会要履行主管单位、主管部门派发的行政管理职能（马红光，2015），是事实上的"二政府"，缺乏为企业服务的意识和能力，缺乏对非会员企业的吸引力，因而降低了行业协调管理的能力（张家林，2009）。 正因如此，政府和商会、企业都意识到必须改变商会理念，转变商会职能，提高商会吸引力。 各方逐步认识到，在政商关系中，行业商会作为企业的代理人，能代表行业企业的利益和偏好，而政府既要承担更好引领、管理、服务于某个行业发展的职责，又要与各个具体企业打交道，在此前提下必须依赖于行业组织和行业商会。 比如，浙江商会、福建商会以共签承诺书的方式要求会员诚信守法、不欠薪、不行贿。 山西商会还成立了党委和纪检组，并向全社会做出"五不"承诺，即不损害职工群众合法权益、不失信于客户消费者、不偷漏税款、不进行商业贿赂，以及不为党政公职人员违反八项规定提供便利条件（刘道刚，2016）。 可以说，商会的这些行为，都是对政府履行经济管理职能的支持和帮助。 换言之，从某种意义上说，政府行使经济管理职能时，必须得到行业商会的帮助（徐越倩，2006），这就是民营商会与政府互动合作的"资本"，也是民营商会与政府互动合作的动力所在。

（4）民营企业商会的政治参与。 政治参与影响公共政策是民营企业商会和政府互动的基本内容和主要目的。 陈剩勇、马斌（2004）和李梅香（2011）等人通过对温州商会的广泛调查和深入研究发现，民营企业商会的利益聚合、利益表达和政治参与机制是，首先，通过调查研究，提出本行业企业存在的问题，参与到政府对本行业的发展规划中去；其次，通过商会中的人大代表和政协委员提出议案，在人大会议和政协会议及诸如内参等各种内部渠道向政府职能部门提出政策性建议，力图形成政策议题进而参与到公共政策的制定过程中；最后，发挥中介桥梁作用，及时向政府职能部门反映行业企业存在的问题、困难和利益诉求，力求得到政府的重视、支持和帮助；当然，在政策执行过程中，商会也会依据本行业实际情况，影响政策的实施和调整。

（六）互联网经济背景下的政商关系

1.发达国家的网络经济监管模式

Internet 的前身是 ARP Net，由美国国防部研发且仅提供军事服务。 到了 20 世纪 80 年代初，美国政府预见到了网络的巨大潜能，把网络扩展到民用，开始商用（尹艳华，2000）。 随着互联网和互联网经济规模的不断扩大和重要性的不断提升，如何利用好、管理好、服务好互联网经济，成为各国政府的重要职能和研究议题。 概括起来说，发达国家对互联网经济的监管可分为三个主要类型，即法律手段、行政手段和行业自律手段（王勇，2012）。

（1）法律手段。 针对互联网经济，制定和实施相关法律法规，明确交易各方权责关系，规范交易各个环节，这是发达国家互联网经济监管的基本手段。 概括起来说，该手段包括如下特点：第一，制定、修改法律以应对互联网经济带来的监管问题。 比如，英国早在 1984 年和 1988 年就分别制定了《电信法》和《竞争法案》。 在 OPEC 国家（石油输出国）中，70％的政府都通过修改现行法律以应对和解决互联网经济带来的问题和挑战。 第二，立法保证国家安全作为互联网经济的首要目标。 比如，"9·11"事件后，美国相继制定《爱国法》和《国土安全法》，明确规定互联网企业的信誉和机密必须让位于国家安全，并允许政府在发现互联网和互联网企业存在对国家安全的威胁时，可以马上介入并采取相关措施。 第三，强制管理互联网内容。 比如，早在1997年，德国政府就制定了《信息与通信服务法》，严格禁止对商品进行虚假广告宣传。 新加坡、韩国、法国等国也有此方面的立法监管（李娅、刘宁，2010；项侃文，2002）。

（2）行政手段。 行政手段是发达国家互联网经济监管的辅助手段。 主要包括以下方式：第一，信息过滤和信息封堵。 这主要是利用计算机技术实现网络商业信息的过滤和封堵。 比如，日本就针对一些特定网站，发明了一种特殊的"聪明芯片"，可以自动过滤虚假信息。 第二，实名制。 网络实名制虽具争议，但确确实实是一种行之有效的网络经济监管手段。 比如，韩国于2005年就开始实施强制实名制，据此可追溯消费纠纷的源起，威慑互联网经济中的不法行为。 第三，内容分级制。 其主要做法是设立相关专门机构评估互联网中的相关产品和相关信息。 第四，监督和举报机制。 这种方式直接针对互联网经济中的具体的现实的问题，有利于增强政府监管的针对性。 比如，欧盟设立了"市民热线"，此举既可以打击互联网经济特别是互联网交易中的违法行为，也可以起到规范并指导互联网经济中的相关问题的作用（华海英，2002）。 第五，宣传教育。 这种手段主要指的是政府教育消费者辨别网络经济中的欺诈行为。 第六，税收支持。 比如，美国政府在1998年实施的《网络免税法》规定，免除新设网络交易两年的税收，但如产生发布虚假信息等违法行为，将无法享受免税优惠（王慧，2010）。

（3）行业自律。 行业自律指的是互联网经济行业发挥其行业自律作用，以此换取政府的"少干预"并提高政府的协调服务职能。 行业协会的管理具有更强的操作性和针对性，还可以减少政府的监管成本，提高互联网监管效率。 实际上，从西方发达国家的经验来看，政府监管网络经济的共同做法就是"少干预，重自律"。 在自由主义盛行的美国，政府对互联网经济的监管较为松散，主要就是依靠并加强各类互联网企业的行业监管和行业自律。 这些行业协会通过制定并实施协会成员共同制定的行业规则和行业伦理，起到了很好的监管作用。 在英国，政府还发起并成立了网络观察基金会。 该基金会具有半官方性质，并通过与主要 ISP 的主要运营商共同制定行业准则的形式，确保行业企业发布合法、真实的信息。 从实际效果来看，该基金会对互联网交易中的违法行为，特别是欺诈行为起到了非常好的监管作用。 日本的做法又有所不同，主要体现在互联网经济行业协会先由政府引导组织发起，待协会运作正常后，再交由民间组织对网络经济中的一些内容进行监督并实行行业自律（熊国经，2005；王雪飞、张一农、秦军，2007）。

2.我国网络经济监管模式

中国人口红利的消失，迫使企业只有充分运用互联网技术和更加灵活的市场机制配置与创新要素，才能有效消化营销、管理和研发等广义交易成本，保证企业盈利和创值能力的稳定提升，重构增长动力（张磊、张鹏，2016）。因此，中国高度重视网络经济和网络企业的发展。 为了更好地促进网络经济产业的可持续健康发展，中国政府对互联网经济进行了广泛和深入的研究。毕竟，"政府政策制定者如果对网络经济中的竞争战略没有一个清楚的了解，也不可能制定出合理的政策"（卡尔·夏皮罗、哈尔·瓦里安，2001）。 总结我国政府的网络经济监管经验，可将其划分为针对特定领域的监管和整体监管两个方面：

（1）针对特定领域的网络经济监管。 丁冬（2016）指出，在网约车监管中，政府采取了行政许可、价格管制、限定车辆规模甚至限定司机户籍等行政管制方法；刘寅斌（2010）指出，我国网络广告的监管涉及多个部门和机构，采取的是以工商部门为主要监管机构，其他部门接力监管和多头监管的模式；符强、马广字（2008）解析了互联网应用与现实行为的映射关系，并对网络文化信息监管模式的创新提出建议；李凌（2013）认为应当按照平台经济发展的内在规律与特征属性，对平台企业的业务模式进行分期、分类指导；范利辉（2010）从网络交易的角度，通过对多个商标侵权案例的剖析，提出了对网络交易中网络服务提供商的商标侵权责任的认定原则和标准；李治义、单宏伟（2010）提出，应该从监管制度体系、监管机构体系、监管平台体系和技术支持体系四个方面构建专项资金网络建构模式；还有研究提出，应该加强网络经济跨国治理，在安全问题、标准问题、争执问题、仲裁问题、逃税避税问题等方面加强双边和多边协商合作，共同解决（乌家培，2002）。

（2）整体网络经济监管。 孟卧杰（2010）指出，政府应该认真反思"谷歌"事件，吸取教训，总结经验，遵循网络规律，建立一个既能确保网络自由，又能保证网络安全环境的监管体制；沈岿（2016）认为，应该在更大范围和程度上健全网络经济监管，在法律上赋予网络平台以更重要的治理地位，充分利用技术手段和信息手段实施网络监管，并合理实现线上线下的差别对待，丁冬（2016）也认为，政府应该适应并顺应互联网经济的发展需要，提升网络监管的包容力和监管规则的张力；张莉娅（2009）指出，应当通过制定、修改和完善法律法规，科学制定监管政策，在监管软件开发、主体资格确定和提取保全工作等方面做好网络经济监管工作；顾丽梅（2002）也认为，在制定网络经济监管法规时，政府必须遵循知识规律和网络经济发展规律；周振华（2003）、李凌（2015）等人则指出，必须防止网络经济监管中的多重管制框架下引发的相互扯皮和碎片化问题；不仅如此，有研究还采用进化博弈方法模拟监管主体、客体之间的利益均衡的方法，提出在网络经济监管中，政府应当给予监管机构以专项补贴，提高网络经济中对违法者的惩治力度（蹇洁，2012）。

3.互联网经济中的政府与互联网企业互动

政府同互联网企业的关系是互联网中政商关系的主要体现。 这种关系体现在，一方面互联网企业的进入需要受到政府的审批和监管，在内容上也需要得到政府的许可；另一方面，互联网企业往往能够通过提供相关的服务来获取人们的使用，从而形成巨大的用户群体，这些用户群体往往会成为舆论的重要聚集地，而政府往往需要通过这些舆论聚集地来获取有关的反馈，从而形成决策依据，因此两者往往是一种互相依存的关系（匡文波，2016）。

（1）互联网企业的权力扩张。 这种权力扩张体现在信息垄断和市场垄断两大方面。 从某种程度上说，信息就是权力。 然而，在互联网经济时代，政府对信息的垄断早已不复存在，甚至可以说，大型互联网企业所掌握的私人信息和社会信息乃至政府信息，要比政府更加丰富，更加真实。 这种对于大数据、大信息的掌握，使得这些大型互联网企业在社会发展、经济增长乃至政治安全中都具有很大的话语权，使其对政府的博弈能力迅速提升。 在市场垄断方面，由于互联网经济具有边际收益递增和边际成本递减的特征，因而企业规模、市场占有率的迅速提升有其内在动力，进而容易形成资源垄断、平台垄断、行业垄断乃至市场垄断，并成为真正意义上的寡头企业。很显然，政府对这种垄断倾向和寡头属性是不欢迎的，甚至是抵制和仇视的。这不仅因为垄断会扼杀市场竞争，降低消费者福利和市场效率，更会降低政府在市场经济中的宏观调控能力，进而影响政府的社会管理、政治统治和政治合法性。

（2）政府对企业的职能变化。时任美国联邦通讯委员会技术政策主任Mike Nelson（1999）曾指出："我们可以预见计算机技术和信息交流技术的发展将极大地影响政府的结构和职能。"的确，互联网经济、互联网企业对政府职能提出了新要求。但不论如何，网络经济的发展并不意味着政府作用会有所减弱，更"不要指望政府的作用会消失"（Carl Shapiro & Hal Varian，2001）。研究显示，在互联网经济条件下，政府的职能发生如下变化：第一，削弱经济调节功能，政府把某些经济职能还给市场，使市场更好地发挥在资源配置中的决定性作用（李绍荣，2016）；第二，将政府的工作重心转移到服务上来，转移到提高为企业和社会提供高效的公共服务上来；第三，作为第三方，制定规则，充当各类企业经济活动的"裁判员"（刘宁，2005）；第四，基于企业经济活动对信息的高度倚赖，政府要充分发挥信息监管职能（李智，2016）。

（3）政府和互联网企业的合作。在互联网经济时代，构建和谐的政商关系，需要"企业不越位、政府不失位"（匡文波，2016）。这就要求政府和互联网企业能各安其责，各守本分，加强合作。实际上，由于传统经济时代的政府监管存在地域分割、资源有限、地方保护和行业分割等问题，与互联网经济的跨界性和参与性具有内在的矛盾，因此更应当加强激励兼容，鼓励采取政企合作监管模式，建立相对集中且激励相容的网络经济监管体制，通过政府监管改革为互联网经济拓展空间（张效羽，2016）。特别是在制定和推进"互联网＋"行动计划的进程中，政府和互联网企业应加强合作，推进互联网企业和传统企业的融合与地方产业的转型，利用好淘宝等电子商务平台、蚂蚁金服等互联网金融平台、菜鸟等物流平台、阿里云等云计算平台。同时，政府应进一步简政放权、扶持小微企业成长，发挥指导和服务功能，给市

场留足空间，搭建公平竞争平台，充分调动"大众创业，万众创新"的积极性
（高红冰，2015）。

综合上述，可以发现现有对政商关系的研究虽然取得了较多的研究成
果，但是仍然存在一些问题。

首先，对新型政商关系的生成逻辑和支撑条件缺乏深入研究，需要从基
础理论、历史经验和逻辑推演三个角度夯实新型政商关系研究的理论基础。
新型政商关系是习近平总书记在新形势下为了实现经济发展、建设政治文明
而对我国政商关系未来发展走向所做的预期和要求。 虽然学术界对新型政商
关系的内涵、本质做了较多解读和论证，但对构建以"亲""清"为核心的新
型政商关系的基础要素，特别是对以基础要素为基础的新型政商关系生成逻
辑和支撑条件缺乏科学论证。 实际上，治理理论、中国特色社会主义市场经
济理论和西方发达国家的政商关系实践及我国政商关系历史经验等都能为新
型政商关系提供基础要素、生成逻辑和支撑条件所需的基础理论和历史经
验。 对这些理论营养和经验素材进行有效的逻辑推演，是本书的研究基础和
重要目标。

其次，对构建和保障新型政商关系的法治框架缺乏总体性设想，需要从
人大立法、政府行政、司法体制及企业信用体系、商会沟通机制等维度进行整
体性的顶层设计。 从目前的研究状况来看，绝大多数学者都意识到法治在构
建新型政商关系中的关键作用。 但这些研究成果大多较为零散，且很多只停
留在呼吁和表象层面，缺乏深入思考和规范分析。 本研究将立足中国特殊的
政治体制和转型情境，从面向新型政商关系的法律法规体系、立足政商权利
保障的司法体制改革、作为政商关系"现场"的行政执法体制，以及企业的信
用体系和商会沟通机制出发，通过总体性的设想，构建一个多维度、立体式的
新型政商关系法治框架。

再次，对政府职能与政商关系协同演化的研究不足，需要深入研究政府
职能与政商关系协同演化的基本原理，在此基础上构建并应用协同程度的指
标体系。 政府职能影响政商关系，转变政府职能有利于构建新型政商关系，
这已然成为学界乃至社会各界的共识。 然而，现有研究并未在理论上圆满回
答政府职能为何能影响政商关系，转变政府职能为何有利于构建新型政商关

系，政府职能和政商关系之间究竟存在何种逻辑关系等问题。 现有的理论推
演主要沿袭的是政治经济学传统下的权力与资本关系的进路，虽有理论抽
象，但缺乏理论解释力和现实指导意义。 因此，需要深入研究政府职能与政
商关系的协同机制，在搞清两者协同机制理论问题和影响因素的基础上，通
过构建指标体系和实际评估回应并验证理论命题。

此外，对民营经济人士和商会制度性和非制度性政治参与的协同机制研
究较为缺乏，需要以政治学和制度经济学为理论工具对其做更为深入的研
究。 通过政治参与影响政策的制定、实施和调整，是民营经济人士和商会之
于政商关系的核心问题。 现有研究高度关注民营经济人士和商会的制度化和
非制度化的政治参与问题，但这些研究存在两个问题：第一，很多诸如"潜规
则""厚黑学"式的研究属于个体的经验感想和生活哲学，缺乏现代学术范式
的支撑；第二，将制度化政治参与和非制度化政治参与结合起来的研究不多。
实际上，现代政治学，特别是制度经济学，提供了制度性政治参与和非制度性
政治参与的分析概念和理论工具。 因此，很有必要利用政治学和制度经济学
提供的分析概念和理论工具对民营经济人士和商会制度性和非制度性政治参
与既做分别研究又做两者的协同机制研究。

最后，对互联网经济之于政商关系影响的关注度不够，需要重点研究巨
型互联网企业对政府服务能力、规制能力的挑战和政府可能的应对策略。 互
联网经济是信息革命在经济领域的必然产物。 互联网经济和传统经济具有诸
多不同，因此，基于传统经济形成的政商关系不能和互联网经济形成有效协
同。 互联网经济既给政商关系带来了机遇，也带来了挑战。 然而，从目前的
研究来看，学术界对于互联网经济之于政商关系的影响的研究显然过于薄
弱，不论是从经验的角度还是从逻辑的角度，巨型互联网企业及其运作模式
和市场范围对于传统政府来说是陌生的。 因此，政府该如何管理好、服务好
互联网经济和巨型互联网企业，是构建新型政商关系的应有之义和重要
内容。

1.1.3　历史上的政府与商会

中国人自古以来便善于经商，一般等价物的出现，促使人们的经商行为

程序化、规范化。市场，作为集中进行物物交换的场所和范围，也开始初现雏形。市场是一个巨大物质资源和物质财富的交换场所，对市场的把控无疑成了中国各个历史阶段中占有统治地位的社会阶级需面对的重点问题，统治阶级在实现本阶级利益的同时，对社会生活的方方面面都起到了强势的规范作用，包括对市场的控制和刺激，政商关系由此产生。在不同的历史发展阶段，统治阶级的性质有所不同，甚至在同一朝代中，不同统治者在处理政商关系的重点上也存在着巨大差异。

本书将历史中的政商关系划分为三个阶段。第一个阶段，从中国有史以来一直到秦始皇统一中国时期。政商关系相对和睦，尤其是秦朝，被誉为"中国商人社会地位最高的朝代"，秦始皇也被称为"中国古代最支持市场经济和民营企业的皇帝"。在这段时期内，商人地位较高，政商关系较为融洽，双方相互促进，相互影响，铸就了一个完整又强大的帝国。第二个阶段，即秦朝灭亡以后，尤其到了汉代，对工商业实行严密的监控和管制，出现了士农工商的四民排序，商被排到了末尾，这种认知一直维持到了唐朝。第三个阶段，是从唐宋开始一直到近现代。该时期民营工商业重新崛起，意味着中国社会无论是社会发展还是经济发展都开始进入市民化社会，政商关系的曙光重现。

（1）萌芽式的初步发展：无政治社会至秦朝

早在三皇五帝时期，便有虞舜"耕历山，渔雷泽，陶河滨，作什器于寿丘，就时于负夏……一年而所居成聚，二年成邑，三年成都"①的说法。在这当中，虞舜所扮演的角色既包括农夫、渔夫等农业类别的职业身份，也包括工人、商人等工商业类别的职业身份。在其开发工商业领域过程中，虞舜所拥有的财力和能力也被帝尧所青睐，于是虞舜成了帝尧的接班人，更是下一段历史时期的统治者。在一定程度上，尧舜之间的关系成为政商关系的开端，政治中心的走向与工商业发展及其所带来的社会财富和物质资源息息相关。

---

① 王炳社:《〈史记·五帝本纪〉主旨隐喻论》,《理论导刊》2017 年第 12 期,第 116—120 页。

在商朝，区域之间的贸易变得更加紧密。在二里头、盘龙城、殷墟等殷商时期的遗址中，我们发现来自东亚、中亚甚至南亚等各个文明的文物被作为陪葬品或者装饰用品。[①] 通过辨识所残留的文字可知，这些文物不仅仅包括战利品，还有很大一部分文物来自国家之间的贸易和交换。一个更加鲜明的例子便是在公元前 1000 年，丝绸之路逐渐发展，个人与个人之间的交易逐渐转换为集团与集团之间的交易，在这时，政商之间的关系逐渐以合作的形式呈现。统治阶级作为政治权力的代表者，通过商业贸易的方式获得更加丰富的社会资源，而不仅仅局限于自身所处的社会内部。而商人也借助政治权力赋予其的权利，穿梭于各个国家之间进行贸易，在购得物资的同时获得一定的利益。

这种情况在周朝继续发展，政治权力中心大量以进出口贸易的方式来进行商业活动，获取物资，大开对外贸易之门。直到春秋时期，在史册中出现了首批商人的姓名，例如郑国人弦高、齐国人管仲、卫国人子贡等，他们普遍拥有政治家与商人的双重身份，这就意味着商人不仅仅是提供物资的重要载体，更是影响政治格局、决定政治形式的重要力量。政商关系从简单的物物合作模式发展到内外兼具的融合模式。在战国时期，铁犁牛耕的物质资料完备及钱币作为物物交换中介的存在，使商人的身份得到进一步提高。在这一过程中，奴隶社会开始向封建社会转变，对物质资料的占有程度开始成为衡量一个人社会地位和政治地位的重要依据。同时，政商关系的融合影响国家之间综合力量的对比和差异，加剧了战国时期的混乱局势。

秦国在春秋战国的混乱时期崛起，商业的发展为其统一中国奠定了重要的基础，然而秦国内部却对政商关系的界定产生过阶段性分歧。第一阶段，商鞅时期主张严格限制商人的经营范围，大幅提高商人的营业税，增加商人的徭役义务，禁止金属货币流通，最大限度地降低秦国境内的商人数量，对商业产生了极大的敌意，并意图通过政治手段遏制商业的发展。到了第二阶段，商鞅被指控谋反，后全家被杀，秦国对于商人的政治遏制逐渐取消，取而

---

① 唐际根：《殷墟博物馆：精美文物诠译殷商文明》，《国际博物馆（中文版）》2008 年第 Z1 期，第 134—141 页。

代之的是新的金属货币的产生，其便利性和通用性为秦朝的建立奠定了巨大的财富基础，使当时的秦国成为财富最盛的国家。 第三阶段，在秦朝建立之后，秦始皇实行了大量与商鞅相反的经济制度，对于创业成功的商人，秦始皇给予相当高的权力和地位，因此，商人的地位得到了大幅度的提升。 然而秦朝政商关系的两极化问题却更加严重，一方面，对于从事盐业、冶铁业等高利润行业，秦始皇予以宽容，甚至支持，另一方面，对于规模较小、流动性较强的小商贩，秦始皇依旧保持增加徭役、提高营业税的做法，这也为未来全面的重农抑商奠定了基础。

在秦朝及之前的政商关系以满足政治需要为出发点。 商业作为实现政治利益的重要工具，为政治权力提供了大量的物质财富，巩固了政治权力主体的地位。 政治权力主体往往通过对内经济制度及对外贸易方式实现政治发展的需要。 在以政治为中心的政商关系中，存在三种表现形式：①政商关系的合作状态，"政""商"之间处于平等且独立的地位。 政治权力赋予商业贸易的权利，保证商业贸易过程的合法性，维护商业贸易的利益，由此获得商人对政治权力的认可和拥护。 同时，政治权力主体通过商业贸易得到生产资料，巩固与其政治地位相匹配的经济地位，保证其统治的有效性。 ②政商关系的融合状态，即拥有政治人与商人的双重身份，"政""商"之间处于平等且统一的地位。 这在一定程度上能够使政治权力主体更加清楚地了解社会经济发展的现状，提高政策制定的合理性，提高政治效率，但是这种情况极易导致统治阶级内部的关系产生分化，由经济结构带来的内部关系分层使得统治阶级内部产生矛盾和斗争，不利于统治的稳定性。 ③政商关系的统治状态，"政""商"之间处于不平等且独立的地位。 政治权力主体对商业的发展的"兴"与"衰"几乎起着决定性作用，当政治权力中心认为商业的发展可以成为其重要工具时，政治权力主体促进其发展，反之，则抑制其发展。 同时，政治权力中心对于不同时期、不同类型的商业活动有不同的要求，但总体上是为了通过采取宏观政策，保持商业对政治的促进和发展的作用，在统治状态下，商业活动也便于控制。

秦朝及之前的政商关系以社会生产力为发展基础。 在不同社会历史时期，生产力的代表也各有不同，例如商周的青铜、春秋时期的铁器等，都代表了一定社会环境中生产方式的变革。 而在古代中国，经济产业结构的变化，对政商关系的发展起到了重要的作用。 政治权力主体可以采取政治权力来影响商业的发展，例如增加或减少粮食上缴、弹性调整赋税额等，为商业的发展套上与政治需求相对应的锁链。 而商业的发展结构也随着生产方式的发展而进行变革，商业活动逐渐集中于先进的生产方式，为政治权力主体及社会成员提供大量新型的物质资料，甚至为政治权力中心提供专门化的服务。

秦朝及之前的政商关系以对外贸易为重要表现形式。 大量文物的发掘和采集证明，商业贸易为古代中国与世界各地的联系建立了物质基础，商业贸易成为古代中国对外交流的重要形式，它一方面满足了本国的物质需要，另一方面对本国的周边环境形成了比较清楚的认知。 政治权力主体在对外关系上，对于商业贸易一直保有支持的态度，在促进其实现自身利益的同时，发展本国的经济贸易，提高对外认知水平。 因此，商人们往往乐于进行对外贸易，在获得财富的同时享有合法性权利，这也为商帮的形成奠定了基础。 对外贸易便成为政商关系的重要表现形式，首先，有利于"政""商"之间产生良好的协调与合作模式；其次，通过"政""商"两个主体，进一步加强对外交流；最后，为未来通过调节政商关系以处理对外关系，实现政治制度的优化构建及促进专业化商会的形成奠定基础。

（2）波动式的协调状态：秦朝灭亡至唐以前

汉朝时期是政商关系发展波动最大的阶段，政商关系的变化在很大程度上受到政权主体所颁布的经济政策的影响，国家财政的收支情况呈现出"二起二落"的格局。 西汉盛世伊始，货币政策的完善和币制改革的成功为商业的发展奠定了政治基础，大量商人相继出现，例如刀间、曹邴氏、师史、宣曲任氏等著名商人，都是在西汉初期出现的。 与此同时，汉文帝时期推崇"无为而治"保证了政策的稳定性和持续性，并由此形成了文景之治的良好局面，在这段时间内，政商关系处于稳定期，良好的社会经济制度为商业的稳定发展创造了条件（"一起"）。 然而，由于土地扩张和扩大再生产的需要，汉武帝时期出现财政赤字严重，难以合理调配的现象，为了增加财政收入，汉武帝时期，朝廷将盐铁官营制度化，由政治权力主体进行垄断，以此来获取丰厚的利润，增加财政收入。 因此在汉武帝统治后期，由于财政收入大多来自国家垄断产业，商业的发展逐渐式微。 与此同时，为了进一步增加财政收入，汉武帝时期推行了大规模的抑制物价、征收资产所有税等举措，极大地影响了商业的活力和发展潜力。 在这个时期，政商关系产生了极大的矛盾，国家垄断的出现及不利的财政政策都成为以民营企业为代表的商人集团对政权主体的行为产生不信任的重要因素。 由于工商业的发展影响生产方式的变化，受工商业影响的农业经济水平也呈持续下降趋势，难以维持原有的生产力水平，西汉的经济也彻底进入崩溃阶段（"一落"）。 在此之后，政商之间的关系持续走下坡路，王莽时期"五均六筦"法令①的颁布及多次不正当的货币改革，使汉朝的商界陷入混乱，社会生产也陷入桎梏（"二落"）。 直到东汉时期，刘秀即位，废除中央盐铁官营制度，逐步恢复"文景之治"时期的经济政策，才使汉朝的经济在末期有了短暂的发展（"二起"）。 然而，盐铁官营制度虽然被中央废除，但其工作内容下放到了地方，在促进各地方大地主阶级的繁荣的同时，也使得商业的发展依旧处于不利状态，在这时，政商关系已逐渐和缓，但是依旧存在"重农抑商"的影子，商业的地位难以恢复至汉前。

由于地域环境的优势，汉朝以后，北魏迁都洛阳城，商人的地位得到了提高，因此，洛阳成为商业最为繁华的城市。 根据《洛阳伽蓝记》记载，北魏时期的洛阳已出现近似于现代公司体系的企业和商业帝国，"舟车所通，足迹所履，莫不商贩焉。 是以海内之货，咸萃其庭，产匹铜山，家藏金穴。 宅宇逾制，楼观出云，车马服饰拟于王者"。 由于生产力的发展，交通运输条件更为便利，跨度较大的贸易公司已经出现，商人的地位在北魏时期的洛阳已逐渐回升。 但是，商人极少能够介入政治权力，影响政治统治。 受到前朝不稳定的经济政策的影响，"卖官鬻爵"之风逐渐兴起，这代表商人希望获得与其经济地位相符合的政治地位，因此商人们往往通过政治接触行为来参与政治，影响政治过程。 在这个时期，政商关系的不平等依旧存在，甚至趋于扩大，商业主动接触政治，形成一种单向的交流形式，在一定程度上可视为统治

---

① 杨华星、缪坤和:《试论盐铁会议及西汉后期的盐铁政策》,《盐业史研究》2007 年第 1 期,第 13—18 页。

型政商关系的扩大。 可见，从北魏开始到南北朝时期，商人的经商环境已经有了很大改善，但是商人们更加趋向于参与政治，形成不良的从政风气，同时，由于缺乏行政能力，参与政治生活的商人往往对政治的推进产生不利影响。

在这一时期的政商关系中，"政""商"完全独立，且政府通过颁布经济制度，"政"对"商"的政治统治逐渐加强。 首先，沿袭秦朝的发展状况，"政"与"商"开始独立，两者之间出现巨大的利益差异，政权主体追求统治阶级既有权力又稳定的权力关系，而商人追求自身个体的利益，在这个过程中，统治阶级因急于夺取商人的利益而激化了两者的矛盾，导致双方隔阂加深；其次，政权主体拥有绝对权力，凌驾于每个独立的商人之上，作为个体的商人所拥有的物质资料和社会财富难以与整个统治阶级抗衡，商人受到政权主体的影响较大；最后，政权的统治基于一定的军事基础和暴力机关之上，在这一时期中，政局不稳定性较强，汉朝战争不断，魏晋南北朝时期更是不同政权之间出现对立和武装斗争，在动乱的社会中，商人难以与政权主体相抗衡，甚至需要为了维护稳定的经商环境向政权主体靠拢。

由此观之，商人之间的相互独立成了其无法维护自身权利的重要因素，那么为什么不组建商帮或者商会，维护自己的共同利益呢？ 首先，从内部产业来看，垄断产业的产生导致国家把绝大多数高利润、高工程量的产业控制在国家的手中，即使下放到地方，这些垄断产业也归地方政府及大地主阶级所有，导致商人们获益减少。 因为缺乏对冶铁等重工业的掌控，商人的发展方向和贸易重心受到很大影响，只能凭借利润较少的农业或者轻工业维持，难以获得与国家抗衡的能力；其次，从外部环境看，该时期多个国家政权处于对立状态，任何一个国家区域内的商人数量都极其有限，在缺乏大型商业贸易的情况下，该区域内的商人所能进行流转的生产资料也非常有限，难以起到决定性作用；最重要的是，从社会风气来看，"卖官鬻爵"的风气难以遏制，在"理性人"思想下，商人普遍希望通过获得政治权力扩大自己的商业帝国，牟取暴利，这是一种畸形的"政商融合"。 在这样的背景下，商人之间夺取政治权力的斗争逐渐激化，商人难以进行合作与联合，在一定程度上延缓了商帮的产生。

但是，在一定程度上，"商"对"政"的反作用也比较明显。例如，北魏时期出现的现代化公司体系，对商品的流通和运转起到了巨大的作用，在一定程度上促进了资源要素的配置，为政治统治创造了稳定的社会格局，保证了社会的发展和运作。但是与此同时，商人从政心理的加强，导致政治结构紊乱、选官政策失效等现象极为突出，以商人身份成为参政者的群体往往以实现自身利益为目的，容易产生政治腐败、强制垄断等现象。在参政过程中，商人群体缺乏行政效率，不利于整体政治流程的实施，对于政局的稳定常起到负效应，容易导致社会动荡和人心涣散。总之，这一时期的政商关系，在政治环境、经济环境、社会环境等多方面的影响下相互产生作用，相比于第一阶段的"政"与"商"，该阶段波动更大，其协调难度加剧，政策的稳定性和持续性成为实现其利益契合的重要因素。

（3）规范化的联动形式：唐宋开始至近现代

唐朝是中国古代历史上最为繁荣的一个时期，整个大唐帝国成了世界上最大的免税区和自由贸易区，来自各个国家和地区的人们都在这里进行交流、贸易，商业繁荣也为大唐盛世的出现提供了巨大动力。在经济政策上，唐朝废除了所有工商税，改变了原有的中央垄断或者地方垄断的方式，将盐业、冶铁业、采矿业和酿酒业等领域全部下放进入民营资本，增强民营企业的运作活力。与此同时，在地域环境上，唐朝设置了专门的"市场"即长安城内的"东""西"两区，作为贸易交流的主要场所，与此相匹配的还有在各个市场的质量监管部门，对市场行为进行规范。良好的营商环境为商业的发展创造了运作基础，这一设置形式也同样延伸到了洛阳、扬州等城市。由于大幅度降税及民间资本的高流动性，大量新兴工商业拔地而起，与之相对应的地域环境的配置和政策保障的建立促进了新的商业群体的产生，因此，在组织形式上，"行会"的出现更能反映出当时生产力的强盛及社会关系的多层次化，而行会以集体形式与政治权力主体产生联系，提升了其参与政治生活的效率。在回顾前朝的经验的基础上，"行会"的出现及工商业地位的提高使得商人们自然而然提出对与之经济地位相匹配的政治地位的需求。为此，政权主体吸取了前朝的教训，设立了7000个基层闲职岗位，作为对商人向政府缴纳"公廨钱"①的奖励,这些职位难以对政治运转产生影响,在满足商人提升社会地位的需要的同时,增加了政府的收入途径和方式。② 商人的力量不断凝聚、强化,形成了具有一定势力的资产阶级,对政治权力的诉求也越发显著,"安史之乱"作为"中国第一次资产阶级革命"即是其表现。 在"安史之乱"失败后,唐朝转而恢复重农抑商政策,曾经辉煌一时的工商业逐渐萎缩。 纵观唐朝的政商关系,大体上是一个良性的联动过程,政权主体提供环境、政策、社会地位等,商人提供物质资源,充实财政来源,双方共同打造了一个前所未有的商业帝国,以动态形式的规范化互动来满足双方的需求,协调利益矛盾,这对现代中国仍有借鉴意义。 然而,由于资产阶级革命的缺陷,其剥削性质和小众化倾向难以撼动传统的封建统治,反而加速了资本主义萌芽的消亡,中断了大唐盛世的延续和前进。

在宋朝期间,借鉴前朝的动乱,政权主体取消了对原有商业区域的划分,同时,重新将盐业、冶铁业、采矿业和酿酒业等行业收归国有,唐朝创造的良好的营商环境并未获得保留,商人地位开始下降,其经济实力也大不如前。 另一方面,宋朝为了满足军政费用,大量发行货币,导致严重的通货膨胀,影响社会稳定。 为政商关系雪上加霜的还有王安石变法,王安石推行获取定价权、建设国营信用借贷模式的改革,导致民营企业难以立足,商业灵活性下降,大量商人破产。 政商关系在这个时期重新陷入危机,其联动模式僵化,甚至产生负效应③。 元朝再次意识到商贸活动的重要性,大量对外贸易的活动就此产生,随之形成的外贸商会也成为这一时期的重要贸易主体。 政府通过"海禁"的形式对商业贸易加以控制,形成了一种严格管理的被动性联动。到了明朝,政权主体不但继承了宋朝的抑商政策,更是延续了元朝的"海禁"政策,商人的地位极低,多以"流民"形式存在。 明朝政府为了加强对商人的统治,遏制其流动性,将其归束在某一特定区域,这一行为在影响商人贸易活动的同时,更是断绝了其获得利益的基本途径。 因此,大量的走私、

① 刘玉峰:《唐代公廨本钱制的几个问题》,《史学月刊》2002年第5期,第46—53页。

② 罗三洋:《探寻古代中国商会的历史轨迹(上)》,《中国民商》2015年第3期,第66—72页。

③ 罗三洋:《中世纪中国商会兴衰(中)》,《中国民商》2015第10期,第80—85页。

海盗队伍形成，而这些海盗队伍成了明朝最主要的商帮。过半的国际贸易通过走私的形式获得，商人以"违法"的形式获得自己的既得利益，成了当时的主流选择。从宋到明的政商关系是一个承前启后的过程，它完善了前一个朝代的缺点，却又产生了新的问题，总体来讲，政商关系陷入了一种"政策循环"的无序模式，在这个过程中，"政"与"商"之间的关系往往以"政"的胜利告终，而"商"也在被"政"统治的过程中逐渐积累生产资料和物质技术。

清朝的"闭关锁国"政策导致其对外贸易往往通过朝贡的形式进行，因此其工商业的发展主要产生于内部。在清朝统治下的政商关系有以下表现：①地域分明，出现晋商、徽商等以地域命名的商会团体，代表某个地区商业发展的最前沿力量；②盐业、采矿业等逐渐下放于商业，但是依旧受到政府管辖，经营权和销售权依旧掌握在政府手中；③文化产业成为"政""商"交流的重要载体，"雅贿"成为商人与政权主体交流的主要途径，这在一定程度上促进了新兴文化的繁荣，例如建筑文化、字画鉴赏等。在这个过程中，政商关系开始缓和，且资本主义的萌芽已产生，为资产阶级革命做好了准备。然而，在民国时期，由于资产阶级的妥协和软弱，资产阶级与地主阶级、外来帝国主义勾结，甚至在一定程度上向地主阶级输送利益，影响了资产阶级革命的结果。此时的政商关系已完全是相互勾结的关系，特别是以垄断阶级为代表的大资产阶级，他们依旧通过剥削的形式获得社会财富，与尚处于统治阶级的地主阶级进行新一轮的互动。

从唐到近代的政商关系，无疑是一个联动的过程。首先，商人已经拥有了一定的物质财富和社会资源，拥有与地主阶级相抗衡的社会力量，打破了第二个阶段的完全受政治影响的被动局面；其次，政权主体也不可避免地需要从工商业中获取社会财富，以巩固自己的统治地位，而不能完全通过自身的全面垄断来打造一个"政治市场"，因为这不利于政权主体控制，且容易引发社会的动乱。因此，"政"与"商"相互作用，形成联动效应，以一方为基础推动另一方的发展，最大限度地发挥双方的能动性，创造了良好的市场环境，促进了社会经济。

从唐到近代的政商关系，是一个循环往复的过程。虽然商人的实际社会地位有所上升，但是政权主体依旧是占统治地位的地主阶级。 虽然政权主体为了维护自身的力量，依旧需要作用于工商业，然而工商业的发展无疑提高了政府对其进行统治的难度，无论是加强对工商业的控制或是放松对工商业的控制，政治主体都难以找到维持平衡的关系。 过于强硬的管理导致工商业趋向于通过违法的方式获得自己的利益，影响政权统治；相反，过于宽松的管理会导致工商业快速积累社会资本，逐渐产生与政权主体抗衡的力量。 因此，直到清朝，政治主体依旧难以找到保持平衡的着力点。 而民国时期的政权不稳定性较大，地主阶级与大资产阶级的勾结是否能成为政商关系的研究方向，仍有待商榷。

从唐到近代的政商关系，出现了规范化的现代管理模式。 在组织形式上，政府对行会、商帮的管理受到时空的限制，形成了各种各样新的利益团体，这些利益团体通过合法形式向政府表达需求，成为现代政府与商会之间联系的重要基础；在金融手段上，政府以自己的信誉为担保，向富商大量发行"公廨钱"，获取资金投入军事活动，这与现代生活中政府发行国家债券吸纳社会资金的行为有着异曲同工之处；在特定行业中，政府采取国家垄断与私人承包相结合的方式，既保证了商人的基本利益，又维护了国家对特定资产的管理和支配，提高了对其的有效控制。

第三阶段的政商关系在很大程度上受到了资本主义萌芽产生的影响，由于新的经济关系及其所体现的社会关系和利益关系的出现，新的生产技术和管理技术也成了沟通政商关系的重要桥梁，并以逐渐规范化的技术赋能形式增强对政商关系的作用。 在现代化政商关系的处理中，生产方式变化所导致的技术变革也将成为其选择合理途径的重要方式。

1.1.4 中华人民共和国成立 70 年来政府与商会关系发展的政策演变

从 20 世纪 50 年代后期完成"对资改造"到改革开放前，国家实行"苏联模式"计划经济，"政"统领一切，指挥包办资源分配和企业生产，这时"政""商"合一，或者说"商"的自主性基本没有。 在公有制和集体所有制的背景之下，"商"成为"政"的一个部门、执行机构，以"政"行"商"是常态。 因而改革开放之前，在计划经济体制下，中国政商关系相对简单。

在"政"的方面，中华人民共和国成立初期，国家通过"三大改造"建立社会主义经济体制，政府在资源配置方面具有绝对的主导地位。 在"商"的方面，除了国有企业之外，就只有"集体企业"存在。 政府通过计划对经济部门下达指标、提供相应的生产资料，实行统收统支政策。 在改革开放初期到中期，政商关系一度是政府（包括中央政府与地方政府）与国有企业之间的关系，即通常所称的"政企关系"。 随着改革开放的进一步深入，国家治理现代化进入新的时期，政府与民营企业的关系开始成为政商关系的重点部分。其关注的重点主要在于：第一，"政"对"商"的过多管控及为此展开的辩论与博弈；第二，"政"与"商"的规范化合作与非规范性合作的边界和规范，即什么情况下属于正常的、促进经济发展的政商关系，什么情况下属于权钱交易、暗箱操作等非正常的政商关系；第三，在市场经济条件下，中央政府与地方政府在经济行为和商业活动方面，会因为资源分配权的不同而形成一种"类政商关系"。 党的十八大以来，反腐成为一种新常态，政商关系在政治、经济大势的变化中进入新局面。 在制度建设推动反腐进入新常态的形势下，政府官员给企业家搭建的"保护伞"日益受到压制，商人行贿也将面临更严峻的执法环境，这些都提高了旧的政商关系的经营成本。 加之市场配置资源能力和空间的增加，职业经理人与企业家二代的管理思维更现代化，这些都显示中国的政商关系将会发生巨大的变化。 以贿赂换取资源的旧政商关系成本太高，大势已去，企业需要更能规避风险、更有利于企业长远发展的新型政商关系。

政府和商会组织关系作为政商关系的重要组成部分，也在逐步发展。 尤其是 20 世纪 80 年代以来，经历了经济体制改革和政治体制改革，我国政府逐渐放权，市场和社会空间不断扩大，一系列涉及政府与商会关系的政策文件的出台，更是增强了市场活力，提升了社会组织的合法性，使商会组织的发展社会空间和制度环境不断改善。 总体而言，我国政府政策演化呈现出"限制管控—规范管理—指导监管—互惠合作"的变化特征，据此，从时间顺序上，我们将政府与商会关系的政策演进路径划分为四个阶段。

第一阶段：1949—1978 年。 这一阶段政府与商会的关系特征可以概括为限制管控关系，政府出台的一系列政策普遍具有抑制商会发展的特点。 这一时期，为了巩固新生政权，我国实行计划经济体制，不鼓励具有私营经济特征的行业协会商会发展，甚至对其进行压制。 1949 年，中华人民共和国成立，彼时全国经济萧条，私营经济处于主导地位，私营企业及个体经营户常通过组建或参加商会等行业组织维护自身的利益。 此时，经济治理以市场、企业和商会共同治理为主，①但在中国共产党执政后，政府力量迅速增强。 在社会领域，党"通过遍布整个社会的单位组织，对全社会及每个人形成了全面的整合和控制"。② 在经济领域，公有制经济快速发展，私营经济受到排挤和打压，而商会作为私营经济领域的组织自然受到了抑制。 尤其是在社会主义改造运动之后，私营经济几乎不复存在，商会也销声匿迹。 在政策层面，1950 年、1951 年颁布的《社会团体登记暂行办法》和《社会团体登记暂行办法实施细则》两部行政法规明确规定了"实行注册制，凡社会团体都需要经过批准登记"，实行"分级登记"，"建立主管机关审查批准前置的制度"，这些规定都提高了注册成立社会团体的门槛，就政府商会关系而言，这体现了政府对商会严格的管理控制。 纵观该阶段，政府几乎控制了全部的经济活动与社会活动，形成了政府集中治理与单一式治理。 由于没有法律规定商会存在的合理性与地位，商会不仅合法性非常低，而且在计划经济体制下，其生存空间不断被压缩，社会合法性在这样的制度环境中也逐渐消失。 可以说，这个时期政府对商会持一种消极的限制发展的态度，因此可以认为政府出台《社会团体登记暂行办法》和《社会团体登记暂行办法实施细则》的现实逻辑便是清理整顿社会团体，内在逻辑是限制作为私营经济代表商会的发展。

第二阶段：1978—1992 年。 这一阶段政府与商会的关系呈现出了较强的"规范管理"的特征，商会数量迅速增加，政府提高准入门槛并进行控制。这一阶段，由于市场经济体制的改革，非公有制经济尤其是私营企业迅速发展，这使得市场与社会的职能边界不断扩大，除了政府之外的多元社会力量壮大。 但是政府的能力提升速度赶不上新领域新行业的发展速度，对这些新

---

① 冯巨章：《政府、市场、企业和商会治理机制演化研究》，《中国经济问题》2012 年第 7 期，第 42—53 页。

② 康晓光、卢宪英、韩恒：《改革时代的国家与社会关系——行政吸纳社会》，王名主编：《中国民间组织 30 年——走向公民社会》，社会科学文献出版社 2008 年版，第 266 页。

生事物的管理出现了真空状态，此时，自下而上的民间行业协会商会应运而生，且在相对宽松的政府管制下蓬勃发展。据民政部统计，1989 年初，全国性社团已发展到 1600 多个，相当于"文革"前的 16 倍，地方性社团猛增到 20 多万个，相当于"文革"前的 33 倍。这一阶段，民间对于行业协会商会的需求不断增加，且政府面对发展如此迅速的市场和社会管理中出现的"管理失灵"问题，逐渐放松了对民间社会团体的控制，也意识到其在市场和社会治理中的功能，开始支持鼓励成立一些民间社会团体。然而，社团的蓬勃发展势必占有部分原在政府手中的公权力，政府认为自身的绝对权威受到了威胁，因此，政府并没有转变对商会的管控思维，开始对包括行业协会商会在内的社团加强监督控制，主要体现在 1989 年颁布的《社会团体登记管理条例》（以下简称《条例》），《条例》正式确立了社会组织登记的双重管理体制。《条例》明确规定："在中华人民共和国境内组织的协会、学会、联合会、研究会、基金会、联谊会、促进会、商会等社会团体，均应依照本条例的规定申请登记。社会团体经核准登记后，方可进行活动……社会团体的业务活动受有关业务主管部门的指导。"我们可以认为，《条例》的现实逻辑是对行业协会商会进行规范化管理，以便维护市场秩序，内在逻辑则是要对市场与社会发展实施管理，将行业协会商会的发展纳入政府的控制范围内，使其成为"二政府"，主要目的还是使其作为政府的助手，弥补政府管理的缺失或弱势部分。

第三阶段：1992—2012 年。这一阶段，政府与行业协会商会的关系呈现出了较强的"指导监管"的特征，虽然政府与市场的边界逐渐清晰，但于协会商会而言，政府颁布的一系列政策渗透着"策略性控制"的影子。具体来说，党的十四大提出了建立社会主义市场经济体制的改革目标，国家在经济领域进行宏观调控，将微观领域的一些权力放手给市场，并在 1993 年出台了《关于建立社会主义市场经济体制若干问题的决定》（以下简称《决定》），1997 年出台了《关于选择若干城市进行行业协会试点的方案》（以下简称《方案》），《决定》和《方案》从提倡"发挥行业协会商会等组织的作用"到具体试点城市的选择与确定，为行业协会商会营造了宽松的制度环境。但行业协会商会的发展势必会侵占政府的社会空间，为了让政府更好地管理行业协会商会，1998 年国务院修订了《社会团体登记管理条例》（以下简称《条例》（1998）），正式确立了社团双重管理体制，这不仅使行业协会商会的发展具有政治合法性基础，同时也加强了政府部门对其的控制，使其规范发展。 具体体现在，《条例》（1998）将社会团体分为法人社团和非法人社团，都继续采取分级登记注册和主管机关前置审查制度，并且进一步深化了双重管理体制。 《条例》（1998）第八条规定，有关业务主管部门和登记管理机关应当负责对经核准登记的社会团体的日常管理；第九条规定，申请成立社会团体，应当经过有关业务主管部门审查同意后，向登记管理机关申请登记。 1999 年，国家经贸委颁布了《关于加快培育和发展公司领域行业协会的若干意见（试行）》（以下简称《意见 1》），界定了行业协会商会的 17 项职能，但其中绝大多数职能都是为政府服务的，且在实践中，政府借助职能转移的方式拓展了管理市场的"合法"权利，实质上行业协会商会仍然是政府管理的一个辅助工具，且政府通过部分转移其原有职能，使自己对行业管理的权利得到"合法"延伸。① 2007 年，国务院办公厅发布了《关于加快推进行业协会商会改革和发展的若干意见》（以下简称《意见 2》）。② 商会发展至此进入新阶段。 但是无论是《条例》还是《意见 1》和《意见 2》，都清晰地呈现出了政府对商会的一种态度：鼓励支持商会发展，以便承接更多的政府职能，解决因政府能力不足而产生的新需求与矛盾。 这一阶段，政府既积极引导商会成立，又在制度上进行监督控制，依旧具有较强的管控目的，此时政府仍以一种管理的思维而非平等的治理理念处理两者之间的关系，呈现出了较强的指导商会发展在可控范围内的意愿。

第四阶段：2013 年至今。 经过前一阶段的发展，商会自主性意识觉醒，合法性增强，政府与有能力的社会合作者的现实需求凸显，在这样的背景下，政府与商会之间试图建立一种平等互惠的合作关系。 在政策层面，2013 年 12 月修订的《社会团体管理登记条例》中，行政法规部分修订为商会四类社

---

① 吴昊岱：《行业协会商会与行政机关脱钩：政策执行与政策特征》，《治理研究》2018 年第 4 期，第 102—112 页。

② 陈永杰：《中国商会发展报告 2005—2007》，《中国商会发展报告 NO.2》2008 年第 4 期，第 3—26 页。

会组织试行民政部门直接登记制度。 也就是说，行业商会协会的成立不再需要首先去寻找一个业务主管单位，通过其审批同意后才能成立，这也意味着商会在日常活动的开展中拥有了更多的自主性，"双重管理体制"开始解体。另一方面，随着改革的全面深化，2013 年，国务院办公厅发布《关于实施〈国务院机构改革和职能转变方案〉任务分工的通知》，提出"逐步推进行业协会商会与行政机关脱钩，强化行业自律，使行业协会商会真正成为提供服务、反映诉求、规范行为的主体"。[①] 2015 年，国务院下发了《行业协会商会与行政机关脱钩总体方案》，在国家层面拉开了行业协会商会与行政机关脱钩改革的帷幕，明确要求厘清行政机关和行业协会商会的职能边界，促进行业协会商会成为依法设立、自主办会、行为自律的社会组织，并且要求在2017 年"基本形成政社分开、权责明确、依法自治的现代社会组织体制"。这些政策与文件为增强社会组织的活力与自主性创造了良好的制度环境。 随着改革的不断深入，行业协会商会与政府脱钩的方向与路径越来越具体清晰，商会在市场中的地位逐步提高。 但是，无论是从社会组织自身合法性基础获得与资源整合角度，还是从政府尤其是业务主管单位对于出让既得权力与利益的主动性角度出发，目前行业协会商会完全脱离政府的可能性和可行性都不高。 对此，我国政府主动转变思维，以积极引导的方式对行业协会商会进行监督。 2016 年 12 月，国家发改委出台了《行业协会商会综合监管办法（试行）》（以下简称《办法》）：《办法》分 8 个部分共 37 条，通过明确有关政府部门的监管主体责任，将原来行政化准入的管理方式，转变为党的领导、政府部门综合监管与服务及协会商会自治自律相结合的新型综合监管模式[②]。 不同阶段我国政府与商会关系的政策演化与特征如表 1-1 所示。

---

① 马红光:《依附式合作:企业商会与政府的关系模式探析——以在京外地企业商会为例》,《首都师范大学学报》2016 年第 8 期,第 72—79 页。

② 季云岗:《构建"政府监管＋依法自治"新型综合监管模式——民政部社会组织管理局副局长廖鸿就〈行业协会商会综合监管办法(试行)〉答记者问》,《中国社会组织》2017 年第1 期,第 34—36 页。

表 1-1　我国政府与商会关系的政策演化与特征

阶段	演化动力	政策文件	关系特征
1949—1978 年	巩固新生政权 计划经济体制	《社会团体登记暂行办法》 《社会团体登记暂行办法实施细则》	限制管控
1978—1992 年	市场经济体制改革 促进商会发展	1989 年《社会团体登记管理条例》 确立双重管理体制	规范管理
1992—2012 年	商会需依赖政府获得发展 政府需商会辅助管理市场	1998 年《社会团体登记管理条例》 1999 年《关于加快培育和发展公司 领域行业协会的若干意见(试行)》 等系列政策文件	指导监管
2013 年至今	简政放权深入 商会能力增强 自治能力增强	2013 年《社会团体管理登记条例》 试行民政部门直接登记制度	互惠合作

　　从上述分析可知，政府和商会的关系总体上呈现出一种逐渐平等化的态势，其内在逻辑是政府对商会的控制逐渐减弱，从中华人民共和国成立初期的强控制转变为现在的策略性柔性控制，在这一过程中，政府与商会的关系总体呈现出"限制管控—规范管理—指导监管—互惠合作"的动态特征。产生这一过程的原因在于：一方面，市场经济的不断完善促进了市场自治主体发育及能力增强，市场的健康发展需要商会的参与治理；另一方面，随着社会治理复杂性的提升，政府在提供公共服务的过程中，需要商会的专业参与。在这样的趋势下，政府和商会由于利益契合，在形式上逐渐形成了一种策略性合作状态。但是，对政府与商会关系的正确认识是极其复杂的，两者关系会受到不断增强的国家能力、逐步增强的社会组织合法性、不断提升的政社合作需求，以及现代化发展的公共管理等因素的影响，而这些因素在社会发展的不同阶段又呈现出极大的差异性，这就导致政府与商会的关系呈现出动态变化的特征。从两者关系的演化路径来看，中国政府与商会的关系是一种从强制性变迁逐渐向诱致性变迁的转变，具体而言，这种转变体现在中华人民共和国成立以来国家往往偏向于从政策法令等正式制度的层面对商会进行管控与规范，具有浓厚的行政色彩；改革开放以来，随着市场空间与社会空间的不断开放，政府对商会的强管控色彩逐步减弱，商会存在的价值与意义开

始从政府的辅助性组织向服务于市场主体转变，商会的自主性与治理能力增强，改革的自发性日益呈现，商会组织的发展与市场经济的完善、政府职能转变同步同调。

1.2　新型政商关系背景下的政府与商会

1.2.1　"亲""清"新型政商关系的理论内涵

（1）"旧式"政商关系

前文已提及，"旧式"政商关系按照政府和官员及企业和企业家的主动、被动程度大致可分为官商勾结、仗权欺商、消极躲避和商裹挟政等四个类型。

就中国经济的可持续发展来说，中国从来没有像今天这样，需要确立一种有效的政商关系。旧的政商关系出现了重大问题，不可持续，而新的关系尚待建立。如果不能建立一种有效的新政商关系，下一阶段经济的可持续发展就会出现重大问题。党的十八大以来，政商关系改革的目标非常明确，要从"勾肩搭背"的关系转型到"亲清"关系。如何建立这种新型的政商关系？要回答这个问题，首先需要思考旧的关系是如何产生的。把旧的政商关系所体现的种种现象简单地统称为"腐败"，不足以找到解决问题的方法，更不用说确立新的制度了。只有找到了腐败的制度根源，才能构建起既能预防腐败，又能促进政商关系的有效制度。

（2）新型政商关系

习近平总书记在看望参加全国政协十二届四次会议的民建、工商联委员及参加联组会时，用"亲""清"两字精辟概括了新型政商关系，这个概括不仅让政商之间有规可依、有度可量，更给党员干部和非公经济人士之间怎样打交道指明了方向，提供了遵循依据。习总书记指出，"亲""清"两个字是政商关系的基本内涵和基本要求。从哲学意义上说，二者是辩证关系。"亲"是"清"的前提和条件，是有原则、有底线的"亲"，"清"是"亲"的着眼点和落脚点，是有前提、有条件的"清"，有"亲"而无"清"，不是真正意义的"亲"；有"清"而无"亲"，不是真正追求的"清"。 构建新型政商关系必须要避免"亲"而不"清"或"清"而不"亲"两种倾向，做到既"亲"又"清"。

　　"亲"是有原则、有底线的"亲"。 "亲"体现了党中央对充分调动非公有制经济人士积极性、充分发挥非公有制企业作用的鲜明态度，要求政商之间要亲近、亲和、友善、坦荡、真诚、积极主动、热情热心。 首先，政商之间要把彼此当作"亲人"，政府要平等地对待非公有制企业，凡是法律法规未明确禁止的，一律允许各类市场主体进入；凡是影响民间资本公平进入和竞争的各种障碍，一律予以清除，让非公有制企业和国有企业一样，享有同等的政治、社会、经济地位与待遇，平等使用生产要素、公平参与市场竞争。当前，特别要平等地让非公有制企业享受国家的贷款政策，切实解决非公有制企业融资难、融资贵等问题；非公有制企业要坦荡真诚地对待政府，主动回报社会。 其次，政商之间要有交往，通过交往缩短彼此的距离，不能老死不相往来。 政府与企业"亲近"了，才能及时、真实地了解企业的生产经营状况和困难，才能有针对性地制定出符合企业实际的各种政策措施，解决企业生产经营遇到的困难和问题；企业与政府"亲近"了，才能及时了解政府的有关政策，积极争取政府的支持和扶持。 再次，政商交往要有度、界限分明，可以"近"但不能"黏"，有交集不能有交换，有交往不能有交易，决不能搞成封建官僚和"红顶商人"之间的依附关系，也不能搞成西方国家大财团和政界之间的买办关系，更不能搞成吃吃喝喝、拉拉扯扯的酒肉朋友关系，必须要坚守法律底线、纪律底线、政策底线、道德底线。

　　"清"是有前提、有条件的"清"。 "清"体现了对党员干部特别是领导干部在纪律规矩方面的严格要求，要求政商之间要清楚、清白、公平、廉洁、干净。 首先，政商之间的权、责、利要清楚明晰、公开透明，不能藏着掖着，而且必须要用法律、法规、规章或制度的形式确定下来，特别是政府，要及时公开权力清单、责任清单、负面清单，并加大宣传力度，让企业心中有本明白账，清清楚楚地知道什么能做，什么不能做。 对于政府来说，法定职责必须为，对于企业来说，法无禁止皆可为。 其次，政商之间不能有权力寻租与不正当的利益输送，政府官员在非公有制经济人士面前不能自以为是、盛气凌人，更不能当官做老爷，要按法律法规、纪律规矩和政策办事，不能挤压商人，不能有贪心私心，不能以权谋私，不能搞权钱交易。 非公有制经济人士要洁身自好、走正道，诚信经营、守法经营、廉洁经营，不能"围猎"干部，更不能利用"糖衣炮弹"拉政府官员"下水"。 再次，"清"必须以"亲"为前提，领导干部要坦荡真诚地与非公有制企业接触交往，特别是在民营企业遇到困难和问题的情况下更要积极作为、靠前服务，对非公有制经济人士多关注、多谈心、多引导，帮助他们解决实际困难，真心实意地支持非公经济发展。 非公有制经济人士也要积极主动地和各级党委和政府及部门多沟通，多交流，讲真话，说实情，建诤言，满腔热情地支持地方发展。 政商之间要在"亲"中斩断私利杂念，各归其位、各负其责、各得其所，清清白白做人，干干净净做事。

（3）新型政商关系的实质

"亲""清"新型政商关系的实质是一种合作共赢关系。 合作是政商关系应有之义，比较古今中外的政商关系历史，我们不难发现，两者之间虽有冲突和矛盾，但合作一直是政商关系中的基本内核。 由于政府既是各种政策的制定者与执行者，又是各种市场资源的控制者与调配者，其行政行为必定会影响非公有制企业的发展。 由于政府和政府官员不能直接创造财富，因此政府职能作用的发挥，政府官员人生价值和社会价值的实现，必须依赖企业创造的财富，必然要依靠与企业的合作。 而企业作为市场主体，要在市场竞争中不断发展壮大，必定要依靠政府的支持和扶持，接受政府的管理和服务，与政府加强合作。 这种合作不是政商之间相互勾结，"亲"而不"清"。 而是各司其职，既"亲"又"清"，政府加强对市场活动的监管，为企业提供政策支持和优质高效的服务，营造透明高效的政务环境、竞争有序的市场环境、公平公正的法治环境、宽松便利的营商环境、良好的发展环境；企业与政府保持良好的沟通，适时调整发展战略，并为政府提供源源不断的税收，为政治稳定和社会稳定提供经济基础。

新型政商关系可以从三大层面来分析，宏观层面的政商关系是政治与经济的关系，中观层面的政商关系是政府与企业（组织）的关系，微观层面的政商关系则是政府官员和企业家的关系。 在多维的政商关系中，一方面，企业做大了，开始需要政府的支持；另一方面，企业做大了，政府对企业就更关心了。 也就是说，这里的政商关系往往是由两方面因素的结合促成的，即一些企业家的"政治企图"和一些政府官员的"经济企图"。 党的十八大反腐败运动以来所发现的各种案例，充分说明了这个领域形形色色的政商腐败关系，几乎每一个腐败官员背后都会牵涉出一大批企业，也几乎每一个腐败企业家背后都会牵涉出一大批官员。 当"政治企图"和"经济企图"结合在一起时，就会演变成为"权力"和"经济"之间的交易。 这种交易既可以由企业家开始，也可以由政府官员开始。 企业家的动机是多重的：通过向政府"寻租"把企业做大；在有效法治缺位的情况下，寻求政治保护；通过得到政府的一个位置（例如人大、政协、工商联组织等）追求社会声望；等等。 政府官员也有很多动机：直接的经济利益（向民营企业要钱、入股，甚至是公开地"抢钱"），安排子女亲戚就业，让企业家支付子女的就学费用，等等。也有一些政府官员用各种方式和民营企业"共同发展"，实现权钱的完全结合。 产生这种变相"合作"的根源就在于伦理与制度的缺位，以及由此衍生的政府与企业之间的信息不对称，比如政府对企业健康发展所需要的政策支持缺乏了解。

自 20 世纪 80 年代以来，以市场化为导向的经济体制改革和以放权与转变职能为中心的政治体制改革调整了政府与市场和社会的关系，作为代表企业家利益的自治组织——商会再次兴起并作为"代理人"活跃在政府与企业之间。 这一角色具有两重意义，在政府立场上，商会可以主动承担起政府简政放权后放下来的职能，帮助政府规范市场秩序，维护商界的合法利益（靳浩辉、常青，2017）。 在政商关系中，行业商会作为企业的代理人，能代表行业企业的利益和偏好，而政府在既要承担更好引领、管理、服务于某个行业发展的职责又要与各个具体企业打交道的前提下，必须依赖于行业组织和行业商会。 从行业企业的立场上说，商会可以聚合企业家的意愿、意志和诉求，以便更有效地进行利益表达和政治沟通。 商会的这些行为，都是对政府履行经济管理职能的支持和帮助，都有助于减少"腐败行为"的发生，不仅有助于推进"亲""清"新型政商关系的构建，也有助于国家经济与社会的可持续发展。

1.2.2　新时代政府与商会关系的新要求

（1）政府与商会关系的现状与问题

在经济运行中，行业协会商会在政府宏观经济管理和企业微观经济运行间起着重要的衔接作用。民政部指出，行业协会商会在政府宏观经济管理和企业微观经济运行中间"上挂下联"，犹如"传送带"和"分流器"。行业协会商会能做企业想要做，但靠单个企业做不到的事；能做市场需要做，却无人牵头去做的事；能做政府想要做，却无精力去做的事。

政府与商会之间的关系分析是政商关系的中观视角，政府与商会的地位、互动方式等可以为理解我国政商关系提供有效证据，政府与商会之间的良性关系有助于构建"亲清"政商关系。改革开放以来，我国的行业协会商会数量从不足 1000 个发展到 2014 年底的近 7 万个，每年增长速度保持在 10％－15％[①]，基本覆盖了国民经济各个门类、各个层次。得益于与经济发展和市场化改革的密切联系，相比其他社会团体，行业协会商会率先得到了政府的培育和支持，在社会管理领域和经济建设领域发挥了不小的作用。然而，在快速发展、规模壮大、发挥重要作用的同时，部分行业协会商会也存在以下问题：一是行政化色彩较浓，部分行业协会商会成了行政主管部门的附庸，只是一味地替政府做事，失去了作为企业家利益代表的作用，阻碍了行业企业真实有效需求进入政府的视野；二是原有的监管体制以"双重管理""一业一会""一地一会"为主要特征，严重阻碍了行业协会发展；三是自身能力建设不足，有的行业协会行业代表性差，有的参与政策制定、服务企业发展等各项能力偏弱，有的内部管理混乱；等等。这些问题使得政府与商会地位不平等，官商合谋等"旧式政商关系"特征仍然存在，严重阻碍了"亲""清"新型政商关系构建的步伐。

---

① 民政部：《民政部有关负责人解读〈行业协会商会与行政机关脱钩总体方案〉》，新华网，2015 年 7 月 8 日，http://www.xinhuanet.com/politics/2015 － 07/08/c＿1115861029.htm。

（2）脱钩：构建"清"的政府商会关系

为更好地发挥行业协会商会在经济发展与社会治理中的作用，褪去"官色"，厘清边界，理顺关系，全面推开行业协会商会与行政机关脱钩改革，近年来，在"放管服"改革推进之下，一系列旨在优化行政服务、激发市场活力的举措陆续出台。2013年3月，国务院发布机构改革和职能转变方案，将"改革社会组织管理制度"作为国务院机构职能转变中的一项。同时，国务院办公厅针对改革方案做出任务分工，其中要求：2013年年底前完成相关法规修订工作，推进行业协会直接登记制度，2014年年底前要总结试点经验，推进行业协会商会与行政机关脱钩，实行"一业多会"制度。2013年11月，《中共中央关于全面深化改革若干重大问题的决定》明确指出要激发社会活力，正确处理政府和社会关系，加快实施政社分开，限期实现行业协会商会与行政机关真正脱钩。2015年7月，《行业协会商会与行政机关脱钩总体方案》（以下简称《脱钩方案》）正式出台，要求各级行政机关须与其主办、主管、联系、挂靠的行业协会商会在机构、职能、资产、人事、党建五个方面实现脱钩，规范理顺各项关系，同时规定要进一步完善支持政策和综合监管制度。行业协会商会与行政机关脱钩改革由此拉开帷幕。全国性行业协会商会先后于2015年11月、2016年6月、2017年1月开展了三批脱钩试点。《脱钩方案》提出，全国性行业协会商会脱钩试点工作由民政部牵头负责，2015年下半年开始第一批试点，2016年总结经验、扩大试点，2017年在更大范围试点，通过试点完善相应的体制机制，然后全面推开。三年三批脱钩改革试点，从审慎实践到全面推开，共有422家全国性协会和5318家省级协会实现与行政机关脱钩，均超过应脱钩协会总数的50%，为全面推开脱钩改革奠定了扎实基础。

为加快转变政府职能，创新管理方式，促进行业协会商会提升服务水平，依法规范运行，健康有序发展，充分发挥作用，2019年6月17日，国家发改委、民政部、中央组织部、中央编办等十部门联合下发《关于全面推开行业协会商会与行政机关脱钩改革的实施意见》（以下简称《实施意见》），明确按照去行政化的原则，全面实现行业协会商会与行政机关脱钩。针对试点过程中暴露出来的问题，《实施意见》进一步明确了脱钩改革的具体要求和操作办法。《实施意见》要求，要按照"应脱尽脱"的原则全面推开脱钩改革，凡是符合条件并纳入改革范围的行业协会商会，都要落实"五分离、五规范"的要求。

"五分离、五规范"主要包括以下内容：一是实现机构分离，规范综合监管关系。取消行政机关与协会的主办、主管、联系和挂靠关系，协会依法直接登记，行政机关依法监管并提供服务。二是实现职能分离，规范行政委托和职责分工关系。剥离协会现有行政职能，同时鼓励行政机关向协会购买服务。三是实现资产财务分离，规范财产关系。协会实行独立财务管理，取消财政直接拨款。按规定腾退行政办公用房，实现办公场所独立。四是实现人员管理分离，规范用人关系。行政机关不再推荐、安排在职或退（离）休公务员到协会兼职、任职，协会依章程自主选人用人。五是实现党建外事等事项分离，规范管理关系。全国性协会党建工作分别由中央和国家机关工委、国资委党委领导，外事工作、人力资源服务等事项由协会住所地政府进行属地化管理。[①]

以资产财务分离为例，过去，一些依托于政府部门成立或由政府部门推动成立的全国性协会商会，基本上都与上级行政机关一起办公，可以享受来自上级部门的直接财政拨款，接下来，按照《实施意见》要求，将取消对行业协会商会的直接财政拨款，而是通过政府购买服务等方式支持其发展。行业协会商会执行民间非营利组织会计制度，单独建账、独立核算。资产财务分离、机构分离、职能分离、管理人员分离、党外事务等事项分离。这些脱钩改革的实施将有助于理顺政府与行业协会商会、企业之间的关系，让行业协会商会回到本该属于它的"协调人"的位置上去，促使其将服务重心从政府转向行业、企业和市场，从而促进"亲""清"新型政商关系的形成。

（3）合作：构建"亲"的政府商会关系

---

① 发改体改〔2019〕1063号文件：《关于全面推开行业协会商会与行政机关脱钩改革的实施意见》，国家发展改革委，2019年6月17日，http://www.ndrc.gov.cn/zcfb/zcfbtz/201906/t20190617_938772.html。

在脱钩摘帽去行政化之后，行业协会商会不可避免地会面临一些挑战，如何"自处"？ 如何寻找"未来之路"？ 如何更好地发挥其在行业治理中的作用？ 有学者指出，应通过立法的形式明确行业协会商会的地位作用、权利义务、资产属性，不断优化结构，健全功能。 比如，应尽快编制出台《行业协会商会法》，健全相关配套法律法规，并专门就行业协会商会自身制度建设等内部治理问题进行规范，强化法治约束。 也有学者指出，行业协会商会在与行政机关脱钩的过程中也面临很多挑战，比如，行业协会商会相关人员的身份问题，脱钩后相关人员不再具有政府身份，待遇及其他福利保障可能会受到一些影响。 再比如，政府不再向行业协会商会输送运营资金，行业协会短时间内将不得不面临资金方面的压力等。

我国政商关系的发展变化与我国政治体制、经济体制改革密切相关，而在全面深化改革试点，政府与市场、政府与社会正在发生新一轮的深刻变化，我国的政商关系必将受到重大影响并走向新的发展阶段。 尽管行业协会商会和政府在社会治理、经济发展等领域发挥着不同的作用，但是在某些方面确有着相同的目标，如发展行业经济、维护市场秩序等。 对于任何一个行业或企业来说，中介组织所承担的功能和服务必不可少，因此，即便失去"二政府""红顶中介"身份，政府或行业对其的需求依然存在，双方仍存在广泛的、可以实现良性互动的合作空间。 我国原有的政府与行业协会商会的关系的弊端并不是双方关系太密切，而是双方关系不合理，因此脱钩不应该是简单粗暴地完全切断政府与行业协会之间的关联，而是应该破除此前政府对行业协会的过度管制，明确各自权责、确保在互相独立的基础上建立新的关系。行业协会商会要做的是快速调转船头，从原有的过度行政化向市场化、服务化转型，依靠自身治理能力与品牌，策略性地寻求与政府的合作，真正在政府和产业间发挥纽带作用，以重获发展。

2016 年 8 月，中共中央办公厅、国务院办公厅印发了《关于改革社会组织管理制度促进社会组织健康有序发展的意见》，其中提出了改革社会组织管理制度的目标，目标主要可以分成两个层次：一是总体目标，要建立健全统一登记、各司其职、协调配合、分级负责、依法监管的社会组织管理体制；二是两项具体目标，社会组织制度要实现政社分开、权责明确、依法自治，社会组织发展格局要实现结构合理、功能完善、竞争有序、诚信自律、充满活力。党的十九大报告中再次强调，"要推动社会治理重心向基层下移，发挥社会组织作用，实现政府治理和社会调节、居民自治良性互动"。这些政策与意见都为脱钩后如何看待商会，处理政府与商会之间的关系提供了依据。

总之，脱钩并非一脱了之、放任不管。相关政府部门除了在脱钩之后要加快立法、健全综合监管体系之外，还应转变管理方式，把对行业协会商会的管理方式由以行政手段为主转变为依法监管的现代治理方式。通过全面推开脱钩改革，充分发挥行业协会商会在助推经济转型升级、促进政府职能转变、提供社会服务、创新社会治理、加强行业自律、扩大对外交流方面的重要作用。政府与商会之间通过购买服务等良性合作建立"亲近"关系，实现社会效益和经济效益最大化。那么如何建立两者之间的合作呢？本书接下来将从已有研究出发，探讨"亲""清"政商关系背景下促进政府与商会合作的可能性路径。

1.3 本书的基本思路和篇章结构

党的十九大报告提出的"亲""清"新型政商关系可以从三大层面来分析，宏观层面的政治与经济关系，中观层面的政府与商会组织的关系，微观层面的政府官员和企业家关系。其中，与市场化进程和社会治理体系发育互动演进的政府与商会组织关系是理解与构建亲清新型政商关系的必要部分。本书共由五章内容构成。首先，第一章系统回顾了中华人民共和国成立 70 周年以来我国政府与商会关系发展的历史脉络与演进逻辑，在厘清亲清新型政商关系的理论内涵基础上，提出新时代背景下政府与商会关系的新要求与新议题；其次，本书通过对西方政社关系经典理论与国内经典研究的整理与分析，以地方治理为视角，从利益契合、党建引领、技术赋能三个层面提出了政府与商会"策略性合作"关系的分析框架；再次，建立在第二章所述分析框架基础之上，本书第三章论述了党建引领在新时代对商会发展的要求，并总结分析了多个商会的党建经验及它们存在的问题与挑战；接着，第四章探讨了政府与商会合作的可能空间，并以在杭异地商会为典型案例进行分析，寻找促进政府与商会合作的路径；最后，第五章讨论了互联网与大数据技术的发展对政府与商会关系的影响，并在总结目前互联网对政府商会关系形态影响的基础之上对未来发展趋势做了简单预判。

第一章的研究主线是政府与商会关系的内涵及发展历程。 政府与商会的关系是政商关系三大层面中的中观层面，为了更好地了解政府与商会的关系，本章首先对政商关系进行了内涵解读，中国特色新型政商关系的核心内涵在于"亲"与"清"，本章从价值、制度、机制层面进行解读，认为其表现出非人格化和双向性的特点，指出中国特色新型政商关系分析框架可由表及里分为三个层次：官员与企业家、政府与商会、政治与经济。 其次，本章对已有政商关系研究进行了整理与分析，并对历史上我国政府与商会的关系进行了探讨，从政策演变视角分析了中华人民共和国成立 70 年来政府与商会的关系发展，认为我国政府和商会由于利益契合，在形式上逐渐形成了一种策略性合作状态。 从两者关系的演化路径来看，中国政府与商会的关系是一种从强制性变迁逐渐向诱致性变迁的转变。 在此基础上，本章解释了"亲""清"新型政商关系的理论内涵，认为"清"是有前提、有条件的"清"，"亲"从本质上来讲就是要形成制度化的良性互动。 本章最后指出，"亲""清"新型政商关系的实质是一种合作共赢关系，于新时代构建新型政商关系而言，合作是政府与商会关系的应有之义。

第二章主要阐述政府与商会关系的理论基础。 首先，介绍西方发达国家中以法德型、英美型及介于法德型和英美型之间的中间型等三种类型为代表的现代商会组织形式，认为这些形式下的商会组织与政府分别呈现出大陆模式、市场主导型模式、混合模式三种关系类型。 其次，分阶段论述了中国语境下的政府与商会关系，以便进行一个清晰的对比。 本章认为我国政府与社会组织之间的合作关系产生了新变化，即商会的治理能力增强，对政府的依赖性减弱，政府也需要商会参与日益复杂的市场治理过程中，主要体现在政府在行业管理方面逐渐赋权社会，放松对包括商会在内的社会组织的控制，通过政府购买服务、公益创投等方式积极与社会组织开展合作。 中国地方政府与商会关系实质上是一种合作治理模式，本质上体现的是政治与经济关系的变迁，是政商关系的重要内容，中国的政府与商会关系是一种中国类型与中国叙事。 在此基础上，本章指出利益契合为政府与商会合作的制度空间，党建引领为政府与商会合作的资源支撑，技术赋能为政府与商会合作的工具手段。

第三章主要探讨的是执政党在政府与商会关系中的定位与作用。 本章首先论述了商会组织从"行政脱钩"到"党建引领"的发展背景，指出在新时代的背景下，党建引领在社会组织发展过程中的作用越来越突出。 在此基础上，本章分析了当前学术界对于商会党建的研究现状。 其次，本章总结了泉州商会、温州商会等商会的党建工作经验，指出党建引领对于商会组织发展具有增强商会外部影响力、促进商会内部能力提升、链接商会更多外部资源、提高商会整体凝聚力等重要意义。 再次，虽然随着党和政府各项商会党建政策和制度的出台，各地各商会在因地制宜开展党建工作的过程中，积累了较多的可供借鉴、值得推广的经验，但是商会党建处于起步阶段，还存在配套政策不够细、观念意识不到位、人财保障基础弱等问题，本章从完善商会党建机构制度、建立健全人财保障机制、提高商会党建"两个覆盖"、加强党建工作内容培训等方面提出相应建议，以期为进一步发挥商会组织党建引领作用提供参考。

第四章以政府与商会在城市治理中的利益契合为主线，讨论了政府与商会合作的空间与条件。 首先，从行业协会商会的功能角度分析了其在社会治理中与政府合作的空间，比如参政议政、建言献策、改进政治思想工作等政治功能；为会员提供公共服务、为治理体系中多元主体的关系塑造和利益聚合提供支持，以及行业自律等经济功能；塑造社会多元结构，协调社会关系、优化劳资关系等社会功能。 其次，在市场经济日趋成熟、社会治理日趋开放、政府管理日趋规范、要素流动日趋频繁、城市功能日趋多元的时代背景之下，异地商会在经济社会发展和城市治理转型中的功能将越来越重要。 因此，本章以异地在杭商会为样本，通过实地调研，描述了异地在杭商会的现状及其与政府在各个方面合作的实践案例。 最终，通过对 34 家在杭异地商会的调研，采用模糊集定性比较分析方法，选取政府的认知、政府资源支持、商会游说意愿、商会治理能力、商会影响力为条件变量，将政府与商会合作行为视为结果变量，探索政府与商会合作的路径。研究发现，政府与商会合作的形成是众多变量的组合效用，具体可以概括为"资源支持型""整体赋能型""内生发展型"三条合作路径，其中商会内部治理能力是促进政府与商会合作关系形成的最核心要素。这对于促进政府与商会的合作，进一步发挥异地在杭商会的功能，助推杭州经济社会转型发展、营造良好的发展环境、提升城市治理水平，都具有十分积极的意义。

第五章主要探讨了互联网发展对政府与商会关系的赋能作用。首先，文章立足于互联网技术高速发展这一新特征，并结合已有理论与现实背景，论述了互联网与政商关系研究的必要性及互联网为政府与商会关系带来的赋能作用，并提出了互联网发展对政府与商会关系的挑战与新要求。其次，在调研走访多家在杭异地商会及对话数家国内大型商会的基础上，本章探究了目前互联网发展与商会发展之间的现状，发现了一系列问题，如："互联网＋"时代商会"去行政化"改革依然存在困境，"互联网＋"时代商会政治参与制度化水平低，政府对商会"互联网＋"发展的有效支持不足，没有发挥"互联网＋商会"1＋1＞2的效果，部分商会无法及时跟上互联网发展步伐导致商会功能定位滞后与经营模式落后，等等。再次，本章指出在互联网迅速发展的背景下，政府与商会关系发展出现了新形势，比如政府在政商关系中越来越偏向成为监督者、引导者，而不是操作者；商会理论受到越来越多的关注；政商之间治理式互赖越来越明显。在此基础上，本章从完善法律法规、健全监管机制，加快政会脱钩、加大政府支持力度，完善评估考核机制、拓宽政治参与渠道，创新政府管理、政商合作形式，完善内部治理模式、融入互联网思维，推动技术赋能商会、加强人才队伍建设等方面探讨了推动政府与商会建立保持良性互动关系的举措。

2 政府与商会关系的理论基础与分析框架

  政府与商会的关系是政商关系的"晴雨表",在推进"亲""清"新型政商关系建设中发挥着重要作用。 要准确认识政府与商会的关系,不仅需要比较参考西方发达资本主义国家政府与商会的关系,还需要立足中国语境,结合特定的中国经济发展过程、社会环境变化、政治体制改革等因素。 治理的兴起,极大地促进了公民社会和社会中介组织的发展,并促使其在地方治理中发挥社会多元主体的作用,因此,对政府与商会关系的把握需要在地方治理的背景中进行。 本章在综合已有研究的基础上,首先介绍了西方发达国家中以法德型、英美型及介于法德型和英美型之间的中间型等三种类型为代表的现代商会组织形式。 之后,通过文献梳理分阶段论述了中国语境下的政府与商会关系,认为目前政府与商会之间是一种合作关系。 2019 年,国家发展改革委、民政部、中央组织部等十部门联合下发《关于全面推开行业协会商会与行政机关脱钩改革的实施意见》,在明确商会脱钩任务的同时,强调要全面加强行业协会商会党建工作,完善综合监管体制,实现协会依法直接登记、独立运行,行政机关依法监管并提供服务,形成新型政商关系。 那么,党建会对新型政府与商会关系产生什么影响呢? 另外,近年来,随着"互联网+"热潮的兴起,有学者提出技术对商会工作的赋能作用,这又将如何影响政府与商会的关系呢? 基于此,本章提出了一些关于政府与商会关系的新思考,在指出利益契合为政府与商会合作的制度空间的基础上,在政府与商会关系中新添了党建引领与技术赋能两个维度。

2.1 政府与商会关系:国外模式

对于西方发达市场经济国家来说,商会是由企业、自由职业者和热心公益事业的公民等资源组成的组织。 其主要职能是通过沟通联系、协调服务等,促进工商业及社会公益性事业的发展。 因各个国家特定的历史与文化传统、政府与市场间的关系,以及政府对商会自身的组织建设、内部分工、工作机制及管理手段不同,现代商会主要形成了法德型、英美型及介于法德型和英美型之间的中间型等三种组织类型。 从商会与政府的关系角度看,已有研究将上述三种类型的商会组织界定为三种不同的模式。 第一类为大陆模式,主要存在于大陆法系国家,即法国与德国。 因其首先诞生在法国,因而也被称为法国模式。 第二类为盎格鲁撒克逊模式,也称市场主导型模式或英美模式。 在这种模式下,政府公共机构对民间经济团体历来较少干预。 第三类为混合模式,主要在商会组织发展稍晚一些的国家,特别是亚洲各国。 它们从自己的国情出发,借鉴上述两种模式的长处,建立起兼有以上两种模式特点的体制。 在亚洲的混合模式中,又可以分成两种类型:一种是大陆模式特征较多的混合模式,比较典型的是日本;另一种是英美模式特征较多的混合模式,如新加坡、泰国、马来西亚等国及我国的香港特别行政区。

英美的文化传统更强调追求个人利益,最大限度地发挥市场竞争的优势,因而其行业协会的特点是地位独立、行为自主、经费自理、自愿参加,这些组织偏向于反对政府干预。 譬如美国行业协会的职能中反映出较多的利用市场规则进行行业规范和发展,以及体现企业利益重要性来影响政府决策的内容。

法德等欧洲大陆国家的经历与英美存在较大差别。 欧洲大陆历史悠久,经过长期开发,维持众多人口生存的压力较大,在强调追求个人最大利益自由的同时,也很重视民族的团结和社会的平衡,在民族工业发展的过程中,有着政府干预经济的历史传统,属于混合市场经济,政府干预的作用显著。 以法国为例，政府委托给行业协会部分管理职能，通过行业协会进行灵活的行业自律管理，就经济政策和行业发展的重大问题广泛征求企业意见，形成对话渠道，为政府进行宏观调控提供可靠的依据，实行自律管理和部门管理相结合。 而且，在加入方式上，也存在着政府强制企业入会的情况，如德国工商大会是法定机构，所有企业必须加入。 又如奥地利联邦商会旗下的行业协会，要求一家公司或企业在注册成立的同时必须加入商会，并根据该公司或企业的行业性质归入商会旗下相应的行业协会。 也就是说，伴随着企业的诞生，企业便自然加入了商会和商会系统的行业协会，即加入此类协会是带有强制性的。 可以看出，法国的行业协会发展中有着较多的计划指导成分。

日本有着较强的团队合作精神，政府、行业协会、企业之间的交流比较充分（威廉·欧奇称赞其为 M 型社会，日本政府更关心产业发展，依靠政府与企业的相互磋商进行宏观、中观的经济管理，并以此批评美国政府相对不关心具体产业发展的行为），其行业协会属于"中间型"，它借鉴了欧洲大陆与英美行业协会的特点，自由入会原则与英美相似，政府监管多于英美而更接近于欧洲大陆，政企之间的合作也比英美更为密切。 这样行业协会在运作中，既将市场竞争引入组织内部，充分调动基层的积极性和创造性，又保持了整体的合作凝聚力和制定重大战略决策的协调能力。

不管是何种模式，在市场经济成熟的国家，现代商会组织的基本功能是由社会地位决定的，其基本职能是协调和服务。 具体来说，商会有如下几项功能：协调功能——商会依据国家的政策、法规协调企业的生产经营活动，维持正常的生产经营秩序，维护国家、行业、企业的利益；服务功能——商会建立社会化服务体系，向企业提供政策、信息、法律、咨询和公关等多方面的优质服务；纽带功能——商会成为沟通企业和政府间双向联系的纽带，向企业贯彻政府的宏观意图，向政府反映企业的要求和建议；政策导向功能——商会凭借其"众商领袖"的地位，为企业提供政策导向，引导企业从社会经济发展的需要出发，执行国家的产业政策；自律功能——商会凭借新型"商人自制"社会机制的枢纽地位，要求会员企业加强学习，促进行业文化建设，制定行规行约，建立完备的规章制度，提倡职业道德，诚信经营，形成良好的团队风格和精神，塑造公认的行业形象，树立良好的社会地位；维权功能——商会站在会员企业的立场，以反映企业的愿望要求为己任，通过对微观经济领域情况的了解，积极向政府、司法机构反映行业的要求和意见，以争取更好的外部环境，获得政府对企业发展的政策支持，实现企业与政府的共同利益。 总的来说，商会以会员企业的整体利益为工作基点，代表企业的愿望和需求，依法保护他们的利益，使他们能够正常经营。

2.1.1 大陆型商会的代表国家：法国

欧洲大陆型商会的一个显著特点，是依据成文的法律规定，明确商会的性质、职能和作用。 法国是现代商会的发源地，是大陆型商会的典型代表。商会被赋予部分政府管理职能，是法国经济管理体制的特色。

法国有关商会的法律规定了商会有如下职能及作用：

（1）应政府要求提供关于工业和商业发展概况及问题。

（2）提出为繁荣工商业而采取措施的见解。

（3）负责其监管的公共工程施工和服务业管理。

（4）关于商业惯例规则，应征求商会的意见。

（5）商会可以同政府各部部长直接对话。 商会可就其行业管理职能上的任何问题与商业部长磋商。 商会每年向商业部推荐海关高级事务特派员助理人选。

（6）商会可以就国家商业和工业利益与其他商会及管辖区内政府部门直接对话，并通过商会主席的斡旋，就商会职权范围内且同时涉及其他商会管辖区的问题达成谅解。

（7）关于在商会管辖区内是否需建立商品交易所、证券交易所、劳资调解委员会、大型综合商店和批发销售厅等问题，应征求商会的意见。

（8）关于征收商会管辖区的运输部门费用的税金的问题，应征求商会的意见。

（9）关于特别法令或规则提出的各种问题，尤其是在其管辖区进行公共工程的必要性，以及就支付这些工程征收的税金或通行税问题，应征求商会的意见。

（10）除政府要求外，商会可以就下列问题主动发表看法：商业、海关和经济法规的修改意见；海关税费；相关的运输部门的费率和规划；行政部门批准设在其管辖区的自由贸易场所的费率和规则等。

法国商会同其他国家的商会一样，具有协调、服务、提供信息、参政等职能。 商会的协调职能分为以下几个方面：

（1）协调地方商会与全国性商会之间的关系；

（2）协调商会的成员企业之间的关系；

（3）协调各类经济组织之间的关系，如专业性与综合性商会的关系，以及各地区商会的关系等；

（4）协调各种商会与政府之间的关系；

（5）协调工商业与社区之间的关系；

（6）协调商会与政党团体之间的关系等。

法国商会还向企业提供广泛的服务，主要包括：信息服务和咨询服务，为法国出口商品出具产地证明书，并签发和认证对外贸易文件，以及为会员企业提供培训、货币、金融和法律等方面的服务。 例如，法国有 200 多个税务委托管理中心，均是按照协会法成立的协会组织，其主要职能是向中小企业派遣会计人员、建立账目、提供行业信息等，会员企业可以享受 20% 的免税优惠；税务委托管理中心的另一个功能是协助国家掌握中小企业经营状况，防止偷税漏税。 企业商会则是按地区成立的半官方性质的中介组织，当地的企业都要参加，各省都有省商会，22 个大区有商会联合会，全国成立了一个商会总联合会。 商会的职能是：代表工商界的利益，向国家提出立法建议；参加地区的基础设施建设；创办学校，培养人才，如今商会已成为法国第二大人才培养基地；向企业提供咨询服务。 可以看出，法国的企业商会不仅为企业提供服务，而且为政府做了很多协助性工作。 它是在政府与企业、企业与企业之间发挥沟通作用的重要的社会中介组织。 法国商会除了为会员企业提供上述各项服务之外，还有一项独特服务职能，即参与兴建、管理公共设施，为广大工商业者和公众提供相应服务。

法国商会的收入主要有两个来源：一是税金的收入；二是公共设施的运营收入。 工商业者到商会注册交纳的税金，是商会的财政来源。 只有纳税企业才能享有商会服务。 企业将事业税（地方税）的一部分（5%－6%）交纳给商会。 从近年来的收入结构来看，公共设施的运营收入是法国商会收入来源的主要组成部分。

可以看出，对作为大陆型商会典型代表的法国商会来说，关于商会的成文的法律规定对商会的组建和运作都有明确的规范。 商会是以实现公共利益为主要目的的，是作为公立组织相对独立于政府的，为会员和社区提供服务，并且不以营利为目的的组织。 同时，商会与政府之间存在密切的合作关系，商会作为行业中介组织，向政府部门提出建议并接受咨询，同时接受政府部门的法律监督，政府的有关决策往往需要商会等中介组织的支持和合作。 因此，商会作为自主的法人团体，是代表工商界利益与政府合作的机构，商会作为非营利的公共事业机构，是与政府一起在公共领域发挥作用的机构，商会既是非营利性的，也是非政府性质的，是介于政府部门和私人部门之间的第三部门，商会承担的也是非行政性公共职能。①

2.1.2 市场主导型商会的代表国家：美国

美国商会是以服务为宗旨，自愿设立、活动自主、经费自理的民间团体。商会是依据民法中公司法设立的非营利法人，其中小规模商会则以非法人化的任意团体居多，工商业者可自愿选择是否加入商会，政府一般不介入商会的活动。

美国的商会大体上可以分为三种类型：一是遍布全国各地的专门性团体，主要服务于特定地区或行业的会员，如费城商会、半导体制造商协会等；二是更大地域或行业范围的商会，主要吸收小型专门性商会团体作为联合会成员，如电子行业协会、全国制造商协会等；三是全国性的经济团体，主要由大公司、财团的代表组成，如美国商会。 下面主要介绍第三类——美国商会的一些具体情况。

美国商会是一个全国性商会联合会组织，设有数十个专门委员会和数百个专题研究小组，主要侧重于以下活动：

---

① 杨斌:《法国行业管理体制中商会的作用》,宏观经济信息网,2005 年 5 月 28 日,
http://www.macrochina.com.cn。

（1）国际业务：同美国和世界各国商界与政府合作，调查并提出有关美国商业的重要问题，如贸易、投资、税务、出口管制、多边贸易发展机构的资金筹措、技术转让、保护主义和国际竞争等。

（2）立法活动：美国商会在立法方面的行动，主要会对公众政策、法律的制定和结果产生影响。商会代表经常在国会做证并进行院外游说，经常与国会议员、政府官员商讨有关法律、公众政策。美国商会还组织力量从事重大经济政策的相关问题研究，向会员和其他组织提供政策性研究报告。例如，美国《半导体知识产权保护法》是由美国半导体行业协会（SIA）起草，由国会讨论通过的，最后上升为 WTO《贸易相关知识产权协议》（TRIPS）的 8 个重要组成部分之一。美国通讯工业协会（TIA）从 1992 年开始，组织了美国国内众多协会起草《电信法》，该法在 1996 年正式通过国会立法。这两部法律有力地推动了克林顿政府"信息高速公路"计划的形成和实施。此外，美国的行业协会还是美国政府在 WTO 内"国际谈判平台"的设计者和提供者。美国政府的所有谈判条款，都由各行业提供，谈判的结果也要得到美国各行业协会的认可，才能获得国会的批准。

（3）政治活动：美国商会积极参与美国的政治活动，协助民间企业的国会议员候选人从事竞选，并协助当选议员提出涉及商界利益的重要问题。

（4）司法活动：美国商会通过其下属的全国商会诉讼服务中心，在联邦法院和立法机构中，代表美国商界表达有关公共政策的立场。这个中心是一个非营利的公众政策法律事务所，由大约 1000 多名成员"交纳会费、赞助和支持"。

（5）为中小企业服务：美国商会设立了一个为中小企业服务的中心。依据有关规范中小企业的法律法规，中心的工作人员通过传播媒介，向国会、政府主管部门和公众介绍中小企业发展的状况，向公众、政府和新闻媒体提供所需的有关资料。这个中心还同地方商会和美国商会派驻各地区人员合作，就小企业关心的问题，如出口贸易、政治活动等，举行全国性的讨论会和座谈会。

美国商会等行业协会的经费来源包括会员缴纳的会费，举办各种培训班、展览会或学术讲座的收入，以及政府机构和某些企业的赞助等。有的商会收取会费是按会员规模大小、在协会中的地位（如高级会员、普通会员、公司会员、个人会员等）及享受的服务项目等确定的。有的协会是按会员销售或营业额的一定比例收取的。例如，美国土豆协会的会员每出售 100 磅土豆，就必须上缴 2 美分会费。

可以看出，美国虽然没有明确的关于商会性质、职能的法律规定，但从商会的设立和运行来看，商会是由企业自愿设立和参加的民间非营利性组织，并代表行业整体利益向政府提出建议。政府不干涉商会的活动，并在制定有关工商业政策时征求商会组织的意见。[①]

2.1.3 政府主导型商会的代表国家：日本

日本商会在发展过程中，既借鉴了大陆型商会的功能作用，也广泛吸收了英美型商会的特点，形成了日本独特的中间型商会体系，日本商会在实行自由入会原则方面同英美商会相似，在政府监管方面则接近大陆商会。

日本各类社团组织（在日本统称团体）都是依法设立的，从依据的法律来分类，大体分三种情况：一是依据日本民法典第 34 条而设立的公益法人（包括财团法人、社团法人），数量较多。设立前需经政府有关内阁大臣批准。二是依据宪法关于结社自由的有关规定而设立的任意团体。三是依据特别法而设立的特别团体，其性质、机构、经费、活动等都由该法予以规定。

日本的团体依法律地位的不同分为有法人资格的团体和无法人资格的团体。有法人资格的团体有四种，即：社团法人、财团法人、特殊法人和指定法人（某些法律指定一些职责专由哪一个团体负责，称此团体为指定法人）。特殊法人的经费由政府资助，活动受到政府指导，部分负责人也由政府委派。社团法人、任意团体则经费自理，活动自主，不受政府部门的支配。无法人资格的团体主要指任意团体，是由会员自主设立、自我管理的组织。日本最

---

① 邹彦：《积极运作中的美国行业协会》，《经济日报》，2002 年 8 月 16 日；姜磊：《美国商会为公司搭桥》，《投资北京》1995 年第 12 期，第 48 页；中国国际贸易促进委员会经济信息部：《美国行业协会的特点和启示》，2005 年 5 月 28 日，http://www.chinanpo.gov.cn；《美国：协助政府制定行业政策》，《中国禽业导刊》2003 年第 7 期，第 43 页。

具影响力的四大经济类团体是日本经营者团体联盟、日本经济团体联合会、日本经济同友会和日本商工会议所。它们由于任务不同，参加的成员不同，组织形式亦不同。日本经营者团体联盟成员以经营者为主，该组织实际上是由各大企业的经营者自发组织起来的类似同仁俱乐部性质的非法人团体，其重点任务是帮助经营者协调劳资纠纷。日本经济团体联合会是全国各类行业协会依照民法成立的社团法人，其主要任务是研究经济发展战略，协调同政府的关系，以及协调行业内企业与企业的关系。日本经济同友会以个人为主，实际上是大企业主要经营者个人之间沟通情况、交流信息、联系感情、协调关系的法人组织。日本商工会议所以中小企业为主，主要任务是振兴中小企业，依据 1953 年制定的《商工会议所法》设立，受通产省直接监督。

日本团体的宗旨是服务，即为企业、行业、政府和社会各方面服务。比如，日本经营者团体联盟成立于 1948 年，"二战"结束后日本是战败国，经济很不景气，劳资纠纷增多，经营者丧失信心。日本经营者团体联盟成立之初就提出口号：让经营者强大起来，走正确经营的道路。他们确定了三大使命：（1）会员要如同志般联合起来，宣扬经营道义；（2）树立人与人之间的道义关系；（3）通过企业经营为国家和社会做出贡献。

为会员服务，以人为本，是工商社团工作的主导思想。其方式分为直接服务和间接服务。直接服务是直接面向会员提供信息、技术、培训、人才方面的服务；间接服务是通过向政府有关部门提出政策建议，反映会员要求并被政府采纳，体现在政策、法律上产生的服务效果。比如，日本经营者团体联盟归纳了四大功能：（1）纽带作用。通过教育、培训，提高员工素质和企业的经营能力，向政府制定的政策提出建议和意见，反映企业的要求。（2）智囊作用。为企业出谋划策，引导企业适应不断变化的环境，面对 21 世纪全球化、成熟化所带来的挑战，向政府提出立法建议。（3）咨询作用。宣传政府的方针政策，解答会员在兴办企业中遇到的各种问题。（4）联合作用。日本经营者团体联盟工作的主要内容包括：①为政府制定经济经营政策提出意见和建议；②调解劳资纠纷，构建新的劳资关系；③从事劳动经营和劳动人事管理，对制定劳动法律法规进行调查研究，提出建议；④举办各种培训班、研修班，提高从事经济贸易业务人员的业务水平和素质及员工再就业能力；⑤咨询服务工作。 为会员提供各种经济信息，介绍和推荐招商引资项目，解答企业在投资中的疑难问题；⑥开展国际交流与合作。

在社团组织与政府的关系方面具有以下特征：（1）不具备法人资格的社团组织依法设立和活动时，人、财、物和行为不受政府的资助、支配。 日本经营者团体联盟即是如此。 （2）具备法人资格的社团组织在人、财、物和行为上都不同程度地受到政府的资助和引导，但主要还是体现在引导上，政府不直接干涉他们的活动。 如日中经济协会都是经日本通产省批准成立的。政府对社团法人的引导主要表现在三个方面：（1）按照委托的任务拨付活动经费并监督其使用；（2）委派官员到团体任职；（3）免除团体所得的各种税费。

一般情况下，政府不直接管理经济团体活动。 例如对经营者协会的活动，政府并不干预，也不管理，任其自由活动，当然，这些活动不能涉嫌违法。 对行业经济组织，政府通过颁发文件对行业进行指导，使企业了解政府的意图，促进企业的发展。 行业的生产计划不是由政府决定的，而是由政府与行业协会商定后，由协会下达给企业公布指导建议，企业在自愿的基础上接受并执行。 具体做法是由政府、协会、企业三方共同召开审议会，以达到统一思想、统一认识、统一行动的目的。 审议会不仅研究企业的发展方向和产业结构的调整问题，还会邀请大学教授、专家学者和消费者代表参加。 日本经营者团体联盟、日本经济团体联合会和日本经济同友会可以独立、自主、平等地同政府对话，日本商工会议所是个例外，它是依照特别法成立的直接受通产省监督，由通产省拨款并指派常务理事，实际上是日本政府扶植中小企业的一个专门的民间机构。 在日本，政府一般不直接同企业打交道。①

---

① 石宏英：《日本行业协会对企业的信息情报功能与经济功能》,《日本问题研究》2000年第1期,第69—70页。

2.2 政府与商会关系:中国逻辑

2.2.1 地方政府与商会关系研究理论进路

当前我国国家与社会关系正处于社会管理向社会治理过渡的关键时期,作为社会组成力量的民间商会等行业组织的发展,对地方治理运作起到了重要作用。[①] 最早在国家与社会关系分析框架下对于政府与社会组织、政府与行业协会商会关系的探索多是从市民社会理论和法团主义理论展开的,随着研究的深入,一些本土化研究提出,我国国家与社会之间存在特有的吸纳、依附、良性互动关系,具体体现在策略性合作、调适性合作等模式中,且认为国家权力逻辑和市场机制是推动国家与社会关系变迁的基本动因。[②] 政府与商会关系是理解国家与社会关系的一种具体路径,因此,对中华人民共和国成立以来政府与商会关系的研究需要也必须在国家与社会关系的视角下进行。随着社会经济的不断发展,政府角色从全能型到有限型的转化,对中国政府与商会关系的研究也在不断丰富和深化,但即便是在商会合法性的研究中,关于商会产生、角色、功能及治理结构等问题也都倒映出我国政府与商会关系的影子,都在国家与社会分析的框架之下。 鉴于此,通过对现有文献的梳理,我们认为政府与商会关系研究的理论研究主要集中在商会发展合法性研究、政府与商会边界问题研究、政府与商会互动形态研究三个层面。 目前,对中国情境下政府与商会合作关系的研究,拓展了合作治理的理论内涵,丰富了国家社会关系理论,为合作治理在中国的实践打通了一条理论进路。

早期研究更多的是基于商会自身发展的视角,从商会的合法性进行研究,描述了现代国家中商会的产生与兴起的原因与基础。 学者普遍认为商会

---

① 徐越倩:《民间商会与地方治理:理论基础与国外经验》,《中共浙江省委党校学报》2005 年第 5 期,第 19—24 页。

② 敬乂嘉:《控制与赋权:中国政府的社会组织发展策略》,《学海》2016 年第 1 期,第 22—23 页。

的发展取决于政府给予的社会空间，也即地位的合法性，政府与商会的关系具有极强的强政府—弱社会的特征。 不同学者从不同侧面与角度展开了研究，高丙中提出了整体的框架，认为社团合法性包括社会合法性、法律合法性、行政合法性和政治合法性四种。① 在中国语境下，商会的发展必受到宏观政策及政府态度的影响，因此政治合法性对社团的存在和发展起着关键性的作用，任何事物的生存与发展首先都要解决政治合法性问题。

在此基础上，有学者从历史制度主义的角度分析了民间社团的社会合法性产生的基础：可以是传统，可以是共同的利益，也可以是有共识的规则，而法律合法性实际上是对社会合法性的追认和界定。② 此外，有学者从个案的角度，通过对温州商会的研究，指出合法性是政府与商会合作的基本条件，其中政治合法性是我国对民间社团的独特要求。③ 总的来说，这一时期的研究较好地解释了商会兴起的原因及生存发展的条件，但是这些研究大多基于西方研究的理论视角，缺少中国本土化色彩。 研究虽然指出合法性是社团存在发展的基础，但大多没有阐明合法性来源背后的得与失，比如商会为了获得合法性需要付出的代价是什么，两者的具体联系是什么，为什么政治合法性问题对中国的行业协会商会发展如此重要，等等。 但不可否认的是，关于商会自身发展的研究让我们认识到，政府在其中扮演着关键的角色，这一阶段的研究是政府与商会互动关系研究必不可少的基础性阶段。

以市场化为导向的经济体制改革以来，政府与商会关系的研究路径更多地转向了商会如何更好地发挥功能，以及政府与商会的边界划清、商会自主性问题。 一些学者指出，政府应该更加注重其经济调节、市场监管、社会管理和公共服务的职能，而商会的主要职能应是向企业和政府提供信息与服

---

① 高丙中:《社会团体的合法性问题》,《中国社会科学》2000 年第 3 期,第 100—108 页。

② 余晖:《行业协会组织的制度动力学原理》,《经济管理》2001 年第 2 期,第 22—29 页。

③ 郁建兴、黄红华:《民间商会的自主治理及其限度——以温州商会为研究对象》,《中共浙江省委党校学报》2004 年第 10 期,第 5—16 页;王诗宗:《行业组织的政治蕴涵——对温州商会的政治合法性考察》,《浙江大学学报》2005 年第 3 期,第 158—165 页。

务，两者划清边界、适度分工，从而形成良好的社会自治格局。① 在此基础上，有学者提出，必须在法律和制度的层面明确界定政府与商会的治理边界，②但并没有说明具体边界在哪里。 当然，也有部分学者指出，在中国语境下，政府与商会确立明确的边界是不现实的。 其中，刘世定通过对苏南乡镇四个商会的调研，指出政府渗透在企业与商会之间具有合理性。③ 但是，有限政府与社会治理力量多元化的观点是没有争议的，未来社会治理格局将是政府、市场和商会三方共同治理，且商会会成为社会自治力量中的关键力量。④ 政府应尽可能地将事务交由社会组织来完成，政府的职责是推动社会更好地进行自治；政府只需要在社会自身力量无法解决的领域进行干预即可。⑤ 这一类型的研究认为，随着市场边界的扩大，商会的职能已经逐步从帮助政府履行公共服务职能转向服务企业会员为主，政府与市场、社会之间不再是一元控制逻辑，商会作为一种独立的力量，在治理过程中发挥着越来越不可或缺的作用。 共识性的研究认为，政府的职能边界将不断缩小，而其余边界将不断扩大，两者的边界将逐渐清晰，但即使市场和社会空间不断扩大，在政府与商会的关系中，政府占主导地位的特征仍然显著，政府与商会两者开展地位平等的合作还没能引起重视，两者的关系将仍然沿用"行政领导"模式⑥。

随着研究中对政府与商会的边界研究的深入，商会具有自主性这一点已在学界达成共识，加上行业协会商会脱钩政策的提出，使学者将更多的目光聚焦于对政府与商会互动形态的研究。 其中，对政府与商会关系研究在已形

---

① 李建琴、王诗宗：《民间商会与地方政府：权力博弈、互动机制与现实局限》，《中共浙江省委党校学报》2005 年第 5 期，第 5—12 页。

② 陈剩勇、马斌：《民间商会与地方治理：功能及其限度——温州异地商会的个案研究》，《社会科学》2007 年第 4 期，第 58—71 页。

③ 刘世定：《退"公"进"私"：政府渗透商会的一个分析》，《社会》2010 年第 1 期，第 1—21 页。

④ 蔡斯敏：《组织为谁代言：社会治理中商会多重身份的演变》，《深圳大学学报（人文社科版）》2014 年第 9 期，第 106—112 页。

⑤ 贾西津、张经：《行业协会商会与政府脱钩改革方略及挑战》，《社会观察》2016 年第 1 期，第 99—105 页。

⑥ 卢向东：《"控制－功能"关系视角下行业协会商会脱钩改革》，《国家行政学院学报》2017 年第 5 期，第 72—77 页。

成的公民社会①、法团主义②、行政吸纳社会③及行政吸纳服务④等诸多范式中持续深入，并在平稳发展中逐渐显现出"依附式合作"⑤"调适性合作"⑥的特征及专业化⑦的演变趋势。 其中，依附式合作指的是商会基于制度安排和自身的实际考虑，在组建程序上对政府部门存在依附；在实际运行中并不受其控制，而是具有自主性和独立性，其实质是一种"程序依附、实质合作"的关系；调适性合作与"依附式合作"相比，更加强调社会组织的策略性选择；"专业主导式合作"指的是在政府对专业化社会组织的需求与社会组织专业参与基础上开展的合作治理。 在这一研究阶段，多样化的政府与商会合作模式被用来解释中国实践，但是这些合作模式之间存在一些差异性。 基于此，有学者开始探索哪种合作模式是解释中国政府商会关系的最佳模式，并进一步研究影响政府与商会开展合作的影响因素。 部分学者通过定量分析，发现政府与商会的关系受到商会整体的自主性、人事、财务和认知自主性影响。⑧

---

① WHITE G. "Prospects for Civil Society in China：A Case Study of Xiaoshan City"，*The China Journal*，1993(29)：pp. 63—87.

② CHAN A. "Revolution or Corporatism？Workers and Trade Unions in Post－Mao China"，*The China Journal*，1993(29)：pp. 31—61.

③ X G KANG，H HAN. Administrative Absorption of Society：A Further Probe into the State－Society Relationship in Chinese Mainland"，中国社会科学（英文版），2007(08)：pp. 116—128.

④ 唐文玉：《行政吸纳服务——中国大陆国家与社会关系的一种新诠释》，《公共管理学报》2010 年第 1 期,第 13—17 页。

⑤ 马红光：《依附式合作：企业商会与政府的关系模式探析——以在京外地企业商会为例》，《首都师范大学学报》2016 年第 8 期,第 72—79 页；彭少峰：《依附式合作：政府与社会组织关系转型的新特征》，《社会主义研究》2017 年第 5 期,第 112—118 页；王诗宗、宋程成：《独立抑或自主：中国社会组织特征问题重思》，《中国社会科学》2013 年第 5 期,第 50—66 页。

⑥ 郁建兴、沈永东：《调适性合作：十八大以来中国政府与社会组织关系的策略性变革》，《政治学研究》2017 年第 6 期,第 34—41 页；吴克昌、车德昌：《调适性合作与组织专业化演进——十八大以来广州市社会工作组织发展研究》，《华南师范大学学报》2017 年第 11 期,第 5—13 页。

⑦ 姚华：《NGO 与政府合作中的自主性何以可能？——以上海 YMCA 为个案》，《社会学研究》2013 年第 1 期,第 21—42 页；宋雷道：《专业主导式合作治理：国家社会关系新探》，《南开学报（哲学社会科学版）》2018 年第 3 期,第 37—46 页。

⑧ 张沁洁、王建平：《行业协会的组织自主性研究——以广东省级行业协会为例》，《社会》2010 年第 5 期,第 75—95 页；王伟进：《一种强关系：自上而下型行业协会与政府关系探析》，《中国行政管理》2015 年第 2 期,第 59—64 页。

此外，部分学者也开始关注商会党建对两者开展合作的影响，①关注互联网技术对商会有赋能作用，以上因素不仅可以强化内部组织，还可以重构外部功能，进而影响政府与商会的关系。② 我国政府与商会关系研究各视角的内容与特点如表 2-1 所示。

表 2-1　我国政府与商会关系研究的内容与特点

主要视角	具体内容	研究共识	研究不足
合法性视角	商会兴起的原因 生存发展的条件	政府在其中扮演着关键的角色	本土化色彩不浓
功能性视角	商会职能与自主性 政府与商会边界	政府边界缩减，市场社会边界扩大，但政府仍然控制商会	关于政府与商会平等合作互惠的研究不足
合作性视角	如何合作 合作的形态与特征 影响因素	依附式合作 专业主导式合作 技术赋能 党建管理	关于政府与商会开展合作的条件组合研究较少

从上述讨论中，我们可以发现，我国关于政府与商会关系的研究重点正随着社会经济的变化不断地发展延伸，中国正处于社会发展和转型的关键时期，持续的市场化改革和日益提升的国家能力，使得多元主义—法团主义的分析模式不能简单适用于中国。③ 目前，我国政府与社会组织之间的合作关系产生了新变化，商会的治理能力增强，对政府的依赖性减弱，政府也需要商会参与到日益复杂的市场治理过程中来，以下变化主要体现在政府在行业管理方面逐渐赋权社会，放松对包括商会在内的社会组织的控制，通过政府购买服务、公益创投等方式积极与社会组织开展合作。 基于此，有学者指出政府

---

① 陈天祥、应优优：《甄别性吸纳：中国国家与社会关系的新常态》，《中山大学学报》2018 年第 2 期，第 178—186 页。

② 宋晓清、沈永东：《技术赋能：互联网时代行业协会商会的组织强化与功能重构》，《中共浙江省委党校学报》2017 年第 3 期，第 15—23 页。

③ 敬乂嘉：《合作治理：历史与现实的路径》，《南京社会科学》2015 年第 5 期，第 1—9 页。

与社会的合作是可能的也是有效的，①但也有学者认为这些方式只不过是政府改变策略，把以往强硬的制度手段、行政手段转向引导手段、市场手段，对商会等社会多元主体进行充满技巧性的柔性控制。② 如何定义这些新时代政府与商会合作的实质？ 政府与商会合作关系形成的内在逻辑是什么？ 明确政府与商会合作关系构建的影响因素，可为合作治理理论在中国的实践提供一个观察点，促进政府与商会的良好合作在现实中开展。

2.2.2　地方政府与行业协会商会合作关系

合作关系是指两个或两个以上的主体，为了实现某个共同的目标达成一致，共同协调以期达到特定的目标或者效益过程中的各个主体间的关系。 在本书中主要指的是地方政府和行业协会商会间为了行业的发展及经济进步等共同目标形成的两者间的互动协作关系。

根据地方政府与行业协会商会在合作关系中所扮演的角色来分类，可以分为上下级式隶属型的合作关系、政府主导行业协会商会依附型合作关系及合作伙伴合作关系。 这三种关系的合作双方地位的平等性是不同的：第一种是绝对不平等关系，即政府控制行业协会商会发展；第二种是政府主导行业协会商会发展，行业协会商会依赖政府的支持；第三种是指两者在市场经济背景下，平等共生，为共同目的共担风险平等协作。

（1）合作主义理论

合作主义也被称为社团主义、法团主义、统合主义，关于合作主义的定义众说纷纭，目前尚无明确的定义。 它源起于19世纪，主张应当对分化的权力进行制度化的整合，重视国家和社会团体的合作，提出国家和各个利益团体的关系应当是相互合作、互动支持的。 学术界对这种理论褒贬不一，我们认为其在中国具有一定的适用性，应当辩证地看待它。 该理论认为社会秩序应当是和谐、一致的，社会需要融合的状态，而这种状态并不是各种要素的简单

---

① 汪锦军：《政社良性互动的生成机制：中央政府、地方政府与社会自治的互动演进逻辑》，《浙江大学学报》2017年第6期，第45—57页。

② 敬乂嘉：《控制与赋权：中国政府的社会组织发展策略》，《学海》2016年第1期，第22—23页。

叠加，而应该是在同一目标指导下的有机加乘。

合作主义实际上是国家与社会关系的理论分析方法之一，被用来诠释国家与社会间的关系问题。合作主义强调国家与社会应当和谐统一，即国家与社会各个阶层或利益团体应当是平等的合作伙伴关系。关于政府与非政府组织两者关系问题，按照 Schmitter（史密特）的提法，可以分为两种情形，分别是国家合作主义和社会合作主义。国家合作主义就是自上而下的关系，社会合作主义则与之相反，是指自下而上的关系，两者之间最主要区别就是形成相应特征的过程。[①]

我国社会团体与政府的关系主要是国家合作主义，国家对社团具有自上而下的控制关系，之所以选择这种方式，一是由当时的国情所决定的。国家的首要任务是发展经济，而这种自上而下的方式可以有效地控制和利用社团，而社团因为排他性，会协助或辅助政府执行相应的政策，成为政府与企业的桥梁。二是中国传统历史文化中集权统治影响深远。在特定的历史时期，这种合作预示着政府与社团间是互利共生的关系。而随着市场经济的发展，国家微观领域的放权，两者的关系正在逐步由国家合作主义向社会合作主义过渡，这也是公民社会发展的必然结果。因此，我国的行业协会商会发展也会逐步市场化，即逐步与政府分离，直至获得平等地位，其与政府的合作关系也会因此发生相应的变化。地方政府与行业协会商会的合作也应当顺应这一发展趋势。

（2）资源依赖理论

资源依赖理论主张，组织的发展并不单纯依靠自身，而是需要各种资源提供支持。该理论主要代表著作是由 Jeffrey Pfeffer（杰弗里·普费弗）与 Gerald Salancik（杰拉德·萨兰奇克）共同出版的《组织的外部控制》（1978 年）。资源依赖理论的核心假设是任何组织对所需资源都具有依赖性，无法自给自足，如何有效控制外部环境及其对外部资源的依赖就是组织所需面临的挑战。[②] 资源依赖的程度大小主要取决于三个方面：一是该资源对于组织

---

① 高丽茹：《法团主义视野下政府与非政府组织的互动关系研究》，《社会保障研究》2013 年第 2 期，第 104—122 页。

② 李凤琴：《"资源依赖"视角下政府与 NGO 的合作——以南京市鼓楼区为例》，《理论探索》2011 年第 5 期，第 117—120 页。

生存和运作的重要程度；二是拥有资源的组织对于该资源的分配及使用情况；三是是否有其他替代性资源，替代性资源是否容易获得。

行业协会商会与政府的具体合作，正好与资源依赖理论相吻合。行业协会商会与其他任何组织一样，都无法实现完全的自给自足，必须从外部环境换取相关资源，方能生存和发展。行业协会商会的合法性，需要通过政府部门的认证，此后行业协会商会方可开展相关活动。行业协会不具有公共物品性质的职能，如品牌建设及认定，制定有利于行业的政策等，这些都需要政府的扶持或者授权让渡。从政府的角度来看，行业协会商会是企业或企业家的联盟，它代表这一经济群体的利益，对于处理政商关系具有不可替代的作用，同时，行业协会商会对企业及企业家的了解及对市场的动态监测比政府更为直观，有助于帮助政府判断市场动向，为政府制定政策提供依据。行业协会商会掌握大多数会员企业的信息，加上其原本的服务性质，利用行业协会商会天然的桥梁作用，政府可以将企业培训、政策宣传、数据统计等职能逐渐让渡给行业协会商会，使之更好地服务企业，以达到预期的效果，同时行业协会商会也可以将效果及时反馈给政府，以便进行修正。由上可知，行业协会商会与地方政府的合作是必然的，两者的有效合作势必能够互惠互利。如何整合与利用现有资源，建构科学合理的合作关系，是在厘清政府与商会关系之后需要进一步探讨的重点。

2.2.3 地方政府与商会关系的内在逻辑

通过梳理中华人民共和国成立以来政府与商会关系相关的文献，并分析比较一系列政策意见的演化发展，我们可以发现，不论是政府管控的行政领导模式，还是商会依赖的依附合作模式，抑或是策略性的调适性合作模式，都不能很好地解释中华人民共和国成立以来商会领域的改革发展实践。尤其是党的十八大以来，在制度层面，国家对行业协会商会的政策从管理控制转变为鼓励引导发展，在实践层面，政府与商会的关系从依赖依附转变为互惠合作。商会发展制度环境逐渐宽松，商会自主性不断增强，政府管控色彩在理念上逐渐减弱甚至消失，政府与商会的关系发展无不显示出我国政社关系发展中的政治性、政策性和社会性三大规律性特征。这些特征都从侧面反映了我国政府对行业协会商会治理的内在逻辑，把握好这些逻辑是理解中国政商关系发展及新时代新型政商关系的关键。

首先，从管理学角度上看，我国政府与商会的关系采用的是一种合作治理模式。随着"治理"理念进入中国并在实践领域兴起，以管理和控制思想为中心的"统治"理念逐渐淡化，政府治理模式不断创新，涌现出多元治理、协同治理、合作治理等形态。但各形态中的政商关系实质上都是对社会秩序的一种重构，政府不断地将可让渡的职能通过购买服务的形式转移给社会组织包括行业协会商会，让社会力量参与到社会治理中来，形成市场、社会、国家共同治理的模式。在这种模式下，社会需求复杂多样，政府政策宽松。行业协会商会通过提供多元化与专业化的公共服务，在解决具体公共事务方面不断发挥重要作用，行业协会商会提供了更多元化与专业化的公共服务，不仅解决了中小企业发展过程中的许多问题，也为城市的治理排除了许多不稳定因素。例如政府通过购买服务等方式开展与商会的合作，商会不断提升自己能力，积极表达企业在发展过程中的需求，实现公共服务供需的精准匹配，提高资源利用的效率；而政府通过购买服务中的财政资源拨付对商会进行引导和监督，使得商会不仅处于政府的管理之中，也可以实现自身的发展，与政府达成互惠的策略性合作。

其次，从政治经济学角度上看，政府与商会的关系在本质上体现的是政治与经济关系的变迁，是政商关系的重要内容。观察中华人民共和国成立以来的政商关系，我们不难发现，政商关系既能驱动政治经济体制变化，也深受政治经济体制的束缚。在中华人民共和国成立初期，我国执政党政权尚未稳定，在国内经济建设与国际复杂形势的双重压力之下，我国采取计划经济体制，依靠计划和政令来推动建设，这一时期经济的发展是建立在中央到地方的科层制和庞大的公务员队伍基础之上的，政府把商会作为维持社会稳定的手段、政治经济建设的工具，加强了对民间商会的管理控制。这样一种压力型体制成功地稳定了新生政权，但在发展过程中也产生了官商勾结、过度行政化等问题，商会作为社会力量在强国家控制的环境中生存艰难。改革开放以来，商会和政府互动的制度环境发生了质变，以市场化为导向的经济体制和以放权与转变职能为中心的政府政治体制改革，释放了商会发展的社会空间，促进商会不断发展，商会无论是在自身内部治理能力建设还是外部处理与政府关系方面都不断成熟。 可见政府与商会关系发展演化的过程实质上不仅是中国经济体制改革的过程，也是政府政治制度变化的过程，是社会组织逐步去政治化的过程，反映的是政治生态的改善与经济开放性的提升。

再次，从国家与社会关系上看，政府与商会关系是一种中国类型与中国叙事。 有些学者认为，在西方，商会的成长是政府职能转变和机构改革的前提，而在我国，政府职能机构改革是商会成长的前提。[①] 改革开放时期的政商关系是中国叙事的一个典型样本，它首先在维持基本体制下另辟蹊径为市场经济开拓空间，再通过经济发展来整治市场，强化政府治理权威。 对应到政府和商会关系中就是，首先顺应市场需求，允许或者说默认行业协会商会的发展；在商会发展取得一定成果后，又通过一系列政策制度将其限制在可控范围内，让商会为政府治理所用。 在这一过程中，经济不断增长，市场空间扩大，但政府因为掌握着公共权力，在政商互动中的主导地位丝毫未动摇。在这样的国家—社会关系下，政商互动的模式特别是政府与商会的关系自然与西方存在差异，形成一种独特的中国现象。 比较而言，20 世纪 60 年代的苏联、东欧并不能成功处理好计划体制与市场经济之间的关系，而中国成功了；西方的商会组织大体上有类似美国的纯自发性民间组织和类似德国的官办中介组织两类，而中国商会发展的逻辑均不属于上述两类，中国的行业协会商会的发展既有政府主导成立的也有民间自发的，但无一例外的是，所有商会的成立发展都嵌入在中国特有的国家与社会的关系中，国家的主导地位、政策制定与执行的自主性与权威性是受到绝对保证的，商会的发展是在国家社会力量变动中，为了满足市场经济主体的需要和解决国家社会治理难题的需要而成长起来的。 从国家角度而言，商会发展是增强国家政策与实际需要的匹配程度，充分调动政府和市场各主体的积极性，从而达到政策实施与经济社会发展效果最优的一种途径。

政府与商会关系已经经过了上述几个阶段的发展，可见政府治理离不开

---

① 薛华勇：《经济全球化背景下中国商会与政府间关系的重塑》，《苏州大学学报》2006年第 10 期，第 66—73 页。

商会的有效参与和配合，而商会的发展也需要政府提供宽松的制度环境，政府与社会间出现越来越多的良性互动与合作。[①] 但是商会的力量还比较薄弱，现阶段政府与商会的多种合作仍然是地位不平等的合作，政府因为拥有政治资源等因素依旧处于强势地位，商会仍缺乏自主性。 为了增强商会的自主性，国家提出了商会与行政机关脱钩的总体方案。 但脱钩之后，政府又该如何与商会进行沟通博弈，成了一个值得讨论的问题。

2.3　策略性合作:地方治理视角下政府与商会关系的新模式

2.3.1　地方治理的兴起与民间商会的发展

（1）地方治理的兴起

地方治理的兴起，使得促进公民社会和社会中介组织的发展，充分发挥社会多元主体的作用，加强相互合作，实现国家、市场与公民社会三者之间的平衡，成为人们普遍关注的论题。 作为公民社会组成之一的民间商会等行业组织的发展，对地方治理的运作无疑起到了重要作用。

公民社会原本主要是从国家与社会关系的角度而言的，但是近年，它越来越多地被用于指介于国家和家庭、企业之间的中间领域，它独立于国家，享有自主性，是由众多旨在保护和促进自身利益或价值的社会成员自愿结合而成的组织或机构，包括非政府组织、公民的志愿性社团、协会、社区组织、利益集团和公民自发组织起来的运动等，它又被称为"第三部门"或"非营利组织"。 发展公民社会，其意义不仅在于能够体现民主政治的发展，体现国家权力向社会的回归，体现还政于民的过程，而且是实现政府有效治理的现实基础。 没有一个健全和发达的公民社会，就不可能实现政府良好的治理。 吉登斯甚至把发展公民社会作为东欧剧变及其转轨经济失败的重要教训加以总

---

① 汪锦军:《合作治理的构建:政府与社会良性互动的生成机制》,《政治学研究》2015第 8 期,第 98—105 页。

结，他认为，一个强大的公民社会对有效的民主政府和良性运转的市场体系都是必要的，只要政府、市场和公民社会三者中任何一者居于支配地位，社会秩序、民主和正义就不可能发展起来。一个多元社会若想维持，它们之间的平衡必不可少。正因如此，有人把各种公民社会组织称为"看不见的市场之手"和"看得见的政府之手"之外的若隐若现的"第三只手"，其对公民社会发展的意义也非同寻常。

在西方，地方治理取代了传统的地方政府管理，其自身的结构和程序依靠众多的服务提供者来实现。"这就像一个体系的分裂，即在这样一个体系内，出现了越来越多的具有专门目的的特定群体，越来越多地使用任命而非选举产生的群体，同时，国家或中央对地方政府的活动和财政的控制与日俱增。"①这种现象中包含的"用户至上主义"的倾向（即通过使用诸如行为指标和公民宪章等工具）可以在坚持不懈地寻找更高的效率，对消费者需求更为敏感，以及对行为进行更好地评估的过程中得到反映。可以说，地方治理理念的兴起，改变了个人和地方政府之间的关系。

如果说地方治理是指多种多样的地方团体完成地方服务功能，那么，在西方国家中，地方治理并不是新事物。例如，19世纪的英国地方政府管理就具有地方治理的许多特征。类似地，北美地方政府，尤其是城市地区的地方政府，多数也是以任命团体及其分裂结构的使用为特征，一些地方的经验表明，专门目的群体很容易建立，而且可以使某些努力和资源集中用于专门问题的解决。在许多国家，服务提供模式千变万化，比较普遍的是公私合作及承包的某些形式，这些服务承包和私有化倾向加上强制的竞争性招标可以让任务、合同和行动措施很容易被具体化。

但是，地方治理也带来了一系列的弱点，尤其值得关注的是，地方服务提供体制和地方治理体制总是比以往的单一机构体制要复杂得多。通常，消费者很难理解各种各样的服务提供团体。更重要的是，提供地方服务的各种各样的机构存在越来越多的责任性问题，反过来，当不同机构为资源和行动空

---

① 卡洛林·安德鲁、迈克·戈登史密斯：《从地方政府管理到地方治理》，《马克思主义与现实》1999年第5期，第49—55页。

间而相互竞争或与选举组成的地方政府之间展开竞争时，这有可能加剧合作
和策略方面的问题。 同时，用消费者至上的价值观代替公民价值观的总体趋
势是与治理的趋势相联系的，这种价值观导致制度和过程的合法性被进一步
削弱。① 对于消费者来说，当服务得不到满足时，进行有效的选择或者获得
赔偿可能也是很困难的。 这种看法说明，以选举组成的地方政府为基础的体
制并不是十全十美的，其面临类似的合法性问题、短期执行责任制问题及民
众针对管理不善和糟糕的服务如何获得赔偿等问题。②

中国在 20 世纪 80 年代开始实行以市场为导向的经济体制改革，逐渐放
弃原先的计划经济体制，推行社会主义市场经济体制，将原来单一的国家和
集体所有制结构转为国有、集体和个人的独资、合资和外资等多种所有制形
式；同时，中国的政治体制也发生了很大的变革，政府日益重视法制和法治，
政府大幅度放权，政府职能开始转变，等等，使公民的结社自由开始具有实质
性意义。 随着这些经济、政治体制的改革，公民社会赖以生存和发展的经
济、政治、法律和文化环境发生了根本性的变迁，中国在历史上第一次大规模
地催生了民间组织。

在以 1978 年为起点的改革开放新时期，我国社团数量迅速增加。 截至
2004 年底，全国经民政部门登记的各类民间组织已达 28.8 万个，其中社会团
体 15.3 万个，民办非企业单位 13.5 万个。 民间组织的种类也急剧增加，涉
及经济、政治、文化、教育、科技等各个领域。 民间组织的兴起从价值取
向、行为主体、行为网络、行为方式等各个方面影响了地方政府的社会管理，
使之从"管理"趋向于"治理"。

（2）民间商会的发展与特征

在我国，社会团体目前被分为四大种类：学术性团体、行业性团体、专业
性团体和联合性团体，它们所占比例为 38∶23∶29∶10，行业性团体是其中

---

① SIBEON R. Making Local Gonvernance Work："Networks，Relationships and the
Management of Change"，*Government Opposition*，2001，31(2)：pp.389—392.
② 卡洛林·安德鲁、迈克·戈登史密斯：《从地方政府管理到地方治理》，《马克思主义
与现实》1999 年第 5 期，第 49—55 页。

的重要组成部分。[①] 特别是 1997 年国家经贸委在温州、上海、厦门、广州 4 个城市进行行业协会改革试点后，行业协会（商会）得到了进一步的发展，并且始终与政府改革和治理变迁联系在一起。

民间商会是一种重要的非营利性社会中介组织，是市场经济条件下实现资源优化配置不可或缺的重要工具，它以社会公共利益为目的，以政府监督下的自主行为为准则，以地区设置和跨国发展为空间，以非官方的民间活动为方式，为会员企业提供各种服务，是企业与政府、企业与市场、企业与社会、企业与企业之间的重要纽带。

"商会"这一概念有时不与"行业协会"做细致区分，而是依照行文的需要相互替代使用，也有人把商会作为行业协会的一个分支，[②]有些地方则把行业协会看作是商会的一种。[③] 基于以上原因，有人直接使用"工商领域的行业组织"等词语来代替这两个概念。[④] 为了不引起混淆，我们有必要首先对将要论述的"民间商会"这一概念作一个界定。

对行业协会（一般概念）分类的主要依据是它的产生途径。 一般认为行业协会产生的途径有两种：体制内成长的途径和体制外成长的途径。 前者是由民营企业自发形成的，以期通过行业协会的自律管理和自我服务，求得公平的竞争环境，促进企业发展。 后者则缘于政府转变职能，由政府行业主管部门组建，在政府的授权或委托下，承担部分行业管理职能。[⑤] 也有人认为

[①] 俞可平：《中国公民社会的兴起与治理的变迁》，载俞可平主编：《治理与善治》，社会科学文献出版社 2000 年版，第 326—350 页。

[②] 这种情况下的"行业协会"是一个一般概念，而"商会"是一个具有地域性或其他特色的特殊概念，这种情况形成的原因可能在于：国家正式文件中一般使用"行业协会"这一概念来代表行业组织，而商会则是地方或历史上对某些特定行业性组织的一种习惯性叫法，如"温州商会""近代上海商会"等。如没有特别注明，本书所用的"行业协会"是一般意义上的概念。

[③] 这种情况下"商会"是一个上位概念，而"行业商会"和"行业协会"则属于下位概念。如，在温州，人们习惯把所有的行业组织称为"温州商会"，进而按照主管单位把它们划分为"行业商会"（主管单位为总商会）和"行业协会"（主管单位为政府职能部门）。

[④] 汪锦军：《自主治理、制度安排与政府作用：对温州工商领域行业组织的研究》，浙江大学硕士论文，2003 年 3 月。

[⑤] 陈宪：《社会中介组织"三性"论》，《上海改革》2001 年第 5 期，第 4—6 页。

除了这两种途径以外，还存在"体制内外结合型的行业协会"和"法律授权产生的行业协会"两种。 前者是在政府的直接倡导和大力培育及各类相关经济主体自愿加入的基础上产生的，如义乌市个体劳动者协会。 后者主要指"注册会计师协会"与"律师协会"等，这种"行业协会"不在本书的讨论范围之内。[①]

按生长途径划分为我们区分各个行业协会提供了重要的依据。 但这种划分所具有的意义也存在一定的局限性：第一，任何行业协会在发展过程中都可能发生变化或调整，包括行业协会的独立性、能力和目标等，只从生长途径划分会比较单一，而且不准确；第二，在中国特定环境下，行业协会的发展或多或少地会受到来自政府方面的影响，比如政府的倡导、培育、支持、指导等，所以这一指标并不能完全区分行业协会的类别。 要划分行业协会的类别，应该从多个指标入手，除了产生途径的自发程度外，还应该包括物质和财政收支的自足程度、组织与决策方面的自主程度、与政府和企业交往当中的利益自觉程度[②]等，其中第二、三项应该是最核心的指标，但在分类的时候必须综合所有指标来判断。 所有这些指标综合起来，形成的值排列成一个谱系，如果这个值在谱系当中偏向于企业和社会一方，则可以认为它在某种程度上是"民间商会"，反之可以认为它是"官方"的行业协会，居于其中的则是"半官方半民间"的行业协会。[③]

[①] 余晖等:《行业协会及其在中国的发展:理论与案例》,经济管理出版社 2002 年版,第 20—27 页。

[②] 自觉程度是指在与政府、企业的交往过程中,既能意识到行业协会本身的独立利益,又能在行为中代表企业和社会力量,为企业和社会服务的程度。

[③] 汪锦军认为可以从三个方面八项指标来对行业协会的自治性进行检验。具体内容包括:一、制度框架。分基本法律框架和管理制度(人事制度、决策制度、监督制度)两项内容。二、自治能力。分制度化程度、活动自主性、经费收支、会员参与状况、工作人员能力五项内容。三、自治意识。即会员及负责人对自治的态度、行业组织与自治的关系的看法(汪锦军:《自主治理、制度安排与政府作用:对温州工商领域行业组织的研究》,浙江大学硕士论文,2003 年 3 月)。本书后面将讨论到的"行业协会向民间商会的转变"也将证明这种划分方式具有较大的认可度。对"温州行业协会"与"温州行业商会"的研究也证明:所谓的"协会"和"商会"在很多方面是接近的,具备转化的可能性(郁建兴等:《民间商会的自主治理及其限度——以温州商会为研究对象》,《中国社会科学文摘》2004 年第 6 期,第 5—16 页)。

研究者常把民间商会纳入社会团体、社会中介组织、第三部门、非营利组织、非政府组织等概念范畴。从这些组织和民间商会的定义进行考察，民间商会应该具有如下这些特征：

①民间性。民间商会的本质是一种来自民间，服务于商会内部成员的民主自治组织。它作为工商界的代表组织，不仅要维护本阶层或本群体的利益，同时在社会经济生活中体现出商业规范和原则，以其特有的方式和行为代表商贸公正和权威，但这些绝不是党委政治动员的直接结果，也不是政府行政管理的直接行为。

②自治性。商会具有合法构造产生相应秩序和组织的权利，即自我设权、自我管理、自我约束、自我发展，其民间性特征决定了自治性，其自治性又体现了民间性。商会的领导人由会员民主选举产生，商会经费取之于会员、用之于会员，商会内部治理机制较健全，外部监管机制较规范，能够在不依赖外部代理人的情况下，为解决群体所面临的共同难题，增进共同利益进行自主协调，并由此制定相应有效的制度安排。

③服务性。服务是民间商会的基本工作内容。商会始终准确定位自身角色，把为会员服务放在首要位置，本着"为会员服务、为社会服务、为政府服务"的宗旨，将满足会员需求作为商会工作的着力点。民间商会的凝聚力、号召力强不强，并不取决于商会的权力有多大，管了多少事，而在于为会员办了多少事，在行业中发挥了什么作用。

④专业性。一定的社会组织，其职责功能和活动范围都有自己的边界。民间商会的专业性程度是由行业的发展状况和相关的社会背景决定的，其大多依托特定的行业成立，而且商会内部机构设置也呈现出专业化的趋势。专业性的另一个表现，就是工作人员的专职化。目前，商会工作人员的专职化、公开招聘成为一种趋势，绝大多数的行业商会都聘任了专职秘书长或副秘书长，以及相关的专职工作人员。

（3）民间商会在地方治理中的定位

研究民间商会在地方治理架构中的定位是本书展开分析的重要前提。通过厘清民间商会与政府、市场和社会等地方治理几大治理主体的关系，可以对商会在地方治理架构中的角色定位有一个更为清晰的认识。

　　①民间商会与政府。 在地方治理中，地方政府和民间商会是两种不同的治理主体。 两者之间既相互独立又相互依存。 地方政府与民间商会的关系，既不是上下级关系，也不是相依附关系，而是建立在分权基础上的"授权—合作"关系。① 民间商会作为新兴的非政府组织，通过政府授权，可以执行政府的某些职能，比如职业培训、纠纷处理、商业管理等。 同时，商会作为企业的自组织，可以代表企业的集体利益参与公共事务。 比如，通过在企业税率调整、公共预算、产业发展战略规划等方面发表意见，影响政府决策，等等。 在我国，随着商会数量的不断增加和影响力的不断扩大，急需政府进一步加快职能转变的步伐，把工作重点转移到经济调节、市场监管、社会管理和公共服务上来。 这就需要政府加大对商会的培育和发展力度。 事实上，在市场经济条件下，凡是市场能够调节的，政府都应该交由市场去做。 这一逻辑关系同样适用于政府和商会等社会组织的关系。 从原则上讲，凡是商会等社会组织能够做好的事情，政府应该交由商会等社会组织去做；那些商会等社会组织做不了做不好又必须做的事情，政府才应该去做。 在政府和社会组织都能履行的许多功能上，依靠社会自治机制往往能够取得更好的效果。

　　②民间商会与市场。 市场和政府是资源配置的两种方式，分别在私人领域和公共领域对经济运行起到调节作用。 然而，这两种配置方式之所以能同时存在，是以对方功能"失灵"为条件的。 民间商会作为政府和市场之间的中间组织，其行为方式在弥补和降低市场和政府缺陷对经济运行的影响方面，具有十分重要的意义。 商会作为市场经济发展的产物，既为商会内会员企业之间的合作提供了条件，又为企业之间的有序竞争提供了约束机制。 通过协调企业的行动，商会可对企业进行必要的约束，避免因无序竞争和过度竞争造成生产要素浪费、价格大幅波动、生产秩序混乱等问题。 同时，民间商会作为多个企业的联合组织，在创造和维护企业良好的发展环境方面，有单个企业不可比拟的优势，它可以影响政府的政策，改善企业的外部经营环境。 在市场经济条件下，民间商会不仅是行业维权、行业自治、行业自律、

---

　　① 应翔：《我国民间商会和地方政府、民营企业的合作关系研究》，上海交通大学硕士学位论文，2007 年。

行业沟通的载体，更是推动行业发展、规范行业监管的重要治理主体。①

③民间商会与社会。民间商会作为社会的重要组成部分，必然要担负相应的责任和义务，为营造和谐发展的社会做出自己的贡献，从而使企业和行业可以在更好的社会环境中生存和发展。民间商会参与地方治理，是治理体制机制的重大创新。商会可在会员与政府、消费者和社会之间建立良好的互动关系，在公开、透明的基础上，对企业执行规则的行为进行客观公正的评价，帮助消费者、政府和社会各方对企业建立信任、形成信任。这种公共物品是市场经济本身无法提供的，也是政府不会提供或不能完整提供的，更是企业和个人无法依靠自身努力可以获得的，其只能由民间商会等社会组织提供。

综上所述，民间商会在地方治理架构中的重要性主要体现在商会这一中间组织能够弥补和降低"市场失灵"和"政府失灵"对经济运行造成的效率损失。民间商会作为社会组织的一种，其在地方治理架构中的定位应处于政府和市场中间的位置，它一方面可代替政府行使管理企业的职能，另一方面具有规范企业行为、协调企业关系、为企业利益代言的职能。

2.3.2 新时代政府与商会关系的再思考

（1）党建引领：政府与商会合作的空间与资源

为保障行业协会商会脱钩试点工作开展及后续脱钩改革的全面推开，促进行业协会商会在脱钩后规范健康发展，必须在完善配套政策、加强综合监管、加大扶持力度、坚持党的领导及推动立法工作等方面做好工作。其中，行业协会商会党建关系的调整和党建工作的加强是脱钩改革的关键一环。把加强党建工作作为行业协会商会脱钩改革的重中之重，切实发挥党组织的政治核心作用。加强行业协会商会党建工作，是保障行业协会商会发展方向正确、推动行业协会商会健康有序发展的重要保证。习近平总书记指出，不能因为脱钩使行业协会商会党建管理出现真空，必须把党的领导、党的建设紧

---

① 广州市海防与打击走私办公室:《充分发挥行业协会作用，做好反走私综合治理工作社会管理创新》，中国缉私网，2010 年 11 月 30 日。

紧抓在手上。 各地区、各部门、各行业协会商会要按照《方案》和《关于全国性行业协会商会与行政机关脱钩后党建工作管理体制调整的办法（试行）》要求，在各级党委领导下、组织部门指导下，扎实做好相关工作。 一要做好试点脱钩行业协会商会党建关系的调整工作，根据相关配套文件精神完成党建关系移交，做到党建工作不断档、管理调整无缝对接。 二要进一步扩大行业协会商会党组织和工作的覆盖面，确保脱钩过程中和脱钩后党建工作不留死角、不出现真空，真正做到各级行业协会商会党建工作全覆盖。 三要加强行业协会商会党组织自身建设，充分发挥其领导核心作用和战斗堡垒作用，发挥行业协会商会广大党员的先锋模范作用，以党建促进业务工作更好地开展。

党的十九大报告强调了"坚持党对一切工作的领导"，在实践中，部分敏锐的工作者关注到了党建，认为党建工作是推进政府与商会之间合作的一种途径。 其中就有学者指出，农村基层治理的逻辑正在转变，其中非常重要的一点便是村级组织建设的重心从村民自治转向党组织建设，以基层党建来统领村级组织建设和所有乡村工作。[①] 于商会而言，政府也正在通过党建培养商会的政治忠诚。 有学者指出，当前政府正通过对控制和赋权手段的策略性使用，在新时代为社会组织的发展铺就一条"又红又专"的发展道路。[②] 那么，党建究竟会对商会建设产生何种作用，党建会不会赋能政府与商会之间的合作？

（2）利益契合：政府与商会合作的动力与路径

改革开放以来，伴随国家与社会关系的转变，政府既控制社会组织以维持稳定，又支持社会组织参与公共事务。 强国家—弱社会的格局使国家相对于社会而言处于支配地位，社会组织在国家的控制下参与公共事务。 在能够实现共赢的领域，政府允许和支持社会组织参与公共事务；如果社会组织挑战政府权威，其活动将受到严格的限制。 陶传进（2008）认为，国家与社会之

---

① 景跃进：《中国农村基层治理的逻辑转换——国家与乡村社会关系的再思考》，《治理研究》2018 年第 1 期，第 48—57 页。

② 敬乂嘉：《控制与赋权：中国政府的社会组织发展策略》，《学海》2016 年第 1 期，第 22—23 页。

间存在一种"双轴"关系，即既控制又支持。 在政府与行业组织的关系上，这种控制与支持关系非常明显。 转型期体制内生成的行业组织具有"官民二重性"特点（孙炳耀等，1993；于晓虹、李姿姿，2001），体制外生成的行业组织有较强的政治依附性（郁建兴等，2008），这是政府对行业组织控制的表现。 但政府在控制的同时，又支持行业组织参与行业管理和社会管理，通过向行业组织转移职能和购买行业组织服务等方式，推进行业组织成长。

许多政府与商会之间的合作关系都有政府控制的影子，两者的利益契合处于政府的控制之下。 但随着行业协会商会的不断发展与成熟，其在社会治理中发挥的作用越来越大，能够解决许多政府不能解决的问题。 因此，我们认为在新的时代背景下，作为"经济人"的政府与商会两者之间的合作，取决于二者利益契合的程度。 随着简政放权、政府职能转型的深入，政府对商会在某些领域的需求增加，而商会为赢得市场生存发展空间，也需要在这些领域有所作为，两者利益契合程度高，合作更有可能开展。 但是如果政府需要行业协会商会去做一些对商会发展没有益处甚至可能产生不利影响的事时，商会可能会呈现出消极甚至是反对的状态。 同时，如果政府认为商会的某些活动超越了其范围，威胁到了政府的治理权威，那么政府也不会与商会开展合作。 总之，政府与商会的利益诉求因情境不同既存在一致又存在分歧，利益契合是其合作行为开展的根本驱动力。

（3）技术赋能：政府与商会合作的工具手段

近些年，"互联网＋"的热潮席卷而来，已经渗入到各行各业，正深刻影响着我国的经济社会。 政商关系在互联网时代的大背景下也呈现出新的路径走向，互联网技术带动了传播媒介的更新，极大地加快了信息流通的速度，同时也增加了信息的流通渠道，打破了大众传播状态下报纸、广播、电视三大传统媒体垄断信息发布的格局。 互联网的发展使得政府在信息渠道和信息发布上的主导地位受到了一定的冲击，但也为政府传播信息、引导舆论拓展了渠道，注入了新活力。 互联网作为产业未来的基础设施和工具，商会与互联网相结合已经成为商会改革发展的必然方向。 注重对信息数据的快速共享和运用这一特点，将能帮助商会更淋漓尽致地发挥其"信息共享、桥梁纽带"的功能。 "互联网＋商会"将会使社会商务资源得到更加专业的整合，以互联网为载体的商会，可以有效地把线上与线下的商务社交相结合，为企业提供高价值浓度的商务服务，这样的操作不仅联合了国内、行业内资源，更能吸引国外、行业外的资源加入进来，从而逐渐打破商务资源整合的界限。 在互联网时代发生变革的当下，互联网为政府、商会、政商关系带来了全新的转变，沟通监管力度加强、技术赋能、数字化政府的盛行、政策倡导等使得政商关系呈现出前所未有的新形态，但也给政商关系带来了新挑战。 政府如何更好地利用互联网进行信息传播和舆论引导，地方商会工作如何转变工作方式、吸引商务资源，如何运用"互联网＋"思维适应新情况、新变化、新要求，如何更好地服务企业，如何更好地解决技术安全性、人为不公平性等问题，成了政府、商会及企业领导者需要思考的问题。

此外，互联网技术在各个领域的应用，不仅对经济与社会产生了深远影响，也对传统的经济治理模式和思想观念构成了挑战。 商会所处的外部技术环境已经发生巨大变化，这极有可能影响商会的内部治理结构与功能，进而影响商会与政府合作关系的构建。 新时代的这些外部技术条件和内部治理条件变得更为复杂和模糊。 进一步探究这些变化，在理解传统政府与商会关系的演变逻辑的基础上探究新时代政府与商会合作关系，不仅可以从中观层面丰富新型政商关系内涵，也可以为合作治理在中国的实现提供新模式，意义重大。

3

党建引领：政府与商会合作的空间与资源

　　近年来，社会治理重心不断向基层下移，社会组织的作用日益凸显。 社会组织"去行政化"改革为其发展提供了必要的制度空间。 2013 年 10 月，民政部明确提出实施行业协会商会类、科技类、公益慈善类和城乡社区服务类四类社会组织，依法直接向民政部门申请登记，不再经由业务主管单位审查和管理；2015 年 7 月，中央办公厅、国务院印发《行业协会商会与行政机关脱钩总体方案》，脱钩改革正式启动并逐步推进。 去行政化的推进，使行政权力逐步从微观层面的社会组织个体中退出，然而制度空间的扩展，也要求社会组织的自主治理能力相应增长。 在实践领域，我国社会组织还存在发展缓慢、组织行为不规范、自律性差、公信力不足等诸多问题，这都需要加强党和政府对社会组织的规范与引导。 在这一背景下，重塑国家与社会关系，厘清党和政府与社会组织之间的关系，显得尤为必要。 同时，党的十九大报告中提到，要加强党的基层组织建设，以提升组织力为重点，突出政治功能，把企业、农村、机关、学校、科研院所、街道社区、社会组织等基层党组织建设成为宣传党的主张、贯彻党的决定、领导基层治理、团结动员群众、推动改革发展的坚强战斗堡垒。 社会组织党建被提到前所未有的高度。

　　新时代，新思想，新发展。 作为社会组织重要形式之一的商会组织，在社会组织发展中发挥着不可或缺的重要作用，在经济社会中也扮演着越来越重要的角色。 如何加强商会党的建设，打响党建品牌，更好地契合党的建设的新形势新任务新要求，切实增强党在商会组织中的影响力、凝聚力和战斗力，不断引领企业健康发展，成为新时代商会党建工作的一个全新课题。

3.1 党建引领下商会发展的制度空间

行业协会商会类社会组织是经济类社团中比较典型的一类，包含行业协会、行业商会和异地商会，它们一般是以促进经济发展、行业自律和交流合作为发起目的，具备社会组织的基本特征，主要活跃于经济领域，经费主要来源于会费的互益性会员组织。党的十八大以来，中共中央办公厅印发了《关于加强社会组织党的建设工作的意见（试行）》，中共中央办公厅、国务院办公厅印发了《关于改革社会组织管理制度促进社会组织健康有序发展的意见》等一系列加强社会组织党建的文件，为行业协会商会类社会组织党建指明了方向。如何科学、有效地开展行业协会商会党建，促进行业协会商会在党建引领下健康发展，补齐基层党建乃至社会组织党建这一短板，成了一个亟待解决的重要课题。本节从当前的政策环境出发介绍商会组织从"行政脱钩"到"党建引领"的发展背景，并从学术研究的内容着手分析当前学术界对于商会党建的研究情况。

3.1.1 从"行政脱钩"到"党建引领"的发展历程

1. 社会组织的去行政化改革与社会组织党建的发展

改革开放以来，我国社会组织发展迅速，在社会治理、公共服务、政策倡导等领域发挥了越来越突出的作用。社会组织在快速发展的同时，与党和政府的关系也在不断调整与规范。早期，由于历史与制度等多方面的原因，我国的社会组织往往具有较为浓重的"官方"色彩，具体表现为：组建依靠政府机关或部门领导；机构设置、人员配备、活动方式等套用行政办法；有一些组织直接具有行政级别，并配备了相应级别的领导干部。这类社会组织在贯彻党的路线方针政策、参与公共服务供给、帮助化解社会矛盾等方面发挥了积极的作用，但过度行政化也导致这类社会组织在决策、人事、管理等方面自主性不足，与政府形成了一种主体地位不对等的依附关系，在发展的过程中缺乏创新性、主动性和持续性，甚至还出现了反向发展的问题，即原本应该向社会基层延伸的社会组织，在发展的过程中日益趋向政府靠拢，甚至出现了行政化的倾向。有鉴于此，社会组织的去行政化在20世纪末就已经开始实施。自1994年国务院办公厅下发《关于部门领导同志不兼任社会团体领导职务的通知》开始，中共中央办公厅、国务院办公厅、中央组织部等连续发布多个文件，规范并清理领导干部在社会组织中的兼职情况，同时推进行业协会商会脱钩，避免官办一体，减少行政化倾向。党的十八大报告提出要"加快形成政社分开、权责明确、依法自治"的现代社会组织体制，将"政社分开"作为现代社会组织体制的首要标志，明确了要划清政府与社会边界的要求与方向。十八届三中全会直接提出"限期实现行业协会商会与行政机关真正脱钩"的要求，体现了中央在社会组织去行政化方面坚定的改革决心。

去行政化的推进，暴露了我国社会组织还存在个别领域发展缓慢、公信力严重不足等问题，需要加强党和政府对社会组织的规范与引导。如何"合法"地将社会组织有效整合至党的组织结构内，实现社会组织依法自治和党的政治引领的相互兼容，这是急需研究和解决的重大现实问题。为此，党的十八大以来，一方面，政府不断在宏观层面加强社会组织立法，规范和引导各类社会组织健康发展。另一方面，政府不断加大社会组织党建工作力度，引领社会组织正确的发展方向。2015年中共中央办公厅印发《关于加强社会组织党的建设工作的意见（试行）》，对新时期这一建设工程提供了精神指引与战略规划。党的十九大报告中提到，要加强党的基层组织建设，以提升组织力为重点，突出政治功能，把企业、农村、机关、学校、科研院所、街道社区、社会组织等基层党组织建设成为宣传党的主张、贯彻党的决定、领导基层治理、团结动员群众、推动改革发展的坚强战斗堡垒。同时，报告进一步指出，要"打造共建共治共享的社会治理格局。加强社会治理制度建设，完善党委领导、政府负责、社会协同、公众参与、法治保障的社会治理体制，提高社会治理社会化、法治化、智能化、专业化水平"。社会组织党建被提到前所未有的高度，党建引领在社会组织发展过程中的作用越来越突出。

2.行业协会商会的行政脱钩与行业协会商会党建的发展

行业协会商会作为社会组织中的一大类，其行政脱钩也是在社会组织去行政化的背景之下进行的。改革开放以来，我国行业协会商会快速发展，从初期的数量不足 1000 个增长到 2018 年底的近 7 万个，基本形成了覆盖国民经济各个门类、各个层次的行业协会商会体系，已成为促进我国经济建设和社会发展的重要力量。行业协会商会作为政府与市场、社会之间的重要桥梁纽带，在政府宏观经济管理和企业微观经济运行中具有"传送带"和"上挂下联"的重要功能，在社会治理中发挥着特殊作用。过去 30 多年，绝大多数行业协会商会积极履行自身使命职责，发挥专业、信息、人才、机制等优势，做了许多企业想做却做不到、政府要做却无精力做的事，为推动经济社会发展做出了重要贡献。在充分肯定它们的成绩的同时，我们也清醒地看到，由于历史等原因，一些行业协会商会过去由政府主办、主管，或挂靠在行政机关、部门之下，存在政会不分、管办一体、治理结构不健全、自律性不强、监督管理不到位等问题。有些行业协会商会行为不规范，打着政府的旗号搞垄断、乱作为，也有的不作为、滥收费，加重了市场主体和企业负担，社会反应强烈。这些问题不仅影响着政府职能转变和社会主义市场经济体制的发育和完善，也制约了行业协会商会持续健康的发展，必须高度重视并采取有力措施切实加以解决。当前，我国经济发展进入新常态，迫切要求加快培育经济发展新动力。实行行业协会商会与行政机关脱钩，对于正确处理政府与市场、政府与社会的关系，促进行业协会商会规范有序发展，激发市场活力和社会创造力，为经济社会持续健康发展提供新动力，具有重要意义。实行行业协会商会与行政机关脱钩，是党中央、国务院做出的重大决策部署。2015 年 7 月，中央办公厅、国务院印发《行业协会商会与行政机关脱钩总体方案》（以下简称《方案》），脱钩改革正式启动并逐步推进。

《方案》出台后，为保障脱钩工作有序推进，中央政府相继出台了一系列保障和规范脱钩进程的政策措施。国务院办公厅出台了《关于成立行业协会商会与行政机关脱钩联合工作组的通知》（2015 年 7 月），民政部和国家发改委出台了《关于做好全国性行业协会商会与行政机关脱钩试点工作的通知》（2015 年 7 月），中央组织部出台了《关于全国性行业协会商会与行政机关脱钩后党建工作管理体制调整的办法（试行）》（2015年9月），财政部出台了《关于做好行业协会商会承接政府购买服务工作有关问题的通知（试行）》（2015年9月）、《关于行业协会商会脱钩有关经费支持方式改革的通知（试行）》（2015年9月），民政部出台了《全国性行业协会商会负责人任职管理办法（试行）》（2015年9月），发改委、民政部等10部委联合出台了《行业协会商会综合监管办法（试行）》（2016年12月）等。但是在脱钩改革试点推进过程中，一些深层次的困难和问题逐步显现，并逐渐成为影响脱钩改革全面推开的"拦路虎"。比如各项配套政策措施不够完善、综合监管运行机制不够健全、实质性扶持政策比较薄弱，以及行业协会商会自身能力不足等。此外，我国行业协会商会的专项法律法规仍然缺位，行业组织的权利义务、内部治理、资产属性、管理体制、运行机制不明确，无法有效地保障行业协会商会健康发展。

为保障行业协会商会脱钩试点工作开展及后续脱钩改革的全面推开，促进行业协会商会在脱钩后规范健康发展，必须在完善配套政策、加强综合监管、加大扶持力度、坚持党的领导，以及推动立法工作等方面做好工作。其中，行业协会商会党建关系的调整和党建工作的加强是脱钩改革的关键一环。要将加强党建工作作为行业协会商会脱钩改革的重中之重，切实发挥党组织的政治核心作用。加强行业协会商会党建工作，是保障行业协会商会发展方向正确、推动行业协会商会健康有序发展的重要保证。习近平总书记指出，不能因为脱钩使行业协会商会党建管理出现真空，必须把党的领导、党的建设紧紧抓在手上。各地区、各部门、各行业协会商会要按照《方案》和《关于全国性行业协会商会与行政机关脱钩后党建工作管理体制调整的办法（试行）》要求，在各级党委领导下、组织部门指导下，扎实做好相关工作。一要做好试点脱钩行业协会商会党建关系的调整工作，根据相关配套文件精神完成党建关系移交，做到党建工作不断档，管理调整无缝对接。二要进一步扩大行业协会商会党组织和工作的覆盖面，确保脱钩过程中和脱钩后党建不留死角、不出现真空，真正做到各级行业协会商会党建工作全覆盖。三要加强行业协会商会党组织自身建设，充分发挥其领导核心作用和战斗堡垒作用，发挥行业协会商会广大党员的先锋模范作用，以党建促进业务工作更好地开展。

3.1.2　商会党建的研究述评

随着近年来党和政府对商会组织的认识的不断发展及政策的不断出台，学术界对商会组织党建问题的研究也在不断加深，在商会组织党建发展的含义、重要价值、限制因素、可行性措施等方面的研究已取得了诸多成果，但也存在部分局限，所以有必要对近年来商会组织党建研究进行梳理。

1.关于发展商会组织党建重要价值的研究

商会组织是非公有制经济人士"握指成拳""抱团取暖"的有效组织途径，在商会组织中发展和加强党的建设具有重要价值。

第一，有利于推动马克思列宁主义党建理论发展。 从马克思列宁主义党建理论体系构建逻辑的高度，商会组织开展党建工作有很大的重要性和必要性，构建中国化马克思列宁主义党建体系是新时期党建理论创新发展的必然要求，是解决党内存在问题的现实需要，是坚持和发展中国特色社会主义的实践需要（刘先春、王小鹏，2017）。

第二，有利于全面推进党的建设这一新的伟大工程。 社会组织党的建设是党建工作的重要方面，加强社会组织党的建设是规范管理社会组织的现实要求（李学斌，2017）。 从促进党内和谐和社会和谐的角度来看，加强异地商会党建工作，是实现"两新"组织党的组织、工作双覆盖的需要，有助于促进异地商会的健康发展，有助于把异地经商办企业的非公有制经济人士团结和凝聚在党的周围，不断扩大党的群众基础，使党对商会这个新社会组织的领导力和影响力不断增强，使党的执政地位不断巩固（沈祖文，2007）。

第三，有利于推动商会组织健康发展。 加强行业协会党建工作具有四个重要意义：一是党中央和政府高度重视行业协会的发展；二是行业协会组织已经成为我国社会领域的重要组成部分；三是行业协会组织已经在社会管理中发挥了重要作用；四是行业协会组织党建工作离党中央提出的目标还有较大差距（乔彦斌，2016）。

可以看出，学者们普遍对在商会组织开展党建工作给予了肯定性支持，围绕发展党建理论、扩大党的执政基础、推动政党现代化、促进社会和谐和增进基层民主等方面做了充分论述。 但对在商会组织开展党建工作价值的认识上基本还停留在宏观层面，对上层决策的理论性论证重复较多，对中观层面的社会阶层意义和对微观层面非公经济人士的个人影响鲜有涉及。

2.关于商会组织党建发展的限制性因素研究

学术界普遍认为，我国现代商会作为一种新兴的社会组织，其党建工作的开展并无现成的经验可循，因此面临着一系列新的问题与挑战。

第一，认识不足，定位偏差。 新社会组织党的建设存在的比较突出的问题表现在：对新社会组织党建工作的重要性和紧迫性认识不足；党组织职能定位不清；党组织权责不对（秦海涛、王世谊，2009）。 江苏省工商联课题组立足江苏省近年来商会党建的现状提出了其面临的困难和问题，重点提出商会党建工作重视程度有待提高。 学术界争鸣之处聚焦于商会的党组织"管什么"这一问题。 商会党建不仅要做到组织覆盖，更要实现工作覆盖目标（李学斌，2017），大多数学者也秉持这种观点。 上升到学理论证的高度，最根本的是要回答"商会党组织的定位"问题和权责问题，对于这一点，目前我国的学者们还没有充分关注，需要后来人进行更多的探索。

第二，主体异质，工作冲突。 当前商会党建的确存在许多挑战：党建工作的行为主体与新社会组织运转的主体之间利益并不一致；缺乏专门的党建工作者；党组织不干涉业务工作的边界；党组织的工作方式与新社会组织工作方式存在冲突（檀雪菲，2007）。 人民论坛专题调研组基于杭州市近年来"两外"组织（外地来杭企业和外地来杭商会）的数据调查研究，提出党组织有四难制约了"两外"党建的发展：第一，素无定制，无章可循；第二，"小马拉大车"，不堪重负；第三，工作对象日趋复杂，领导手段日益匮乏；第四，制约多元，心有余而力不足（陶建群、金雄伟，2010）。

第三，体制不顺，管理欠缺。 体制和管理问题及其衍生的具体问题，学术界有较多讨论。 商会组织中党员的流动性较强，党组织组建率不高、覆盖面较小，新党员发展存在困难；党组织活动次数较少，活动经费缺乏制度性保障，活动内容与方式缺少创新；党组织的影响力和渗透力有所减弱，党员的权利义务难以平衡，其先锋模范作用难以发挥；党建工作管理机制不顺，存在管理交叉、管理缺位等问题，党建责任难以落实。

综上所述，商会党建面临着一系列困境与难题，学术界也越来越重视这些问题，更有政府牵头课题组开展相关调查研究，从党组织定位、党建管理体制、党建保障机制、党员流动性、商会组织复杂性等方面描述商会在党建实践中遇到的问题。 但是，学者们对这些问题和原因的梳理没有总结出商会党建难题的规律，研究的示范意义不明显，政策制度层面的问题不够深入，较少涉及具体党建工作实施层面的问题。

（3）关于扩大和加强商会组织党建的对策研究

学术界对于商会组织党建的主要研究方向，从最初对商会组织认识问题的讨论和对党建政策的论证性解读，逐渐转向更多地关注商会组织党建工作在实际开展中面对的内外部困境及对策。 十七届四中全会通过的《中共中央关于加强和改进新形势下党的建设若干重大问题的决定》是引起学术界这一转变的重要节点。 此后，学者们对扩大和加强商会组织党建原则、对策的探索不断深入，研究成果较多。

第一，加强认识，明确原则。 为了加强对商会组织的领导，促进其健康发展，更好地发挥其在推动社会和谐与发展中的积极作用。 统一认识，正确定位，加强对新社会组织党建工作的引领，要充分认识到新社会组织是党和群众工作的重要阵地（束锦，2008）。 江苏省工商联课题组在调研报告中也强调：充分认识党建在推动统战工作向商会组织有效覆盖中的重要作用。 同时，需要进一步明确商会组织党建的工作原则。

第二，健全机制，理顺体系。 这一方面的主要内容为：一是借鉴京、沪、渝经验，成立专门工作机构；还需要其明确工作职责，建立上下贯通的管理体系，党政齐抓共管。 二是创新党建工作机制，整体推进新社会组织党建工作；要做到创新新社会组织中党组织的建设模式，创新新社会组织中党组织的活动机制，创新新社会组织中党建工作正常运转的保障机制。 三是探索构建科学规范的新社会组织党建工作综合考评机制。 具体考量要素是：第一，新社会组织的活力和实力；第二，新社会组织的内部和谐度；第三，新社会组织的外部和谐度（秦海涛、王世谊，2009）。

第三，培养骨干，创新办法。 一是建立健全行业协会党建全覆盖的长效制度保障。 首先，要确保每一个行业协会都要建立起与行业协会职能、规模相适应的党组织。 其次，要培养和加强行业协会党建工作人才队伍。 再次，可以建立行业协会党建工作交流平台，比如成立行业协会党建工作研究会。二是要督促行业协会坚持党建和业务两手抓，以党建促业务。 行业协会要紧跟党中央和国务院的改革形势，坚持抓好行业宏观基本面。 三是创新行业协会党建工作方法。 四是坚持行业协会党建脱钩不脱管。 根据中央精神，行业协会商会与行政机关脱钩，实现人财物等的分离，但是党建工作不能脱管（乔彦斌，2016）。

尽管目前学界对商会组织党建问题的原则、对策的研究涉及范围较为广泛，但主要还是集中在明确商会组织党建的重要性和必要性、提升对商会组织党建问题的性质和特点的认识、理顺党组织管理制度、建立健全党员管理和保障机制、培养和加强党建人才队伍这几个方向。 一方面，这些原则、措施主要是针对政府部门或商会党组织的上级党组织而言的，从商会组织本位出发的较少，而从商会成员出发的几无可寻；另一方面，目前学者们讨论的对策措施还主要停留在强调转变思想认识的层面，较少涉及商会党建的具体实践，提出的具有针对性措施的意见更少。 目前学术界与较为完备、可行的对策建议研究预期还有不少差距，很难有针对性地把握商会组织党建的个体、地区等特殊性差异。

（4）关于深化商会组织党建研究的思考

近年来，学术界对商会组织党建研究已经取得了一定成果，但还存在较多不完善之处，对一些焦点问题也尚未达成共识，如首先需要解决的商会组织概念的界定和规范性使用问题、争议较多的党组织定位问题、经验研究较为欠缺的问题等。 因此，学者们需要不断完善研究的视角、内容和方法，推动研究的进一步发展。

第一，进一步拓展研究视角。 已有研究从单一学科视角出发的较多，采用多种学科视角进行综合交互分析的成果明显缺乏，因此我们还需要从其他学科的角度，如历史分析视角和比较分析视角展开探索。 现有研究主要是从宏观层面展开讨论的，大多数是理论推导和制度、政策的论证，缺少从商会组织、商会党组织和商会成员角度去观察商会组织党建发展的现状、问题及原因，研究视角需进一步拓展。

第二，进一步丰富研究内容。 从研究的主要内容上来看：一是进一步讨论商会组织与党组织关系，探索商会组织发展党建的内在基本要素及影响因素，对商会党建发展中党组织的定位问题展开研究。 二是深入探讨商会组织党建发展中中观层面的社会阶层意义和对微观层面的商会会员的个人意义，关注商会党组织能人群体的相关问题；结合商会成员投身商会党建活动的实际情况，探索成员对商会党组织的认识问题和对党建工作的态度问题。 三是对现有商会党建发展过程中遇到的问题和原因进行有针对性的深入梳理和分析，总结出商会党建难题的规律，深入探讨政策制度层面的问题和具体党建工作实施层面的问题，增强研究的示范意义。

第三，科学运用多种研究方法。 从研究的主要方法上来看，商会组织党建的研究具有很强的政策性和现实性，与我国不断全面深化改革的战略步伐息息相关。 目前研究方法上以文献分析法居多，进行深入发掘的个案研究较少。 在分析其党建工作开展的基本问题时，大多浅尝辄止，讨论不够深入或不够全面，从商会组织党建情况的基本实证资料入手探讨具体问题的较少，所以在以后的研究中需要结合更多实证调查的研究方法。 总之，商会党建工作的实践正在进行时，对应的理论研究也应迎难而上，应科学运用多种研究方法，推动研究的进一步发展。

3.2 党建引领促进商会健康可持续发展的实践与绩效

商会党建工作对实现政党任务有重大意义，任何政党都"必须凝聚所代表群体的政治意识，并最大限度地影响、整合国民的政治意识，使之尽可能地汇聚到本党的旗帜之下，形成广泛的共识和统一的力量"。 发挥政治引领作用凝聚共识，使党的纲领、主张得到民众的认同，使党的意识形态实现最大程度的社会化，正是政党的重大功能。 但同时，商会党建对于商会自身的发展也发挥了重要作用。 本节内容主要总结了几个典型商会在实际党建工作中比较突出、值得推广的经验做法，并分析了党建引领对商会组织发展的重要意义。

3.2.1 各商会党建工作的实践经验

近几年来,在各项政策的推动及各地工商联的带领下,商会组织党建工作已然成为其发展过程中的重要方面。本调研团队通过查阅各类文献及实地调研走访,获得了许多商会党建工作的一手资料。通过对比分析发现,各类商会组织的党建工作虽然在一定程度上都取得了较大进步,但是不同规模的商会组织对党建的意愿、重视程度、内容、形式等都存在较大的不同。以下选取的三个商会组织——异地温州商会、中国对外承包工程商会、象山丹西商会作为样本展开分析,这三个商会的规模大小、组织架构、会员人数等方面都存在差异,其党建经验也各有不同。

1. 异地温州商会党建工作的实践

截至 2017 年,"全国异地温州商会"共有 268 家,在外温商党工委累计 31 家,建立党组织的异地温州商会累计 185 家。有 2 万名流动党员在外经商办企业,分布在全国 255 个城市,其中,有 5 个省(市)的温州流动党员超过 1000 名,有 14 个城市的温州流动党员超过 100 名。异地温州商会和商会党组织已然成为在外温商相互沟通交流、推动商业合作、提升政治觉悟的重要平台,也是在外温商与温州本地联系的重要桥梁和纽带。异地温州商会党组织积极探索发挥党建引领的作用,取得了较为成功的经验。

(1)建成党建引领的组织通道

温州率全国之先打造了"1+31+X"党建工作网络,其中,"1"是指中共温州市温州商会工作委员会(以下简称市温商党工委),"31"是指在 31 个省(直辖市、自治区)设置的中共温州市在(某地)温州商会工作委员会(以下简称在外温商党工委),"X"是指各地温州商会党组织和温商企业党组织。① 这一"红色组织网络"实现了商会党建工作从温州到全国 31 个省(直辖市、自治区)的全面延伸,系统性地搭建了异地温州商会党的组织架

---

① 中共温州市温州商会工作委员会:《关于加强和改进在外温商党的建设工作的意见(试行)》,浙江政务服务网,2016 年 1 月 16 日,http://www.longwan.gov.cn/art/2014/6/3/art_4805_90404.html。

构,为党组织在异地商会中发挥政治引领作用奠定了基础。 一是明确组织管理体系。 在市温商党工委之下成立的在外温商党工委统一管理异地温州商会党组织,之前已建立的商会党组织在保持原有隶属关系不变的同时接受在外温商党工委的指导。 新建立的异地温州商会党组织均隶属于在外温商党工委领导,并规范名称为"中共(某地)温商支部委员会"。 二是扩大组织覆盖面。 凡有正式党员 3 名以上且具备成熟条件的异地商会组织均单独成立党组织,暂不具备条件的要主动做好入党积极分子的培养和党员发展工作,新建立的异地温州商会要同时做好党组织组建工作。 三是完善党员信息库。 建立温州外出流动党员信息库,以此信息工作平台为基础,梳理党员流动情况,如通过梳理得知流出地前五位分别是浙江、北京、广东、上海、江苏,流动党员均超过千人。 同时,建成在外温商信息库,服务于"温商回归工程"。

(2)提升党建引领的队伍力量

实现党的各项目标任务关键在党,关键在人。 习近平总书记指出,"关键在人,就要建设一支宏大的高素质干部队伍"[①],使得党员干部成为组织作用发挥的决定性因素。 异地温州商会党组织从书记和党员两个层面"双着力",以提升队伍整体素质。 一是加强党组织书记队伍建设。 在异地温州商会党组织书记人选上,市温商党工委和在外温商党工委联合从严把关,要求党组织书记由副会长以上或秘书长担任,着力从商会培养既讲党性又有良好群众基础,既有一定组织领导能力又有党务工作经验的人选,并将其逐步选拔到商会党组织书记岗位上来。 在商会管理层面和党组织班子层面推行双向进入、交叉任职,建立党组织书记参加(列席)理事会、会长办公会等制度。在教育管理层面,市温商党工委对异地温州商会党组织书记每年至少安排一次专题培训,确保履职能力不断提升。 二是重视培养教育党员。 异地温州商会党组织结合自身特点,组织开展党员学习活动,针对商业活动繁忙的实际情况,按照小型、灵活、有序的原则和集中或分散的方式组织党员学习。 如福州温州商会党支部开展的"温州商会党员活动日",将以往每月一次集中到商会的党员活动改为到党员所在企业轮流组织,同时注重对流动党员的教育

---

① 习近平:《习近平谈治国理政》,外文出版社 2014 年版。

管理,开展党支部学习活动时及时通知温州籍流动党员到会学习,鼓励其将组织关系接转到异地温州商会党组织。 扬州温州商会党总支为让流动党员有个"家",专门在广陵区政府和邗江区蒋王街道内设立党建活动室,成立流动党员驿站。

(3)设置党建引领的有效抓手

在党建工作中设置载体,能充分利用各种资源,调动各方面的积极性,有利于更有效地达成党建目标。 异地温州商会党建引领作用的良好发挥,是通过布局有效的操作载体来实现的。 一是在异地温州商会党组织开展"五星争创"活动。 以党支部和党员为对象开展星级评定和争星晋位,"五星"分别代表"自身建设、工作保障、作用发挥、商会发展、社会评价"五项内容,每一星又设"金星、银星、铜星、无星"四个等级。 所有党组织和党员针对"五星争创"每颗星的评定结果,对照不足,查找问题,做好整改,努力提高。 二是开展开放式党组织活动。 异地温州商会党组织根据商会党员流动性大的特点,利用网络终端平台,建立党员微信群、QQ群、微博群加强学习交流,并建立流动党员之家,增强党员的归属感、荣誉感和责任感。 对商会会刊、网站等进行资源整合,开辟党建专栏,定期进行党建信息发布和交流。三是进行红色教育实践活动。 异地温州商会党组织以实践教育的模式,运用各地红色资源,每年至少开展一次红色教育,通过参观纪念馆、祭拜革命烈士、寻访革命圣地、重走长征路等方式,到革命先烈奋斗过的地方学习党的优良传统。 如组织异地温州商会中的优秀新生代出资人,参与"红色接力——青春寻根旅"活动,在继承中发扬党的优良传统,进一步引领新生代企业家坚定"永远跟党走"的信念,使其能紧紧凝聚在党的周围,形成新生代企业家重视、支持和参与党建的良好氛围。

(4)践行党建引领的任务诉求

《关于加强和改进在外温商党的建设工作的意见(试行)》专门对党建引领作用在工作职责上加以明确,如异地商会党组织要"宣传贯彻党的路线方针政策,服务温州市委、市政府中心工作""引导商会合法办会,自觉履行社会责任""主动关心、热忱服务会员党员,帮助解决实际困难,把广大会员团结在商会和党组织周围"等。 这其中着重突出了温商回归和诚信经营的导向。一是引导温商回归。利用商会党建网络工作平台，配合商会开展温州投资环境和重点项目推介，将温州市政府的重大工作部署及招商引资政策信息及时向在外温商和党员宣传，积极引导有意向、有实力返乡投资的在外温商回乡考察投资，以"资金回归""技术回归""人才回归""项目回归"等形式投资创业，反哺家乡。二是引导诚信经营。异地温州商会属于自治组织，且会员本身的业务存在巨大差距，素质良莠不齐，思想各不相同，组织便显得松散。商会党组织具有组织纪律上的优势，能通过政治引领、教育引导实现异地温州商会的凝心聚力。在对外经营上，引导商会党员亮身份、践承诺、树形象，教育党员首先做诚实守信、文明经商的标兵，带动广大在外温商诚信经营、依法纳税，营造温商依法守规的良好氛围，提升温商的社会美誉度；在对内互助上，帮助会员解决实际困难，充分维护温商的合法权益，发挥党组织"稳定器"的作用。

2. 中国对外承包工程商会党建工作的实践

中国对外承包工程商会是由在中华人民共和国境内依法注册从事对外投资、对外承包工程、劳务合作和其他国际经济技术合作业务的企业及开展相关活动的单位依法自愿成立的具有社团法人资格的全国性行业社会团体。商会的工作理念是建设会员之家，促进会员企业携手同心，促进我国对外经济合作事业更快发展。2018年12月5日，中国对外承包工程商会第七届理事会第四次全体会议在山东济南召开，商会会长房秋晨在工作报告中指出，2018年对外承包工程完成营业额1216.7亿美元，同比增长2.5%。其中，"一带一路"国家业务贡献率为53.7%，较2017年同期增加13.6个百分点。中国对外承包工程商会党委自2015年成立以来，坚定不移推进全面从严治党，牢固树立"四个意识"，下大力气抓好商会干部思想政治建设，统一思想认识、凝聚奋进力量，紧密围绕"促进'一带一路'倡议落地"和"积极稳妥推进脱钩改革"两项重点工作，着力提升会员服务水平和商会可持续发展能力，在政策交流促进、行业治理创新、会员服务升级、国际影响提升等方面取得了新成效，对推动新形势下的对外投资合作行业可持续发展与业务机构调整发挥了积极作用。

（1）强化党建工作引领作用，为商会发展提供坚强保证

中国对外承包工程商会党委积极发挥领导核心作用，严格落实全面从严治党责任，激发基层党组织活力，不断强化理论武装，坚持不懈抓好党风廉政建设，锻炼干部队伍，努力构建风清气正、履职尽责、敢于担当的政治生态。一是构建以党委中心组学习为龙头、党支部抓学习落实为基础的思想政治建设工作格局。商会各级党组织坚持全面学和专题学、跟进学和反复学、集体研讨与个人自学相结合，坚持读原著、学原文、悟原理，用习近平总书记系列重要讲话精神统一思想、武装头脑、指导实践、推动工作。二是严格落实党建工作责任制，将商会党建与业务工作同谋划、同部署、同考核，形成以党建引领发展的新局面。每年初研究制定商会年度全面从严治党工作要点，提出党建工作总体思路，注重激发支部活力，推进全面从严治党向支部延伸。认真贯彻执行"三会一课"、组织生活会、谈心谈话、民主评议党员、组织关系管理、换届选举、核准党费标准等工作。切实落实双重组织生活制度，认真开展批评与自我批评。认真开展党建述职评议考核工作，探索研究实施方案及评议指标，对各级党组织落实抓党建工作责任情况进行评议。三是加强党风廉政建设，构筑良好政治生态。发挥廉政警示教育作用，定期召开党风廉情通气会，教育引导党员牢固树立"四个意识"，强化党员干部知敬畏、存戒惧、守底线意识。加强对商会干部贯彻执行中央八项规定和商会配套制度规定的监督检查力度，坚决防止和纠正执行纪律宽松软的问题。

（2）夯实思想政治建设，凝聚商会改革发展力量

中国对外承包工程商会党委坚持把加强思想政治建设放在首位，以深入学习贯彻习近平总书记系列重要讲话精神为主题，结合党委中心组理论学习、"三会一课"组织制度，通过理论学习、反复研讨，确立了打造国际化、专业化、市场化行业商会的战略思路，不断深化"民主办会"机制，积极构建行业协调自律体系，深化商会治理结构调整，大力培育更受企业欢迎的服务产品。围绕这一思路，商会党委从干部队伍思想政治建设入手，在全会开展"我为商会建言献策"活动、"解放思想稳妥有序推进脱钩改革"务虚讨论会，在商会全体干部中统一了思想，达成了共识，为做好商会脱钩改革、促进商会健康可持续发展奠定了坚实的思想政治基础。

针对历史上商会工作和企业需求"两张皮"的问题，商会致力于探索、实践民主办会机制。 2015 年，商会召开第七次会员代表大会，提出"建立和完善产权清晰、权责明确、运转协调、制衡有效的法人治理结构"的发展目标。主动适应脱钩改革，坚持充分发挥企业的主体作用，不断完善"民主决策、民主管理、民主监督"的工作机制。 截至 2018 年底，商会已形成了以会员代表大会、理事会、会长会议及会长办公会为梯次的决策机制，10 个由会员企业组成的专门委员会的议事机制，常设机构为执行机制的治理结构。 商会党委严格落实中央八项规定，深入开展"转作风、重调研、促发展"活动，牢固树立为民务实清廉意识，有效调动了商会干部干事创业的热情和干劲。 同时，建立了会长办公会、中层领导干部会务会、党风廉情通气会、职工绩效考核、党员述职评议考核等一系列工作机制。 至 2018 年底，商会已吸纳会员 1400 余家，覆盖对外投资合作行业的 90％。

（3）加强干部队伍思想政治建设，提升商会自身软实力

中国对外承包工程商会党委在实践中体会到，商会要想实现健康可持续发展，必须要建立一支"政治过硬、勇于担当、善于创新、拼搏进取"的干部队伍。 而要实现这一目标，干部队伍思想政治建设至关重要。 一要坚持商会党委带头做表率。 以党委中心组理论学习为引领，坚持党委书记作为党建工作的第一责任人，认真履行"一岗双责"，既当好领导者，又做好组织者和推动者。 党委委员连续多年分别围绕分管工作，针对商会发展中面临的新问题、新任务，深化民主办会进程，正确认识脱钩改革，从理论到实践为全会干部职工讲专题党课，统一思想，凝聚共识，交流分享，共同提高，使商会干部更加坚定改革发展的目标方向，受益匪浅。 二要坚持经常性理论学习不落空，不断提升干部队伍的思想政治水平。 结合商会实际，针对党委委员、党员、职工三个层面，做到"三个注重"。 一是注重坚持，不断提高党委中心组理论学习质量，邀请中央党校教授、知名专家学者、行业龙头企业代表前来授课，解读"一带一路"倡议、"走出去"战略、行业转型升级、脱钩改革形势、国内外政治经济形势等，拓宽工作思路，提高制定行业发展政策的科学性和有效性。 二是注重创新，为使学习方式、内容更贴近党员干部和职工思想、工作实际，特别聘请行业专家对行业发展所需的政治、经济、文化、科

技、社会、国际关系等知识进行专题培训,积极开展"走出去"学习、主题践学等活动。深入会员企业走访调研,了解会员企业参与"一带一路"倡议、开展国际产能合作的情况,听取会员企业对商会工作的意见建议,介绍商会服务产品,在广泛联系服务企业中深化认识,厘清工作思路,增强推动改革发展、抓好工作落实的本领。三是注重实效,把开展系列学习教育的过程作为改进工作作风、破解发展难题、谋划改革思路、推动商会发展的过程,努力达到"五个方面见成效",即在理论武装上见成效、在思想认识上见成效、在解决问题上见成效、在决策部署上见成效、在发展实践上见成效。三要把强化干部队伍建设作为落脚点。坚持党管干部原则,以干部选拔、考核和培养为抓手,有效落实激励机制,确保商会干部队伍的可持续发展。以中层干部竞聘、考察聘任为突破口,构建选人用人新模式。做到中层干部能上能下,竞争选拔、择优上岗,破除论资排辈的陋习。注重把绩效考核工作与激励机制有机结合,积极探索商会职工薪酬改革工作,有效地激发商会干部爱岗敬业、奋发有为的工作热情。

(4)积极培育"商会文化",促进商会改革发展

商会文化是商会的灵魂,是商会健康可持续发展的不竭动力,是商会价值理念和行为规范的有机结合。中国对外承包工程商会通过开展系列学习教育、"两优一先"评选、岗位建功标兵、巾帼建功标兵评选、商务部纪念建党95周年歌咏大赛、主题党日活动、团队拓展、商会春晚、青年读书会、重走长征路等活动,锻炼干部队伍,凝聚发展共识,创建和谐商会。几年来,商会不断总结发展经验,逐步探索出"三争三不争、四个具备、五项意识"的商会文化。"三争三不争"是指争贡献,不争名利;争任务,不争荣誉;争集体效益,不争个人地位。"四个具备"是指具备良好的职业道德,具备突出的业务能力,具备过硬的工作作风,具备高度的大局观念。"五项意识"是指创新意识、服务意识、进取意识、责任意识和勤俭意识。在商会文化的引领下,商会打造了一支团结协作、不怕吃苦、作风过硬、勇于担当的干部队伍。特别是在利比亚动荡、日本海啸引发的两次撤侨及毛里求斯撤侨、塞班撤侨等急难险重任务面前,商会迅速行动,立即启动应急预案,高效配合政府部门的救助行动,有效指导企业应对复杂局面,妥善处置境外突发事件,危机管

控、应急作战能力得到真实的考核与检验。 此外，商会党委大力推进精神文明建设，发挥工团组织作用，开展丰富多彩的群众性文化娱乐活动，如健步走活动，羽毛球、摄影、演讲、歌咏、主题征文等文体比赛，中医保健讲座及组建职工业余舞蹈队、羽毛球队等，充分调动会员企业广大职工群众的积极性、主动性和创造性，努力营造积极进取、团结协作、共谋发展的商会氛围。

3.象山丹西商会党建工作的实践

象山县丹西商会成立于 2009 年 7 月，有下属会员企业 90 家，大多为针织服装、机械模具、综合制造、服务流通行业企业。 2011 年 8 月，丹西商会成立了宁波市首个商会党委，下辖 47 个企业党支部，共有党员 357 名。 近年来，丹西街道经济发展进入增速换挡、结构调整、改革攻坚的新阶段，企业经营发展形势严峻，企业主信心不振，部分企业党建工作处于停滞状态，难以有效发挥党组织的政治核心和政治引领作用。 在经济下行大环境的影响下，作为直接服务非公企业的丹西商会，承受着会员企业倒闭破产、扶持发展措施乏力、不良贷款现象频发等诸多压力，以上严重妨碍了商会组织的自身发展。为此，商会党委主动谋求跳出党建"小视野"，升入"大境界"的办法，积极发挥党建兜底引领作用，强化自身的"主导""衍生""孵化"等功能优势，走出了一条以党建驱动商会健康发展的新道路。

（1）"两大工程"夯实基础

依托"1＋N"的组织模式，商会党委将培育党组织、建强党组织作为党建工作的首选，着力增强党在基层的执政地位。 一方面，实施党建全覆盖工程。 按照"成熟一个、建立一个"和"将零星党员吸收到联合支部中来，将群体党员输送到单建支部中去"相结合的原则，不断发挥商会党委"传输带"和"孵化器"的作用，确保党的组织和工作全覆盖。 对拥有 3 名以上党员的企业，通过召开企业主座谈会、上门访谈等形式，指导企业单独建立党支部；对行业特点明显、规模较小、党员数量较少的企业，分类建立针织服装、机械模具、综合制造、服务流通等 4 个行业党支部；对区域内集聚的中小科技型企业，建立科创中心联合党支部；对不属于上述行业、区域的企业，纳入街道企业联合支部管理。 另一方面，实施党建示范点创建工程。 注重发挥先进党组织的示范带动作用，根据企业不同的行业和产业类别，分别确立了宏利集团、天韵食品、合力集团、新丹峰集团、万象公司、亚细亚运业等一批企业为党建示范点,并在每个示范点确定1-5个党员示范岗,以党员先锋模范作用的有效发挥助推示范点的创建。

(2)"三大机制"强化保障

商会党委坚持"做强党建、机制先行"的工作原则,从人员配备、阵地建设、制度完善等方面入手,为商会党建规范化开展提供了有效的保障。 一是健全人员选配机制。 采用交叉兼职、专职选任的方式,把街道企业界影响力大、党性原则强的党员业主吸收到商会党委班子里,实现商会资源向党建资源的转化。 商会党委班子共有成员9人,其中党委书记由机关干部兼任,并高配为副局级领导干部。 同时,率先提出企业专职党务工作者享受中层以上待遇,从政治和经济上对党务工作者进行激励关怀。 二是健全阵地建设机制。 按照"六有"活动场所创建标准,推行商会党委和企业党支部活动阵地的规范化建设。 在商会党委层面,专辟场地成立党群服务中心,设置办公室、会议室、活动室和展示厅,统筹利用商会资源建好建强商会党建"指挥部";在企业支部层面,通过召开企业党建阵地规范化建设现场会,并采取"区域化党建经费划拨、商会互助资金列支、企业返还党费配套"的方式,统一组织企业党支部建设标准化党建阵地,确保企业党群活动正常开展。 三是健全工作运行机制。 每季度召开商会党委班子与商会管理层工作例会,每年不定期召开企业支部书记座谈会,建立商会党委向街道党工委、企业党支部向商会党委汇报工作制度,在党委政府、商会和企业之间架起沟通联系的桥梁。 研究制定适合企业实际的"三会一课"、党员组织生活日及党建工作责任清单等制度,推动形成党建工作有章可循、有效运转的良好局面。

3."四大平台"推动科学发展

商会党委作为非公企业党建工作的有效平台,通过完善服务举措、拓宽服务内容,实现了党建工作和企业发展的互动互促。 一是搭建双向交流平台。 倡导书记、业主"一肩挑",引导26名企业主兼任党支部书记,使党建工作更好地与企业生产经营相结合。 深化非公有制经济人士教育实践活动,建立企业主、支部书记定期交流、外出考察等联系沟通机制,近年来已多次组织下属企业支部书记、企业主赴井冈山、韶山、兰考、延安等地开展红色之旅,在交流沟通中不断增强党建意识。 二是搭建服务发展平台。 坚持"服务兴会、服务立会"的理念,用活自身资源,在周转生产资金、提升技改能力等方面上主动为企业排忧解难。 2018 年,商会互助资金会已帮助 150 多家企业解决了生产资金周转困难问题,转贷、倒贷金额超过 10 亿元。 成立商会调解委,有效帮助企业解决了多起因环保、安监、土地等问题引发的矛盾纠纷,切实增强了商会党委的凝聚力、影响力。 三是搭建社会形象塑造平台。 通过村企结对、助学助困、慈善捐助、担任村经济发展顾问、参与"清三河"创建等方式,引导企业履行社会责任,感恩回报社会。 商会党委下属企业支部均与村党组织开展了结对共建活动,帮助发展状大村(社)集体经济,实现党建和发展项目同步推进。 四是搭建企业文化建设平台。 以"和合共同体"创建为主题,广泛开展"三学三比"及劳动技能竞赛、岗位练兵活动,把助推企业发展和加强党员教育管理、丰富企业文化活动有效结合起来,为推进商会党建和企业党建创造良好的环境氛围。

3.2.2 党建引领对商会发展的效应

1.增强商会外部影响力

党建引领在很大程度上扩大了商会组织的外部影响。 一方面,政策倡导与影响是社会组织的基本功能之一。[①] 但是大部分商会在实现该功能和作用的过程中存在困难,脱钩改革使得商会与业务主管单位脱离了实际管理关系,进而也削弱了商会的政策影响能力。 而商会组织的党建工作则为其政策倡导开辟了新道路,商会组织可通过直接向上级党组织反馈、与其面谈、邀请党政领导参加商会组织民主恳谈会等形式,为企业表达诉求。 此外,通过对上级党组织、基层群众的广泛覆盖,为其平等交流搭建平台,商会能够推动相关议题纳入政策议程,既扩大了商会的社会影响力,也提升了商会组织的参与价值。 另一方面,商会党建通过提升商会本身的政治合法性来增强其外部影响力。 在中国,党作为政治生活的领导者,具有分配政治权威的功能,可以通过赋予相关组织、个人、优秀党支部、党代表等类似的政治身份来提升其

---

① 王名:《非营利组织的社会功能及其分类》,《学术月刊》2006 年第 9 期,第 8—11 页。

政治地位。 党可以通过分配政治权威将体制外的人士吸纳到体制内①。 因而,优秀党支部、先进基层党组织等党组织颁发的荣誉称号可为商会带来更多的政治资源,也能进一步提升商会的政治合法性,对于其外部影响力的扩大也有重要的促进作用。

以杭州泉州商会为例,它是杭州第一家成立的外省异地商会,在历届理事会的领导下,一直走在各商会建设的前头,起着领头羊的作用,在杭州的异地商会正规化建设方面起到了良好的表率示范作用,取得了不少荣誉:2008 年以来,杭州泉州商会连续四年被评为"杭州市异地商会先进单位";20 多家会员单位被评为"杭州市外来投资企业先进单位",商会被杭州市相关政府部门评为"参政议政先进单位"和"AAAAA"等级商会;在 2014 世界杭商大会上被评为"优秀商会";商会党支部分别被评为"五好党支部""诚信服务先锋""先进基层党组织""五星级基层党组织",2016 年被杭州市相关部门评为中国"AAAAA"社会组织。 这些荣誉使得杭州泉州商会的政治合法性迅速提升,促使其致力于汇聚在杭泉商的力量,整合各方资源,构建互惠合作的平台,促使杭州泉州商会能够真正成为帮助泉商企业与政府部门及其他企业沟通的桥梁和纽带,成为凝聚在杭泉商、服务两地经济社会发展的平台,帮助规模企业做强做大,帮助中小微企业逐步做大,为两地经济社会发展做出贡献。

2.促进商会内部能力提升

党建引领促进商会组织内部管理的优化。 当前商会组织内部管理相对松散,制度有待完善。 商会党建主要从三个方面加强商会组织的内部管理能力:一是党员的个人综合素质较群众而言普遍较高,让更多的党员参与到商会的内部建设当中,可为商会内部管理能力的提高提供重要的人力基础。 二是借鉴党员管理的相关规章制度,完善管理。 如将党员述职、民主考评等制度和要求应用于商会内部管理,在一定程度上弥补内部管理制度的缺陷。 三是形成组织内部独特的文化氛围。 通过开展表彰党支部优秀党员、学习支部模范党员等活动,充分发挥党员的先锋作用,促进内部良性竞争,提高支部的

---

① 李朔严:《政党统合的力量:党、政治资本与草根 NGO 的发展——基于 Z 省 H 市的多案例比较研究》,《社会》2018 年第 38 期,第 160—185 页。

凝聚力和团结力,在商会内部形成先进的文化氛围。此外,由于商会组织自身的局限性,提升战略管理能力一直是其软肋。加强党建工作有助于培育商会及其会员企业关注政治的意识。如通过学习各级党代会讲话精神,领会国家战略意图,将其融入机构发展的战略,可进一步明确组织发展的方向,提高社会组织的政治性。同时,商会党建使社会组织以不同形式参与地方党代会的讨论,有助于社会组织开拓信息交流渠道、获取实用信息,进而使其提前了解地方层面最新的政策动向和关注重点,为机构的发展制定针对性的战略。

以天津市文化传媒商会为例,该商会坚持"抓党建促发展,以发展强党建"的工作思路,始终把党建工作作为统领商会发展的"导航仪",在商会成立之初同时成立党支部,发挥党员的模范带头作用,勇担社会责任,利用行业宣传载体,传播好声音、新理论,努力做党和政府联系新媒体行业及网民的桥梁纽带。商会成立伊始,为顺应互联网迅速发展大势,设立了新媒体委员会和新媒体行业分会,推动新媒体行业发展。同时,商会党支部充分发挥"大家长"作用,将党建工作延伸到企业最需要、最敏感的领域,解决了不少会员企业的难题。针对商会党支部党员由各会员单位成员组成的特殊性,商会党支部创新党员教育管理的"新载体",除了完成常规的支部工作外,还将支部建在移动端,建立了网络党支部;利用微信、QQ等工具,建立党支部工作群,把工作和生活地点分散的党员连接起来,以虚拟的手段实现了党员之间真实的沟通与交流。通过发挥新媒体的"新阵地"作用,商会党支部开发了一大批风格新颖、贴近网民的网络作品,使得新媒体这支体制外的力量成为配合党委政府开展正面宣传的一支轻骑兵,也让正能量信息更容易被网民所接受。商会党支部还充分利用旗下的新媒体"微天津",积极开展公益栏目建设、公益传播、"互联网+公益创新"等方面的工作,组织策划了"迎国庆67周年,建设美丽天津——弘扬生活正能量行动""掌上天津联合天津公立医院共建'健康知识普及平台'项目计划"等多个公益项目和活动,在为广大市民普及公众健康知识的同时履行了汇聚爱心、传递社会正能量的责任。

3.链接商会更多外部资源

商会党建促使商会链接更多外部资源,实现资源整合。商会党建的资源整合,即通过党组织系统的组织优势和政治优势,将各类可供共享的社会资源有效地激活起来发挥作用。 在现代社会，不同社会主体都有特定的资源，同时，任何一种组织都会对其环境形成资源依赖，按理说，社会合作和资源交换、资源共享将极大地提高社会运行效率，促进包括商会在内的社会组织的发展。 但是，当前的社会系统存在着严重的信息不对称和集体行动困境，信息不对称造成资源的闲置和低效率利用，而缺乏信任机制和组织成本的存在又使得集体行动举步维艰。 克服集体行动困境有三个途径，一是组织小型化，减少信息不对称；二是进行选择性激励，即具体的、有针对性的"奖勤罚懒"；三是作为其他事业的"副产品"，通过其他事业分摊和消化成本。 社会上大量的大型组织似乎已克服了集体行动困境，但是细究这些组织的来源，就会发现"那些强大的经济游说疏通团体实际上是使其获得力量和支持的组织的副产品，因为它们行使了为集体利益而做游说疏通工作之外的某些职能"①。 党组织在中国社会系统中具有"总揽全局、协调各方"的中枢性作用，有利于解决信息不对称问题，实现各方资源最大程度的整合。

以南京金华商会为例，该商会以"创新服务，抱团发展"为宗旨展开各项党建工作。商会党委通过链接各种资源要素，用精准服务赋能会员企业发展，切切实实为企业排忧解难，维护合法权益，拓展企业业务。旗下会员企业之一的一家物流企业因办公场地不符合消防要求，企业面临关停。商会一方面指导企业进行整改，另一方面与有关部门协调，最终，企业通过消防验收，得以继续营业。"多亏了商会党委，否则我的企业早就关门了！"企业法人邵某某说。只有让会员企业产生归属感，商会与地方的区域共建方能顺利推进。商会会长带头出资 300 万元，在企业设立光彩事业基金，全体党员和理事以上会员共同出资100 万设立助学基金，为贫困学生提供勤工俭学、实习和就业岗位。商会建立了五个"党员爱心基地"，常年定点向驻地学校、社区敬老院和街道环卫工人提供资助。

---

① 曼瑟尔·奥尔森：《集体行动的逻辑》，陈郁等译，生活·读书·新知三联书店 1995年版，第 166 页。

4.提高商会整体凝聚力

党建引领提高商会组织整体凝聚力。 商会党组织要成为行业建设的维护者、会员企业利益的代表者，需统筹兼顾各方利益，积极发挥党建合力、凝聚人心的作用，这主要通过以下三个方面来实现：一是组织开展丰富多彩的党建活动。 当前的商会党建工作不仅仅停留在传统的党建形式，更多的是将党建与商会本身的业务活动及各项公益活动相结合。 很多商会在开展党建活动的过程中已经形成了自己的党建品牌。 通过丰富多彩的活动，增强商会与社会和其他企业、政府部门的交流，加强会员的交流与合作，保证了党员与会员之间、会员与会员之间及时有效的沟通，从而增强了商会的凝聚力。 二是注重企业文化建设。 通过建设商会网站、微信公众平台，制作各类简报、宣传专栏，编印商会会刊、企业创业故事等来打造商会企业文化。 用健康的文化教育人、影响人，不仅有效地提升了商会品质、商会形象和知名度，也进一步提升了商会的凝聚力。 三是传达会员社情民意。 商会党组织要积极为会员排忧解难，对会员的利益诉求给予及时有效的帮助。 对发展中遇到的急事、难事，通过多种途经向上级党组织反映，或通过提案议案、社情民意、信息专报等形式表达诉求。

以杭州泉州商会为例,在商会支部里面,党员、入党积极分子中的某位同志生日时,就会收到"行业商会党支部"送去的生日祝福和蛋糕。党员、入党积极分子同志生病或是遇到困难时,支部都会去看望慰问或给予适当补助。商会两年一度组织会员、入党积极分子、党员进行身体检查。逢年过节,支部又会拿出一笔资金购买年货以示关爱。党员、入党积极分子家庭中出现红、白事宜,支部均送出一笔资金表示祝贺或慰问,使同志们充分感到党组织无微不至的关爱,同时竭力增进支部内老党员与新党员、党员与入党积极分子之间的联系和融合。

3.3　党建引领商会发展过程中面临的挑战及路径选择

随着党和政府各项商会党建政策和制度的出台,各地各商会在因地制宜开展党建工作的过程中,积累了较多可供借鉴、值得推广的经验。 但是商会党建毕竟处于起步阶段,其在观念意识、配套政策、人财保障等方面还存在较多问题,需要我们进一步探讨。

3.3.1　商会组织党建发展过程中存在的问题与挑战

目前,商会党建在各方面已经取得了不错的成绩,但是在发展过程中,仍存在着一系列的问题,需要进行深入的研究与探讨。 通过对一些商会的实地考察、对商会负责人的访谈及对相关数据材料的分析整理,我们发现目前社会组织党建发展过程中存在着商会党建政策不够细化、商会基层党建基础薄弱、商会党建工作机构力量不足及商会对党建认识不到位等问题,具体表现如下:

1.商会党建政策不够细化

国务院于 1998 年颁布的《社会团体登记管理条例》在组织机构和监督管理等章节中均没有涉及党组织的建设内容。 党的十八大后,中共中央办公厅印发的《关于加强社会组织党的建设工作的意见(试行)》及中共中央办公厅、国务院办公厅印发的《关于改革社会组织管理制度促进社会组织健康有序发展的意见》虽然对社会组织功能定位和如何发挥作用做了详细的阐述,但由于社会组织具有分级管理、类型繁多、规模组织形式不一、领域分布广、从业人员多元化、非营利性等特点,具体细化执行到行业协会商会类社会组织时还存在不少疑惑。 目前,中央已出台加强关于民办学校、律师行业、注册会计师行业等类别社会组织党建的工作意见,行业协会商会类党建也迫切需要从顶层设计上进行考虑。 例如,党章规定,"社会组织凡是有正式党员 3 人以上的,都应成立党的基层组织"。 但在商会里,正式党员的范围一直没有全国统一的指导意见,是仅指专职人员中的党员,还是扩大到商会负责人（会长、副会长、秘书长），或是扩展到理事会、监事会甚至社会组织中的全体党员，全国各地自行界定，没有统一标准。 又比如，类似于商会的党委系统的社会组织，像各级领导科学学会、党建研究会、中共党史学会、统一战线理论研究会、干部教育研究会、秘书学会等，要不要再建党组织？ 以上问题均值得明确。 另外，商会在地市区县一级协会会员单位和会员多，专职工作人员少，如何根据商会特点建立功能型党组织发挥作用，目前暂未有明确的指导方案和意见。

2. 商会基层党建基础薄弱

规模小，组建难。 商会类社会组织具有松散性和非实体性的特点，一般是由会员企业或者会员自发形成的社会组织，议事决策机构会员（代表）大会、理事会、监事会等都是非常设机构，不少地（市）级以下协会商会一年也开展不了几次集体活动。 商会下设常设机构秘书处在地、市、区、县级多为兼职工作人员，专职工作人员绝大多数不超过 3 人，上升渠道和空间窄，待遇较低，人员流动性大。 工作人员来自社会各个层面，部分社会组织没有专职工作人员，党员人数少，兼职工作人员党员多为退休干部或者企事业单位负责人，一般在原单位过组织生活，不愿意把党组织关系转过来，很难成立党员稳定 3 人以上的党组织。

"我们商会的党支部在工商联的要求下刚成立不到一个月，其他会员企业的党员关系一般都还在他们原有单位，他们的组织关系在原有的企业或者街道里，也不愿意多麻烦转到我们商会来。"——杭州市湖州商会专职工作人员

发展弱，基础差。 大多数地方商会依靠会费和一些政府购买服务收入维持基本运转，尚处在起步阶段，未做大做强。 特别是商会与行政机关脱钩后，原有的依靠业务主管单位的行政资源、半官方开展工作的方法行不通了，小部分行业协会商会直接注销，一部分协会商会缺乏应有的市场竞争力和服务意识，社会化运作不够，社会服务能力不强，脱钩改革后举步维艰，自身维持都存在困难。 再加上受社会组织章程限制，从社会组织业务经费支出缺乏依据，党建经费来源缺乏，更谈不上招聘专职党务工作者了。 兼职的党务工作者由于人员流动性大，接受培训较少，党建业务和实务能力普遍较弱。

某些商会党支部在"三会一课"制度的落实上，党支委会做不到一月一次，

支部大会做不到一季度一次,有时跨度过长乃至造补材料,对会议各环节和考勤要求不严格。民主生活会要求会前征求群众意见,会中开展批评与自我批评,一些党支部在群众意见征求环节上常有疏漏,批评与自我批评的氛围不浓,甚至将民主生活会变成商业事务上的交流会。

党建形式单一。 社会组织党建一个常见的误区是"重建党、轻党建",即过分关注党组织筹建绝对数量,片面强调党组织"覆盖率",而忽视已建组织的活动开展、党员教育及组织功能开发,最终出现"组织空转"现象。所谓"组织空转"就是指基层党组织未能发挥应有功能的现象,表现为组织生活不正常、组织机构形同虚设、无所事事、工作被动,以及组织生活"仪式化"等。[①] 在对一些商会负责人的访谈中发现,有些商会党支部虽然存在却并没有正常开展活动,甚至可以称之为"名存实亡"。 此外,有些社会组织的党建活动没有跳出传统党建模式的束缚,党员活动形式单调,内容枯燥。

3.商会党建工作机构力量不足

缺少专门党建工作机构。 由于行业协会商会类社会组织一般为直接登记,地方归口民政社会组织综合党委管理,而目前我国各级社会组织登记管理机关(民政部门)仅有编制 3362 个,依法登记的社会组织(含行业协会商会)则超过 51 万个,平均每个社会组织登记管理机关要管理 150 多个社会组织。[②] 党建工作机构专职人员更少,工作机构经费不足,党组织数量较少,党建力量薄弱,起步晚,商会党建工作属于党建新兴领域,受关注较少,党员发展人数不足。

2017 年,长沙市 172 个行业协会商会(未统计异地商会)的社会组织新发展党员 5 名,这与党的十九大报告中提出的"注重从社会组织中发展党员"有较大的差距。

党组织的管理不顺畅。 中共中央组织部、民政部下发的《关于在新社会组织中建立党组织有关问题的通知》中明确规定,异地商会组织党建工作必

---

① 冯小敏:《党建研究内部文稿(2000—2004)》,上海交通大学出版社 2004 年版。

② 范清宇:《关于行业协会商会与行政机关脱钩后加强监管问题的思考与建议》,《中国民政》2014 年第 11 期,第 26 页。

须遵循"谁主管、谁负责"的原则，并确立了审批和登记部门"双重管理"的要求。所谓双重管理体制，是指社团由登记管理机关和业务主管单位共同管理，对商会实行双重审核、双重监管的制度。然而，这在实际操作中存在困难。由于一些商会党组织的隶属关系不明确，一些商会党组织建设的责任难以落实，一些商会的党组织很难挂靠上级党组织，即使有了挂靠单位，也存在隶属关系不明确、领导责任不明、指导监督不力等问题，这使商会党建工作不能取得应有的成就。

以温州异地商会为例，新建的异地温州商会党组织归属在外温商党工委管理，原有的异地温州商会党组织归属所在地的相关党组织管理，同时接受在外温商党工委的指导，看似关系明确，但所在地党委和原籍地党委对异地温州商会党组织都会产生重要影响。所在地党委热心于借外来商会力量推动经济发展，而对其党建工作本身重视不够。原籍地党委通过党组织引导异地温州商会服务本地中心工作，将一部分投资回归故里、回报家乡。在异地温州商会党组织的影响下，投资决策在经济之外会有巨大的政治影响因素，这会对商会企业资源走向产生较大影响。

4.商会党建意识不够，认识不到位

党员的政治意识不够强。商会党组织的党员作为经商人士，追求利益最大化是其根本诉求，个体私营经济性质决定了其具有较强的自利性，党组织对党员会员的诚信经营、合法经营的要求力度有限，在现实利益面前，政治力量略显不足。有的商会党员认为，建立党组织能提高在外党员的政治待遇，能有更多的机会接触党内信息，多一个平台与政界打交道，将党组织视为联络人脉、培育感情的地方；也有的商会党员认为，成立党组织是多了一个管理部门，商会的发展会受到约束控制，顾虑政治的介入会干预商业上的自主经营。

商会负责人的思想出现偏差。商会主要负责人和党组织负责人不在体制内，缺乏体制内的激励机制和行政管理制约机制，有的不能正确认识商会发展与党建工作的关系，把商会发展与商会党建割裂开来，重发展，轻党建；有的商会主要负责人则认为，其主要工作是促进行业发展，而成立党组织会影响协会决策议事机构的独立性和运转；有的商会虽然成立了党组织，但是非党员主要负责人或出资人不支持、不重视商会党建工作;有的商会认为自己本身是会员制社会团体,一年到头开展不了几次集体活动,党员都在原单位过组织生活,将这头等大事、首要任务变成了束之高阁、置于脑后或轻描淡写、敷衍塞责的"芝麻小事",商会党建工作推不动、成效差、监督约束难。

3.3.2 进一步发挥商会党建引领作用的策略改进

针对以上提出的问题,我们从完善商会党建机构制度、建立健全人财保障机制、提高商会党建"两个覆盖"、加强党建工作内容培训及充分发挥党组织的作用等方面提出了相应的对策建议,旨在进一步推动商会组织党建工作的发展,具体措施如下:

1. 完善商会党建机构制度

顶层制度设计。 建议中央出台专门关于加强商会组织及相关行业协会党建工作的实施意见,进一步精准促进商会党建的科学化、规范化。

建议配齐配强商会党建工作机构力量。 目前,不少地方纷纷依托民政部门社会组织综合党委,除异地商会在工商联成立联合党委外,大多地方依靠民政部门成立、负责行政机关脱钩后,直接登记和业务主管单位为民政局的社会组织(包括直接登记和脱钩的行业协会商会)的党建工作,工作力量得到了一定的增强。 但一些地方没有综合党委党建工作人员专项编制,因此民政社会组织登记管理机关人手不足,在登记管理都疲于应付的情况下,兼职开展行业协会商会党建工作显然力不从心,效果也大打折扣。

加强党建指导员队伍建设。 商会组织数量多,分布区域分散,结构松散,单靠商会党建工作机构少量的工作人员组建和开展工作难度大,建议各地建立健全"两新"组织党建指导员选派管理办法,比照社区专职工作人员待遇标准,选聘适当数量的专职党建指导员,并统筹考虑商会党建工作,增强基层社会组织行业党建工作力量。

重视社会组织发出的声音。 逐步增加社会组织(商会组织)代表在党代表、人大代表、政协委员中的比例,在政协中设立社会组织界别。 注意解决社会组织(包括商会组织)中出现的由于比例控制一些非党员主要负责人相对容易当上人大代表、政协委员,而党员负责人难以入围候选人,挫伤这一部分行业领军人物入党积极性的问题。

2.建立健全人财保障机制

人才培养，提升商会党建活力。首先，要做好党员发展工作。实施"双培工程"，注重从商会出资人、非党员主要负责人中发展党员。加大培养力度，把商会中积极要求上进、综合素质高、业务能力强的人培养为入党积极分子和发展对象，根据入党对象思想汇报、定期按时参加协会学习活动、服务行业和会员、投身社会公益、参加志愿服务活动情况实行入党对象考核累计积分管理评价，形成梯次递进、结构合理、素质优良、数量充实的入党后备队伍。其次，需要选优派强书记。扎实抓好商会换届选举工作，推进行商会换届与党组织换届同步进行。加强商会及其党组织主要负责人拟任人选的考察审核工作，将那些政治素质高、行业影响力大、组织能力强、模范作用好、有人格魅力、热爱党务工作的同志选配到党组织领导岗位来。充分发扬民主作风，通过上级党组织推荐、党组织选举、会员群众评议等方式，确保党组织负责人具有扎实的群众基础。再次，还需要加强考核考评。按照全面从严治党的要求，研究制定商会党的基层建设考核办法和党建基层建设工作考评细则，量化细化指标权重评分，分类定级。出台商会党组织书记、党建指导员述职考评办法，组织基层书记、党建指导员集中公开述职，在商会党员中开展述职测评，科学评定基层党组织书记和党建指导员履职情况。将基层党组织分类定级情况、党组织书记和党建指导员考评等次作为党组织活动经费补助、书记和党建指导员岗位补助系数差异化发放的依据，奖优罚劣。

开源节流，加大经费保障力度。由于基层商会组织具有规模小、人员少、结构松散、大部分运转困难的特点，建议在非公有制社会组织党建经费中予以重点照顾和倾斜。根据中共中央办公厅《关于加强社会组织党的建设工作的意见（试行）》"建立多渠道筹措、多元化投入的党建工作经费保障机制"的要求，参照一些经济发达地区加强社会组织党建经费保障投入的做法，建立健全党建经费保障机制，形成单位自筹、财政补助、党费扶持、党员捐助、社会扶持的社会组织党建经费多元保障机制。有条件的地方可以加大财政扶持补助力度，将党建工作机构运行经费、新建党组织启动经费、党组织教育活动经费、党组织书记岗位补助、党建指导员岗位补助、党组织书记培训经费、困难党组织扶持和慰问困难党员经费等纳入各级财政经费预算,有效地解决基层社会组织,特别是行业协会类社会组织党组织普遍存在的经费来源不足的问题。 与开源相比,节流同样重要。 在党建活动形式上,应当借鉴"共享经济"的有关实践,整合有关党政部门和商会组织的既有资源,场地共用、资源共享,实现对闲置资源的高效利用。 同时,应对党建工作的经费使用进行必要的审计,避免铺张浪费,充分提高党建经费的使用效率。

3.提高商会党建"两个覆盖"

多种方式组建。 采取行业统建、单独组建、联合组建、楼宇统建、地社共建、派员组建、功能拓展型组建等方式,加强商会党组织组建,提高社会组织党建覆盖率。 对一些规模较大、产业聚集、能力强、影响较大的商会设立党委,统筹行业内非公企业的党建工作。 对商会中专职工作人员和负责人(会长、副会长、秘书长)中有3名及以上党员未建立党组织的,应建尽建,单独建立党组织,组建条件较为成熟的也可把党员范围放宽到理事、监事和兼职秘书处工作人员;有1-2名党员的,创新党组织设置方式,采取联合组建、楼宇统建、地社共建等方式,确保商会党组织和党的工作全覆盖;对没有党员的、暂不具备条件建立党组织的商会,选派党建指导员派驻协会,坚持群团先行,通过对群团组织的领导开展党的工作,培养和发展党员,待条件成熟后成立党组织;研究制定加强商会功能型、拓展型党组织建设的实施意见,明确目标定位、组建办法、功能作用和指导保障,针对商会中党员组织关系转入难的实际,按照"一方隶属、参加多重组织生活"的原则,组织暂未转移组织关系的党员开展党的组织活动,做到应建必建,成熟一个,组建一个,组建一个,巩固一个。

纳入社会组织登记管理业务,加强组建。 充分发挥民政登记管理机关优势,把商会党组织设置情况作为社会组织登记、年度检查和评估的重要内容。 新登记成立的商会组织,具备成立党组织条件的,同步成立党组织;在年检过程中,受检商会组织如实填写社会组织党建情况登记表,动态掌握社会组织党组织情况;在商会组织评估过程中,不断提高党建所占分值权重,没有建立党组织或者有党员没有纳入联合组建的、作用发挥不充分的,扣除相应的分值。 建议建立党建评估一票否决制,没有建立党组织的,一般不得评估为4A

以上等级，不得纳入政府优先购买服务名单。

4.加强党建工作内容培训

针对商会组织党建基础差，培训少，业务能力弱，在基层工作大多还未走上标准化、正规化、常态化的情况，进一步加大对基层党务工作者的培训力度。

编印内部培训指导材料。 针对商会党建工作特点，编印商会党建工作指南，内容涵盖党组织设置、党建工作流程、党务文书写作（包括党支部成立换届补选文书、发展党员文书、通用党务文书、其他文书）、工作制度、党建经验材料范例、党建文件汇编等，印发给商会组织借鉴参考。

规范日常党建工作。 推进党务工作痕迹化管理，编印《党支部工作手册》，发放给各商会党组织，进行日常登记，规范党组织开展活动及各项会议等党务工作记录，手册记录内容作为年终基层党组织建设考核和书记述职考评的重要依据。

将党建工作和业务工作有机结合。 除专门的基层党务工作人员示范培训和集中培训外，可以结合社会组织登记管理业务，在召开社会组织登记管理业务培训会议时，将党建工作和业务工作同部署、同指导、同推进。 注重开展对商会组织非党员出资人和主要负责人的培训，引导他们听党话，跟党走。

充分整合民政系统内党建资源。 商会组织与行政机关脱钩后，绝大部分都在民政部门直接登记，党建归口民政部门管理。 将民政直管的商会组织党建培训与民政系统机关事业单位党建培训合并进行，形成合力。 考虑到民政系统机关事业单位党建在体制内有专职党务工作者，工作规范，力量较强，可以让系统内机关事业单位党组织与商会党组织"一对一"结对帮扶，组织行业协会商会党组织负责人实地参观学习，参考借鉴其他部门党建的一些好的经验和做法，特别是党建规范化做法。

5.充分发挥党组织的作用

保证政治方向。 把党建工作纳入商会章程，确保商会沿着正确的政治方向前进。 建立党组织参与行商会重大决策机制，商会党组织负责人参加或者列席行业协会商会的重要会议。 商会主要负责人和法人代表人选由商会党建管理机构审核批准。

创新宣传方式。 充分利用商会行业影响力大、会员多、媒体传播快的特点，建立党建专刊专栏、党建微博、微信平台、党建 QQ 群、党员微故事、微信公众号，宣传党的政策和主张，加强行业自律，传播正能量，抵制歪风邪气和抹黑党的领导的行为。 注重具体化、生动性，充分发挥先进典型的引领示范作用，展现商会真情服务会员、重视社会责任、注重社会公信力的良好形象。

开展特色主题活动，打造党建品牌。 鲜活党建开展形式，通过邀请党建专家讲课、组织党建主题征文、举办红色革命纪念地主题党日活动、举行党员演讲比赛和党员知识竞赛等形式，活跃党建学习氛围。 开展志愿服务，发挥商会优势，积极开展行业下乡进社区指导、行业志愿服务、会员抱团互助、精准扶贫、公益慈善和抢险救灾等活动，提高党员的服务意识。 开展党员先锋示范岗、党员责任区、党员承诺践诺、党员干部结对帮扶会员企业等活动，增强党员的党性修养。 围绕党建引领、党建立会、党建办会、党建促会、党建兴会，加强行业自律，促进行业发展，服务会员群众，提高社会公信力，承担社会责任，在开展精准扶贫和社会公益活动方面打造行业协会商会党建品牌。

4

利益契合：政府与商会关系合作的动力与路径

随着经济体制改革和政府简政放权的不断深入，我国社会经济发展迅速，政治体制日益完善，城市化进程不断加快，城市经济开放程度不断提升，这使得城市间人口流动规模扩大，经济结构多元化加剧，城市居民的需求越来越多样化，城市治理的不确定性和复杂性越来越凸显。 同时，社会组织的密度和能力有了较大提高，民间草根组织和居民基层自治组织发展迅速，"社会"要素的出现对政府治理的模式和手段都提出了更高的要求。 现有形势要求充分发挥社会力量，让社会多元主体参与到社会治理中来。 党的十九大指出，要打造共建共治共享的社会治理格局，发挥社会组织作用，实现政府治理、社会调节和居民自治良性互动。 这不仅说明社会组织在社会中扮演着越来越重要的角色，也说明仅靠国家的力量无法有效解决基层社会治理中存在的一些问题，国家需要与社会组织开展合作，共同解决城市治理问题。

本章首先从行业协会商会的功能角度分析其在社会治理中与政府合作的空间，之后，结合市场经济日趋成熟，社会治理日趋开放，政府管理日趋规范，要素流动日趋频繁，城市功能日趋多元，异地商会在经济社会发展和城市治理转型中的功能将越来越重要等背景，以在杭异地商会为样本，通过实地调研，描述在杭异地商会的现状及其与政府在各个方面合作的实践案例。 最终通过对 34 家在杭异地商会的调研，采用模糊集定性比较分析方法，选取政府认知、政府资源支持、商会游说意愿、商会治理能力、商会影响力为条件变量，将政府与商会合作行为视为结果变量，探索政府与商会合作的路径。 这对于促进政府与商会的合作，进一步发挥在杭异地商会的功能，助推杭州经济社会转型发展，营造良好的发展环境，提升城市治理水平，都具有十分积极的意义。 此外，促进政府与商会合作关系路径的提出也对其他城市的商会寻求政商合作、构建社会治理多元格局具有重要的意义。

4.1 利益契合的可能性

4.1.1 商会在地方治理中的政治功能

公共治理在本质上是个多中心持续协商互动的过程，打破政府、企业、公民之间信息壁垒和信息不对称的格局是其关键之举，而行业协会商会的存在恰好有效地解决了上述问题。 行业协会商会为会员民主参与政治和信息的双向输送提供了组织支撑和制度平台。 近年来，随着我国经济社会的迅猛发展和深刻转型，新的经济利益主体不断涌现，其在政治参与、经济利益维护等方面的需求也日益增强，如何使上述利益群体组织化且理性地表达诉求并科学地嵌入公共治理体系之中，直接影响社会关系的融合和社会秩序的稳定。 行业协会商会始终围绕中心、服务大局，将自身打造成民主管理和参政议政的重要平台，它们密切关注、广泛汇集企业会员和工商业者分散的诉求、建议和要求，组织、引导其与党政机关进行制度化、经常性的对话；在重大问题的决策和处理上与官方进行深度的协商、交流；甚至通过联席会议的方式制度化介入政府立法的过程，以这种组织化的载体和制度化的平台确保政府和企业间的良性互动，有效化解了官、商、民之间由于信息阻滞而产生的各类问题和矛盾。 同时，行业协会商会还充分利用人大和政协会议反映带有全局性、普遍性的问题并提出建议，营造当地企业发展的良性政策环境，切实为会员的发展谋利和减负。 此外，行业协会商会组织还积极参加党委政府举办的座谈会和征求意见会，围绕区域经济和非公有制经济又快又好发展及会员企业发展困境反映问题、建言献策，发挥参政议政的功能。 在政策实施中，行业协会商会还积极担负着政策宣传和解释的职责，帮助会员理解政策的基本要义和推进要求，实现政策安排和企业执行的有效交互。

值得一提的是，目前在行业协会商会的积极努力和平台搭建下，不同企业会员和利益主体的政治参与、参政议政日益形成一种组织化、制度化和长效化的机制。 "一些行业协会商会的领导人被选举为政协委员和人大代表，从而登上了体制内规格更高的常规论坛，使行业协会商会建立起与政府决策中枢制度性的关联。"他们在重大决策和企业运营中发出所属地域和所属行业的政策建议和利益呼声，从而有效保障了不同利益群体的知情权、参与权、建议权及监督权等，同时，借助行业协会商会之"桥梁"，各地代表亦大量收集和反馈各类经济社会信息，供地方党委政府参考采纳，提供调结构、促发展的好思路、好经验和好做法，帮助地方形成更加科学的公共决策，实现互赢发展。 同时，行业协会商会还积极配合各地政府主管和市场监管部门，在地区经济结构调整发展、行业发展战略规划、市场公平秩序维护和企业平等竞争规则方面建言献计。 此外，行业协会商会还有效加强和改进思想政治工作，培养和促进其所代表的利益群体成为社会主义事业的优秀建设者，强化党的政治领导和组织领导，扎实做好党建基础工作，努力完善党建保障体系，发挥组织内部党员先锋和模范作用。 行业协会商会把社会主义核心价值体系的学习和教育融入思想政治工作的全过程，教育其所代表的经济人士树立共同的奋斗目标，增强政治素质、培养担当精神和大局意识，使其成为民族振兴的推动者、依法经营的自律者、义利兼顾的爱国者，以及共同致富的促进者。 引导广大会员感恩思进，推动会员企业树立良好的整体形象，持续提升其政治水平、法律水平和社会责任意识。

4.1.2 商会在地方治理中的经济功能

行业协会商会作为工商企业的自治和"俱乐部"组织，经济管理、在商言商、利益代表、权益维护是其永恒的存在基础和发展主题。 行业协会商会要在各地治理体系中真正地做到有为有位，前提便是发挥好服务、代表两种职能，这也是其经济功能的应有之义。 在现实中，行业协会商会的经济功能主要是通过其与会员在多维互动联系中彰显出来的。 服务是行业协会商会立会之本，是其基本的经济职能，服务能力的强弱直接影响会员的认可程度和参与热情，进而影响行业协会商会的社会合法性。 其中，行业协会商会为会员提供的优质、高效的公共服务主要包括两类：其一是集体产品，即这类物品在消费中很难做到排他，包括业内所提供经济政策和立法建议，开展地域行业调查研究，影响政府公共决策，提升整体形象和改善社会信誉度，等等。 其二是具有专属性质的"俱乐部"产品，即必须是会员参与和加入方可获得，为选择式享有，如发布地域、行业经济信息、协调会员关系、指导会员改善经营、维护企业合法权益、专业培训和技术咨询，等等。 上述公共服务产品的提供对于会员的发展异常关键，因为其始终高度贴近会员的需求，有针对性地为会员供给各种经营和发展的资源，解决集体行动的难题。 结合当前经济、社会发展转型和产业结构优化升级的现实背景，公共产品服务具体包括：（1）帮助会员破解现实发展的困境，行业协会商会与企业联系最为密切，往往能够更加专业化地为企业会员提供最直接、最现实和最迫切的各类"产品"。 （2）按照会员需求为其搭建各类公共服务平台，优化地域和行业发展的软硬环境，促进地域企业和行业企业的整体转型升级，提供各种创新通道和机制。 近年来，各地行业协会商会结合国家全面深化改革的总体部署和当地的发展要求，积极参与各种法律、政策和行业标准的制定，在当地的经济管理和公共服务体制创新中主动作为，建言献策，及时与各地党政和经济管理部门沟通、协商，双向反馈政企之间的建议和诉求，长效化地发布各类行业发展和地域经济的相关数据和资讯，有效改善了会员发展的各种环境。 （3）主动搭建各类平台，增强企业集群化、规模化发展，提升企业会员的竞争力和创新力。 如积极协调组织会员建立园区，延伸产业链条，促进产业链上的企业集群发展并实现产业链上下游的延伸拓展；经与当地科技管理部门、技术交易部门的全面合作，为企业提供科技成果转化、技术创新培训及知识产权申请代理等系列服务，搭建科学技术创新服务平台，助力会员掌握核心技术；帮助企业建立担保和银企合作平台，包括成立小额贷款公司及组织企业抱团融资等多种方式，缓解企业会员融资难的共性难题。 （4）行业协会商会还创新机制，积极帮助企业拓展市场，引导企业积极主动"走出去"，充分利用"两个市场、两种资源"，各地行业协会商会作为企业和工商业者的"娘家人"，在商言商，通过多种方式帮助企业把握经济发展"脉搏"，捕捉商机、拓展经营领域和市场。 如组织企业外出考察，组织承办各种经贸洽谈会、展览会、展销会，开展各种讲座和论坛活动，提供地域行业发展动态，协助企业经贸交流和战略合作。 行业协会商会还积极拓展国际市场，畅通国际交流和协作，为助力企业会员"走出去"提供政策、人才、技术、信息等方面的优惠和支撑；致力于为企业会员创造各种经贸机会，不断提升我国企业在国际市场竞争中的实力。 此外，行业协会商会还为企业会员提供常态化的商务服务，如组织开展全地域、行业的各类经济和发展信息的收集和分析工作，打破信息分割局面，实现行业内外信息整合，及时、准确地发布经济信息，为企业的经营决策服务。 参与制定所属地域、行业、企业的行业规划、产品标准、质量标准、技术标准，积极开展各类相关的行检、行评工作，提升会员企业的高端发展、特色发展、名牌发展的意识；加大各类咨询培训的力度和效度，对会员企业负责人、技术人员、管理人员进行分级分类的培训、指导，持续提升其管理水平和业务能力，为会员企业传授前沿科技知识、推广宣传产品、通报行情；推荐行业或地域企业内的高新技术产品和名牌产品，提升企业的影响力和竞争力。

行业协会商会作为契约型的自治组织，其代表功能主要表现在为会员提供一种利益组织、表达和协调机制，为治理体系中多元主体的关系塑造和利益聚合提供支持。 行业协会商会作为工商业者和企业会员的"娘家"和"代言人"，其存在旨在形成一种组织化的力量和机制，整合企业会员分散化的权利和利益诉求，提升其整体博弈能力和话语表达权力，和谐企业内外的各类关系，增强会员的集体行动逻辑。 当前，各类行业协会商会作为会员利益的忠实代表，普遍把维护会员合法权益、保障会员知情权、话语权作为提升自身凝聚力与社会认同度的重要支撑。 通过建立会内与会外、政府与企业、企业与企业间的联系机制，提供法律服务和援助，切实代表会员的利益需要，积极反映其发展的合理诉求，多方争取各项公共资源和政策性扶持，帮助企业挽回或减少经济损失，赢得应有的法律地位和正当利益。 与此同时，近年来，针对我国企业遭遇境外反倾销、反补贴等国际贸易冲突不断增多的现实，许多行业协会商会亦发挥自身优势，在保护行业地域企业权益诉讼、协商解决贸易摩擦等方面主动作为。积极引导会员科学利用国际贸易和世贸组织规则，探索参与国际竞争的策略。作为行业整体代表参与价格调整，防止会员企业采用低价战略、竞相压价等方式进入国际市场，搭建反倾销应对联盟平台和诉讼应对机制，进行集体维权。除此之外，作为地域和行业企业的代表，为了调整其利益关系，维护其共同权益，行业协会商会特别重视行业自律建设，防止、监督各种偷税漏税、无序竞争、恶性竞争、见利忘义等行为，具体做法包括：各行业协会商会积极制定行业规则和公约，维护行业权威和整体形象；健全自律性管理制度，组织实施地域和行业道德准则，完善会内监督惩戒机制，大力推进诚信经营的文化理念；强化会员自我管理、自我约束和自我教育的意识，建立产品质量自律标准、技术标准、管理标准、认证标准、产权标准、环保标准和诚信标准等，协调会员采取一致行动，共同维护地域和行业整体利益，对业内违法违规的行为进行有效的惩治和处理，协同政府一起打击各种恶性竞争、假冒伪劣产品销售等行为，维护公平、公正的市场秩序。

4.1.3 商会在地方治理中的社会功能

行业协会商会的社会功能主要是指其作为社会中介组织在公共治理中，协调社会关系、化解社会矛盾、激发社会活力及承担社会责任等方面的作用。行业协会商会作为我国治理体系中的重要主体，在提供服务、反映诉求和沟通协调等方面扮演着关键的角色，它有效地弥补了政府管理和市场管理双重失灵的问题，为形成平等协商、合作共治的公共管理格局提供了重要保障。具体而言，其社会功能包括：

第一，社会多元结构塑造功能。从单极的政府统治到多元的社会治理，代表着我国治理模式已发生深刻转型。而国家治理体系和治理能力现代化，必然要求多元化的公共管理主体各司其职、各守其位、相互配合，形成协同应对社会公共难题的局面。其中，作为社会力量成长和发展的代表，行业协会商会是我国社会管理模式和权力格局重新配置不可或缺的推动力量。基于其自身独特的优势，它作为协调平台，将政府、市场、企业和公众高度地联结在一起，成为利益诉求相互融通和沟通表达的有效渠道。作为市场经济发展和政府职能转变而产生的新型治理主体，行业协会商会更多地发轫于民间，能够以更加公允、客观的立场和专业、高效的服务规范社会行为，消解社会矛盾，营造和谐关系。

第二，社会关系协调功能。 一方面，我国行业协会商会的生成发展有赖于政府的放权、支持和推动；另一方面，作为社会自组织和中介组织行业协会商会唯有提供优质高效的服务，才能赢得会员的赞誉和认可，才能持续发展壮大。 基于此特殊的生发路径，行业协会商会其自身的协调、交互的社会功能便大为彰显。 既要做好政府管理社会经济、服务工商业发展的合作伙伴，又要做好企业的"代言人"和"娘家人"；既要协调好政府和企业之间的关系，又要优化企业和企业间的关系。 为此，行业协会商会积极进行地域和行业内的分析和调研，广泛听取会员的心声，整合会员的利益诉求，充分代表会员的现实利益和正当要求，及时向政府进行反馈和建议，深度参与政府政策制定和经济管理，在经济发展和商务服务方面有组织地发出相关企业的建议与呼声，为政府出台相关公共政策和制定产业规划提供科学的参考依据。 同时，将中央和政府的大政方针科学地加以宣讲和诠释，引导会员企业转型发展、诚信守法经营。 除此之外，行业协会商会还要调整地域和行业企业内部的各种关系，加强业内自律和诚信文化建设，协调会员关系，防止不正当竞争，维护地域行业公平有序的市场环境，打击各类违法、违规、破坏业内整体形象和安全的行为。

第三，社会价值体系形成功能。 行业协会商会作为经济类、工商业者的互益性社团组织，是特定群体相互间利益认同而达成的一定的共同体。 因此，行业协会商会的生成和运行过程必然体现出上述目标和特点，行业协会商会会打造特有的组织文化，如精诚合作、诚实信用、信任共赢、抱团取暖、规范统一、团结共享、自主自立、民主参与等，并持续加以引导、提炼和教化，充分发挥其影响、辐射、凝聚、教育等功能，将传统商业文明和市场经济的法治文化高度结合，不断提升文化自律和自信的强大功能，塑造诚信经营、合作共赢、担当有为、义利兼顾的价值观念和价值体系。

第四，推动、引导社会教育之功能。 行业协会商会不仅是企业会员的联合体，也是会员企业出资人的联合体。 因此，加强对会员企业出资人、工商业者的教育、引导和培养，既是其服务会员企业的基本要求，也是其持续发展的基本保障。 近年来，各地行业协会商会勇于开拓创新，通过组织各类教育培训活动，持续提高会员企业出资人和工商业者的思想政治素质、科学经营能力及社会责任意识，有力地促进了工商业者的健康成长。 一是开展经常性和制定长效化的大政方针的能力，尤其是经济改革前沿和国家产业政策的宣讲和培训，提升工商业者的政治素质、政策理解力及把握大局的能力、综合管理能力等。 引导工商业者深入领会中央精神，及时掌握财政、税收、区域发展、金融及各类产业调整政策，抢抓政策先机，实现科学转型发展。 同时，还持续强化爱国敬业、依法诚信经营、担当贡献的新时期企业家的精神塑造，确保其管理能力和素养实时更新、优化。 二是在积极推动企业结构调整和科学发展的同时，行业协会商会还不忘教育、指导出资人和工商业者致富思源、富而思进，组织其积极投身光彩事业和社会公益事业，深切关注民生和弱势群体，增强出资人的社会责任感和反哺自觉，以上体现在出资人、工商业者积极扶危济困、捐资助学、赈灾扶贫、扶残助孤、参与社会主义新农村建设、援助困难家庭等方面。 会员出资人慷慨解难、回报社会的义举，有效地融洽了社会关系，优化了社企之间的互动联系，为实现共同富裕和社会进步做出贡献。

第五，劳资关系的优化功能。 劳资关系是市场经济发展和社会秩序稳定的关键性的社会关系，也是和谐社会关系构建的先决条件。 行业协会商会为优化劳资关系、消除劳资争议提供了制度安排和机制设置。 首先，面对世界金融危机和国内经济结构调整的客观形势，行业协会商会组织各类教育管理活动，号召并引导企业不裁员、不减薪、不欠薪，保护劳动者的正当权益，稳固劳资关系。 其次，行业协会商会与当地工会日益形成制度化、长效化的合作平台，共同维系和谐的劳动关系，实现多方的协调共赢。 目前，相当部分地区的行业协会商会与当地总工会协同行动，构建劳资关系三方会议等沟通机制，维护劳资双方合法权益，努力创造和谐的劳动关系。 其中，工会组织作为劳动者的代言人和代表者，集中维护广大企业员工的合法利益，监督企业按照劳动合同法的相关规定建立各种职工权益保障制度，真正把企业发展壮大所取得的效益惠及每个普通劳动者，支持职工依法行使自身的各项权利。 而行业协会商会则重点代表资方，通过科学引领、规范企业的管理行为和服务标准，监控其依法经营、诚信服务、关爱员工，最终助力企业实现劳资和谐互动和共赢，并由此在更高层面上实现沟通、协调机制，有效规避劳资双方的直接对抗，为化解劳资矛盾发挥减压和缓冲的关键功能。

4.2　政府与商会的互嵌融合：以在杭异地商会为例

　　党的十八届三中全会明确提出，要激发社会组织活力。 现代商会作为市场与政府的中间组织，是社会组织的重要组成部分，是商品经济发展到一定阶段的产物，是市场经济条件下实现资源优化配置不可缺少的重要环节，是实现政府与企业、社会与企业、企业与企业之间相互联系的重要桥梁和纽带。商会在我国拥有悠久的发展历史。 它始于春秋，时称"肆"；至隋、唐时期，形成了商会的雏形，曰"邦会"；至宋代称"行户"；明清时期谓"行会""公所""同业工会"等。 1834 年，英商在广州建立了中国领土上第一个商会。 20 世纪初叶，商会、商业同业公会等新式商人组织伴随着早期民族资本主义的兴起而相继成立。 清光绪三十三年（1907）清政府在京师设商务总会，各省设立分会，各地相继设立了专门领导各"行业"或"同业工会"的半官方机构——商会，谓"商业公所""商务工会""商务公所"。 至此，商会组织迅速发展，遍及全国各行各业。 在历经民国政府和中华人民共和国计划经济年代的兴衰起伏之后，伴随着改革开放所带来经济发展的蓬勃生机，中国民间商会得到了极大的发展。

　　随着经济要素的流动和市场交易的拓展，跨区域投资拓展了市场主体的活动空间，商会组织也因此超越了地域限制，一种跨区域的商会组织——中国异地商会逐渐形成并发展起来。 国内第一家异地商会——昆明温州商会于1995 年正式成立。 在市场经济日趋成熟、社会治理日趋开放、政府管理日趋规范、要素流动日趋频繁、城市功能日趋多元的时代背景之下，异地商会在经济社会发展和城市治理转型中将发挥越来越重要的作用。 因此，开展异地在杭商会的研究，进一步发挥异地在杭商会的功能，对于助推杭州经济社会转型发展、营造良好的发展环境、提升城市治理水平，都有十分积极的意义。

4.2.1 异地商会的内涵与属性

1. 异地商会的内涵

由中万（北京）行业协会商会发展促进中心与中国行业协会商会网联合起草的《中华人民共和国行业协会商会法》（建议稿）中的第一章第二条，对于商会是这样定义的：本法所称的商会，是指在中华人民共和国领土范围内，相同或者相关的行业的经济组织、个体工商户、职业工作者、农业劳动者等市场主体，为实现一定的经济目的而自愿组成，经法定程序成立的实行行业自律、监督、管理和相关市场服务的非营利性社会团体法人。包括经济类行业商会、同业公会、联合会、异地协（商）会、联盟、协作体等市场中间性非营利组织。异地商会作为商会的特殊形式，学界对其概念的界定比较清晰，普遍认为异地商会是指以原籍在同一行政区，因工作或业务需要，在原居住地以外的另一个地区发展的经济组织和以工商业为主体，为维护自身利益自愿结成的民间社会组织。

2. 异地商会的属性

异地商会在属性上与行业协会、同业公会及其他商会组织大致相同，但也有不同之处。其属性大致可以概括为以下几个方面：

（1）地缘性

异地商会通常以地缘关系为基础，地缘、乡情、跨行业是其根本属性，也是其区别于其他行业商会的主要特征。由于地缘可分远近，因此异地商会有省级商会、市级商会之分。同乡情结使远离家乡创业的人们更容易相互关心，彼此关照提携，达成信任，结成友谊。在异地创业和在异地投资兴业的企业家，对乡情资源的开发往往更有热情，也往往会成为地缘性商会的主体力量。在此基础上，就容易形成经济上的合作，完成资源的共享与整合。这种借助乡情开展商业经营活动，形成地缘性商业组织的现象有着悠久的历史，以明清时期最为盛行，在当时形成了著名的十大商帮。近年来，在杭异地商会的兴起与发展，同样发轫于根深蒂固的中国乡情文化。乡情的号召力是地缘性商会组织发起设立、会员招募发展的重要推动力；建立在乡情基础上的信任及商业资源网络关系也是地缘性商会发展的重要前提，是会员最为看重的商会资源。 可以说，乡情文化是异地商会发展的纽带。

（2）服务性

服务是异地商会最基本的工作方式，也是其赢得合法性的基础。 作为自发组建的社会组织，其根本宗旨必须立足于"服务"。 尽管有些商会已拥有某些行业管理的权限，而且随着政府职能转变程度的加深，政府授予商会的管理权力进一步扩大，但商会的立足点仍在于服务，管理权的获得是为了更好地服务于会员企业。 在杭异地商会的成长过程是一个服务意识不断增强、服务领域不断拓展、服务能力不断提高的过程。 在当前这样一个务实氛围特别浓厚的市场经济环境中，商会的凝聚力、号召力强不强，关键在于为会员办了多少实事，在行业中发挥了什么样的作用。 因此，许多在杭异地商会鲜明地亮出了"为会员服务、为社会服务、为政府服务"的宗旨。

（3）综合性

与行业协会、同业商会不同的是，异地商会通常不以特定行业为准则，不受行业限制，也不受企业规模大小限制。 因此，异地商会一般集聚了各种行业、各种商业模式、各种规模、各种发展路径的企业，成了一个综合性的地缘经济共同体。 以地缘为基础也使企业之间、跨行业之间的合作成为可能，有助于企业跨界发展、多元发展、融合发展。 同时，这也使得异地商会不仅仅是一个经济组织，还涵盖了经济、社会、政治、文化等多种功能，成为现代城市治理体系中的重要组成部分。

（4）自治性

组织自决、行动自主是异地商会的重要特征。 "这些组织之所以被统称为非政府组织，就是因为人们相信它们不受政府支配，能够独立地筹措自己的资金，独立地确定自己的方向，独立地实施自己的计划，独立地完成自己的使命。"在杭异地商会都是由民间自发成立的，是源自同地域在杭州企业维护自身合法权益和相互交流合作需要的直接产物。 首先，商会的领导人由会员企业民主选举产生，这是商会自治的人员保障；其次，商会经费必须来源于会员，这是商会实现自治的经费保障；再次，商会要有比较健全的组织结构和治理机制，这是商会实现自治的组织制度保障；最后，作为一个自治性的组织，商会还必须具有规范行业秩序、化解纠纷、保障企业合法权益、促进企业间合作交流等功能，这是商会实现自治的功能保障。

（5）经济性

追求会员企业的经济利益、共享企业间合作发展的成果，是异地商会成立和运行的重要目标。 作为政府—中间组织—企业"三元"市场体系中的中间组织，商会具备"承上启下"与"合纵连横"的重要功能，在推动区域经济发展方面具有得天独厚的优势。 商会可以凭借其强大的多方沟通优势和资源整合能力，加强地方政府与企业沟通互动，推动企业抱团发展，促进区域经济增长。 而且异地商会作为会员企业的"利益代言人"，在倡导企业集体行动时具有单一企业无法比拟的话语权和谈判力，不仅可以更好地维护会员企业的合法权益，防止其竞争者直接侵权，还能更好地提防政府制定不利于本行业发展的公共政策和制度规则。

（6）非营利性

商会应该是非营利的，因为它受制于这样一种逻辑判断：既然营利不是商会的目的，商会借助组织优势为少数企业谋私利的可能性就要小得多，这能使异地商会站在全体会员企业立场上，而不是为少数企业所控制。 倘若异地商会利用自身资源去营利，它便不可避免地会变成利益最大化的经营者而非"同籍企业家利益的代言人"。 需要强调的是，非营利性不等于不营利，非营利组织和营利组织的根本区别不在于是否营利，而在于获得收益如何处理。 随着异地商会的不断发展和壮大，会费收入和各种赞助有时可能无法满足商会正常活动所需。 因此，通过为会员企业提供各种服务获得利润成为商会经费的重要来源。 异地商会其非营利性就体现在它将筹集到经费和开展章程规定的活动所取得的合法收入全部用于商会的合法业务活动。

4.2.2　在杭异地商会的兴起与发展

随着市场经济体制的逐步成熟和发展环境的逐步优化，登记注册的在杭异地商会数量不断增长。 在杭异地商会的兴起与杭州这座城市的经济社会发展阶段密不可分。 2018 年，杭州 GDP13509.20 亿元，名义增速 7.1%，人均

GDP 高达 14.3 万元，经济总量及人均 GDP 均排名全省首位。[①] 按世界银行划分贫富程度标准来看，杭州市人均 GDP 已接近富裕国家的临界水平。 经济社会处于转型发展的战略关键期。 这一阶段，经济结构加速转型升级，创新创业日趋活跃，生产要素的跨区域配置和流动越来越明显，城市化形态呈现出新趋势。

1. 全国统一大市场的形成和杭州市良好的投资创业环境

全国统一大市场的形成是中国改革开放最重要的成果之一，也是中国特色社会主义市场经济建设的重要成就。 全国统一大市场的形成催生了劳动力资源、人才资源等各种要素在全国范围的流动，也引致异地投资创业人群的快速增加。 改革开放以来，全国范围内出现了规模越来越大的劳动力流动现象，亿万打工大军中的部分人转化为异地创业者，这部分创业者后来成为异地商会发起和组织的重要力量。 同时，全国统一大市场的形成也加速了资本和企业家资源、企业管理资源在全国范围的流动，跨区域投资兴业渐成风潮，有效地拉动了各地投资建设的规模，促进了各地经济快速发展，这部分跨区域投资兴业的企业家，往往也是地缘性商会的积极倡导者和主要参与者。

基于杭州市作为浙江省省会城市的政治地位，以及杭州市良好的区位条件、优美的自然风光、浓郁的人文氛围、优质的公共服务、高效的政府管理、完善的市场机制等，杭州成为越来越多人理想的创业目的地。 2013 年世界银行公布了中国国内 23 个城市投资环境排名，杭州以 91 分高居榜首，与上海一并被评为中国投资环境最好的城市。 在《杭州科技》杂志发布的《2014 杭州互联网创业热度报告》中，从 2014 年的融资数量、新增公司数量来看，在北京、上海、广州、深圳之后，杭州在二线城市中位居首位。 尤其是 2014 年阿里巴巴的成功上市，使杭州这座人口不足 1000 万的城市诞生了全球第二大互联网公司。 在阿里之外，一批新锐的创业公司也在这里接二连三地兴起——蘑菇街、虾米、快的、丁香园、花瓣、19 楼、挖财、又拍等，这其中还包括颇具话题性的视频社区 9158，如今它们已成功登陆资本市场。 此外，杭州还是

---

① 国务院新闻办公室:《2018 年浙江杭州市各县(市、区)GDP 总量及增速排行榜》,东方资讯网,2019 年 2 月 21 日,http://mini.eastday.com/a/190221095300980.html。

网易大本营所在地。 良好的投资环境吸引了全国各地大量优秀的创业者来杭州投资创业。 在这些创业创新的"新杭州人"中涌现出了一大批优秀的企业家，这些企业家成了在杭异地商会发起和运作的最重要力量。

2.民营经济的发展和民营企业家阶层的崛起

民营经济是杭州经济的优势、活力和潜力所在，在整个国民经济中占有十分重要的地位。 2014 年，杭州市民营经济实现增加值 5503.05 亿元，占全市的 59.8%；民营商贸企业实现商品销售总额 13228.62 亿元，占全市的 74.0%；规模以上民营工业实现销售产值 5983.54 亿元，占全市的 46.9%；民营经济实现财政收入 788.68 亿元，占全市财政总收入的 41.1%。 2014 年末，全市共有私营企业 27.60 万户，比上年末增长 21.9%，个体工商户 34.53 万户，同比增长 5.3%，私营企业和个体工商户从业人员分别为 222.96 万人和 72.01 万人，分别增长 19.4%和 8.9%。 2013 年，全市 78 家上市公司中，共有 59 家民营企业，占比达 75.64%。 在全国工商联正式公布的"2014 中国民营企业 500 强"名单中，杭州市有 50 家企业入选，占全国的 10%，占浙江省的 36.23%，上榜企业数连续第 12 次蝉联全国城市和浙江省首位。

民营经济的发展壮大和企业主阶层的崛起，在客观上需要一种利益代表、利益聚合和利益表达的组织或机制，以适应该阶层政治、经济和社会利益的聚合和表达，实现行业利益和阶层利益的最大化。 在这种制度背景下，在杭州的异地企业家成立了商会组织。 一方面，商会作为商人群体的利益代表、利益表达者，可向政府及时反映本阶层的经济和政治诉求，直接或间接地参与或影响当地政府的公共决策，为自身发展营造良好的政策环境；另一方面，商会积极发挥其中介作用，沟通和协调企业与政府、企业与社会的关系，排解不正当的行政干预及其他侵权行为，努力维护会员企业的合法权益，将行业利益、企业家阶层的个体利益有序地组织、集中起来，传达到政府决策体制中去。

3.政府职能转变和招商引资方式的转型

早在 2001 年，吴敬琏教授就提出，建设民间商会是建立市场经济整个架构的应有之义。 2002 年，陈清泰又进一步提出："市场体制建设实际上靠三大支柱：一个支柱是政府，一个支柱是企业，一个支柱是非政府组织。 非政府组织很多，其中包括商会。这三者不能互相代替，都有自己独立的作用。"异地商会的产生和发展，与一定的制度环境和体制结构是分不开的，只有在现行的治理结构能容纳它即允许它合法存在的条件下，它才能产生和发展。这些在杭异地商会获准成立和运行，就是地方政府（包括各地政府和杭州政府）共同支持的结果。随着杭州市各级政府职能转变日趋推进，原先由政府大包大揽的"保姆式"管理方式已经越来越无法适应经济社会转型的需要。政府机构实行改革以来，政府行为不断归位和规范，从原先的以直接管理为主逐步向以间接调控为主过渡，通过向社会放权、向市场放权、向企业放权，实现政府职能转变。政府职能的转变需要一个起到中介作用的组织作为载体，而商会组织的特性决定了它可以在政府与社会、政府与市场、政府与公民之间发挥桥梁作用。市场经济和现代政府意识较强的杭州市各级政府越来越深刻地意识到，商会在行业自治、社会管理、公共服务等领域可以有效弥补市场经济发展的缺陷，延伸和部分替代政府在公共管理和公共服务领域的职能，是现代市场经济体制不可或缺的制度环节。

值得指出的是，2011 年以来，在浙江外向型经济受挫、制造业投资回落、经济增长乏力的背景下，省委、省政府启动实施了"浙商回归"战略，"浙商回归"成为各级政府的"头号工程"。省委、省政府从组织机构、优惠政策、奖励考核等各个方面出台了系列措施，吸引浙商回乡创业。而异地商会作为连接在外投资创业企业家与所在地政府、家乡政府的最重要平台和纽带，在杭州各级政府实施"浙商回归"、招商引资工作及对外经济合作交流中发挥了十分重要的作用。近年来，杭州市经合办积极探索政府购买商会服务的办法，制定出台了《杭州市支持浙商创业创新商会考核奖励办法》，对省外浙江商会、杭州在外商会等社会组织、在杭异地商会实施分组考核，发挥商会等社会组织在招商信息、资源、平台等方面的优势，进一步拓展杭州市招商工作网络，通过考核奖励，充分调动其积极性，激励商会等社会组织为完成年度浙商回归指标任务做出贡献。杭州市经合办提供的数据显示，2015 年 1－6 月，杭州全市上报浙商回归引进项目 392 个，总到位资金 331.68 亿元，完成年度目标任务的 55.28％，比去年同期增长 27.4％；其中产业项目到位资金 252.85 亿元，完成年度目标任务的 56.19％，比去年同期增长 19.32％；资本回归项目到位资金 78.83 亿元，完成年度目标任务的 52.55％，比去年同期增长 62.91％。 2015 年 1—6 月，杭州引进市外到位内资 665.34 亿元，完成全年任务的 55.45％，比去年同期增长 10.37％。

4.杭州城市治理的转型和以"我们"为核心的治理理念的确立

如何实现城市治理的转型，是当今中国城市在发展中面临的严峻挑战。杭州是在全国有重要影响的省会城市，积极探索现代城市治理之道是杭州党委政府面临的重要课题。 近年来，随着当代社会市场化、全球化和网络化的发展，杭州市的社会结构发生了根本转变，呈现出人口大流动、利益大分化、生活方式与价值多样化的特征。 个体与组织和社会的关联弱化，使城市治理面临着极大的挑战，如果在城市治理中不能形成有机整合，就会加剧各种不可预知的社会矛盾和社会风险。

"我们"是杭州基于自身特色和发展实践提出的城市治理理念。 多年来，社会各界有序地参与城市建设和管理，党政界、知识界、行业界、媒体界、社会组织界多界联动、共同治理，初步探索出了一条"我们"协同（复合）治理的发展之路。 在杭异地商会是杭州落实"我们"治理价值观重要的载体之一。 商会组织是在党政引导下，由相同地缘的创业者通过主动关联、跨界合作而形成的结构复合、网状联结、功能融合、优势互补的新型社会主体，本质上已成为一种城市治理的公共参与平台。

而且这种治理理念通过在杭异地商会这个平台也融入了产业发展和创业创新的大潮之中。 当代产业发展越来越多地体现出多元融合的生态性和系统性的特点。 城市在构建整体创业环境时，不仅要重视出台促进产业发展的扶持政策，更重要的是推动以多方参与为动力、以特色文化渗入为导向的产业组织形式创新。 从这个角度来看，"我们"就是一种探索把信任、信息、资本和政策等元素通过商会组织整合到一个共同平台上的组织形式创新。 通过整合，企业、行业和产业发展需要的各种要素实现了有机结合，文化、乡情、个人意趣、资本的元素完成了有效的嫁接，并由此形成一种基于产品或品牌的新的生活方式和内涵，形成一种能够体现"我们"的存在感的共同体，这些将引导并决定经济运作的模式、经营机制和创业内涵的变化。

4.2.3 在杭异地商会与政府的合作实践

1. 在杭异地商会的发展现状：基于 55 家商会与 118 家会员企业的调研

通过面对面访谈和问卷调研，本书对异地在杭商会发展的基本现状进行了梳理和分析。 从总体而言，在杭异地商会呈现出发展态势较好、治理规范有序、服务管理到位、功能日趋完善的特征。 本次调研共计向在杭异地商会发放问卷 55 份，回收问卷和有效问卷 55 份，回收率和有效率为 100％。 未回收的问卷主要是因为商会换届或商会新成立等原因导致商会秘书处负责人无法联系或对商会情况不熟悉等，进而无法完成问卷调查。 同时，课题组向会员企业发放问卷 320 份，回收问卷 118 份，回收率为 36.88％。 其中有效问卷 113 份，有效率达 95.76％。 具体情况如下：

（1）商会数量快速增长，发展态势较好。

从调研结果来看，在杭异地商会最早成立时间为 2000 年，2004 年以后在杭异地商会数量逐年递增，特别是在 2010 年后，在杭异地商会发展迅速，仅 2015 年就成立了 9 家商会，如表 3-1 所示。 历经 10 余年的发展，截至 2015 年 11 月，经登记注册的在杭异地商会共 55 家，其中杭州市来杭投资企业（商会）联合会 1 家，省级商会 9 家，地市级商会 19 家，县级商会 26 家。

表 3-1　在杭异地商会发展情况

年度	增长数量	占比
2000	2	3.64％
2001	2	3.64％
2002	2	3.64％
2003	2	3.64％
2004	2	3.64％
2005	2	3.64％
2006	4	7.27％
2007	3	5.45％
2008	2	3.64％

年度	增长数量	占比
2009	3	5.45％
2010	2	3.64％
2011	4	7.27％
2012	5	9.09％
2013	4	7.27％
2014	7	12.73％
2015	9	16.36％

　　从调查的在杭异地商会会员企业数量来看，共有 11483 家会员企业，平均每个商会有 302 家会员企业，单个商会会员企业数量最多的达 3300 家，最少的则有 58 家。在杭异地商会的会员企业产业分布广泛，涵盖服装、建材、房地产、租赁和商务服务、食品餐饮、信息传输、计算机服务和软件业、机械制造、金融保险、医疗卫生及其他产业。按在杭异地商会涵盖产业数量的多少进行排序，依次为食品餐饮、服装、房地产、建材、医疗卫生、信息传输、计算机服务和软件业、租赁和商务服务、金融保险、机械制造及其他产业，如表 3-2 所示。

表 3-2　商会会员企业涵盖的产业分布

会员企业涉及的产业类别	在杭异地商会数量	占在杭异地商会总数的比例
服装	41	74.55％
建材	38	69.09％
房地产	40	72.73％
租赁和商务服务	30	54.55％
食品餐饮	44	80.00％
信息传输、计算机服务和软件业	34	61.82％
机械制造	30	54.55％
金融保险	30	54.55％
医疗卫生	37	67.27％
其他	28	50.91％

（2）内部建设不断加强，治理制度规范有序。

一是有专门的工作人员。据问卷调查，在杭异地商会目前共有专职工作人员 126 人，平均每个商会 2.3 人，专职工作人员最多的商会有 6 位工作人员，如表 3-3 所示。

表 3-3　商会专职与兼职工作人员情况

类别 ＼ 数量	专职工作人员	兼职工作人员
总量	126	226
平均值	2.3	4.11
最大值	6	40
最小值	0	0

注：有些商会属于"僵尸"商会，没有工作人员

二是民主选举领导人。商会会长由理事会或会员大会民主选举产生的比例几乎达 100％。从问卷调查来看，80％的商会会长都倾向于维护会员企业的共同利益，18.18％的商会会长倾向于维护公共利益与自己企业的利益，仅有 1.82％的商会会长倾向于维护自己企业的利益，这说明大部分的在杭异地商会会长以商会的共同利益为重，有着高度的责任感和使命感。

三是规章制度较为完善。问卷调查显示，商会建立章程、秘书处工作制度、财务管理制度及会费收缴、管理制度的占比在 90.91％以上，其余依次为：会长分工制度、档案管理制度、理事会工作制度、委员会工作负责制度、人才招聘制度和约定俗成制度。其中，72.73％的商会认为章程对商会的有效运作最为重要，其次为秘书长工作制度和财务管理制度，如表 3-4、表 3-5所示。

表 3-4　在杭异地商会建立的制度情况

商会建立的制度	数量	平均每个商会完成比例
章程	55	100.00％
会长分工制度	45	81.82％
理事会工作制度	44	80.00％

商会建立的制度	数量	平均每个商会完成比例
秘书处工作制度	50	90.91%
财务管理制度	54	98.18%
会费收缴、管理制度	54	98.18%
档案管理制度	45	81.82%
委员会工作负责制度	30	54.55%
人才招聘制度	17	30.91%
约定俗成制度	17	30.91%

表 3-5　商会认为对商会的有效运作最为重要的制度

商会建立的制度	数量	比例
章程	40	72.73%
会长分工制度	22	40.00%
理事会工作制度	18	32.73%
秘书处工作制度	28	50.91%
财务管理制度	30	54.55%
会费收缴、管理制度	14	25.45%
档案管理制度	3	5.45%
委员会工作负责制度	6	10.91%
人才招聘制度	2	3.64%
约定俗成制度	0	0.00%

四是会员企业参与度较高。从调研情况看，在杭异地商会会员企业参加年会或其他重要大会的积极性较高，参加年会的会员企业占全体会员的比例在 60% 以上的高达 90.91%，参会比例在 80% 以上的达 49.09%，如表 3-6、表 3-7 所示。

表 3-6　商会会员企业参加年会或其他重要大会的积极性

商会会员企业参加年会情况	数量	比例
不参加	0	0.00％
涉及自己利益时才参加	15	27.27％
涉及行业整体利益时参加	7	12.73％
任何情况都积极参加	33	60.00％

表 3-7　参加年会的会员企业占全体会员的比例

商会中参加年会的会员企业占全体会员的比例	数量	占所有商会的比例
50％以下	1	1.82％
50％—60％	4	7.27％
60％—70％	11	20.00％
70％—80％	12	21.82％
80％—90％	15	27.27％
90％以上	12	21.82％

　　五是经费基本自主。 在杭异地商会收入的近90％来自会员企业缴纳的会费，商会领导个人捐助约占8.71％，其他收入约占1.01％，而政府补贴拨款、营业性收入微乎其微，分别仅占收入的0.54％和0.13％。 从商会的收支情况来看，有45.45％的商会基本可以保持收支平衡，40％的商会经费有盈余，出现经费不足的商会约12.73％，其余1.82％的商会则有较大的经费盈余，如表3-8、图3-1所示。

表 3-8　在杭异地商会收入的构成情况

收入构成	比例
会费	89.61％
政府补贴拨款	0.54％
营业性收入	0.13％
商会领导个人捐助	8.71％
其他收入	1.01％

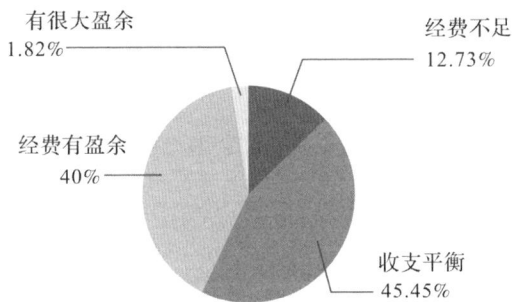

图 3-1　在杭异地商会的收支情况

（3）促进会员企业健康发展，对地方经济的贡献不断增加。

一是会员企业的经济规模较大。从调研的数据结果来看，2014 年，被调研企业的年平均销售产值达 3.02 亿元，在职员工数量平均为 248 人。从企业注册资金来看，在杭异地商会会员企业以中小企业居多。企业注册资金在 10 万—100 万元人民币的最多，有 41 家，约占 36.28%；紧随其后的是 100 万—1000 万元人民币的，有 39 家，约占 34.51%；其次是 1000 万—5000 万元人民币的，有 18 家，占总数的 15.93%；注册资金为 5000 万—1 亿元人民币的企业有 5 家，占 4.42%；1 亿元人民币以上的有 7 家，占 6.19%；10 万元人民币以下的有 3 家，仅占 2.65%，如表 3-9 所示。

表 3-9　会员企业注册资金比较

企业注册资金	数量	比例
10 万元以下	3	2.65%
10 万—100 万元	41	36.28%
100 万—1000 万元	39	34.51%
1000 万—5000 万元	18	15.93%
5000 万—1 亿元	5	4.42%
1 亿元以上	7	6.19%

二是会员企业所属产业分布广泛。从调查的在杭异地商会会员企业的经营范围来看，其涉及业务可谓种类齐全，但从事第三产业的企业占据了半壁

江山。经核算发现，从事第二产业（建筑业）的企业有 44 家，约占 38.93％；从事第三产业的企业有 58 家，约占 51.34％，其中高新技术产业有 13 家，约占 11.5％；其他企业有 11 家，占 9.73％，如表 3-10、图 3-2 所示。

表 3-10　企业经营范围(行业门类)

会员企业经营范围	数量	比例
房地产业	16	14.16％
服装	7	6.19％
机械制造	13	11.50％
建材	8	7.08％
金融保险	13	11.50％
食品餐饮	7	6.19％
信息传输、计算机服务和软件业	13	11.50％
医疗卫生	9	7.96％
租赁和商务服务业	16	14.16％
其他	11	9.73％

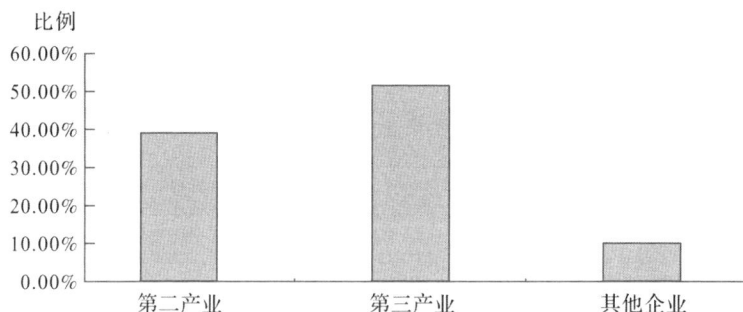

图 3-2　企业经营产业分布

三是会员企业产品和服务面向全国市场。从调查的在杭异地商会会员企业的主要销往地来看，它们的产品主要面向全国市场。经核算发现，销往全国范围的企业有 48 家，占 42.48％；主要销往省内的企业有 27 家，占 23.89％；销往杭州本地和华东地区的企业数量相近，分别占比 12.39％和 14.16％；产品主要出口国外的企业相对最少，约占 7.08％，如图 3-3 所示。

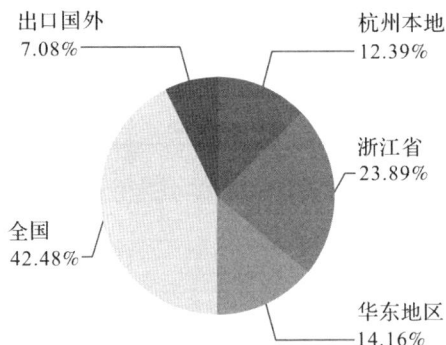

图 3-3　企业产品主要销往地

（4）职能履行积极有为，功能作用日趋完善。

从异地在杭商会对自身的定位来看，92.73％的异地在杭商会认为自己是连接家乡与杭州之间的桥梁纽带，其次有38.12％的商会认为自己是家乡人在杭州利益的代言人，29.09％的商会认为自己是政府的助手，25.45％的商会认为自己是独立于政府的民间自治组织。

作为民间自发组建和政府积极引导推动的异地商会组织，其成立的目的具有鲜明的功能导向。 在不断发挥好经济建设这个核心功能的基础上，它们逐渐拓展社会、文化、政治等多元化功能，在杭州经济社会发展中的作用日益凸显。

从数据分析的结果来看，大多数商会认为现阶段自己已具备协调社会纠纷，推动光彩事业和支持社会公益事业，协调组织内部企业的关系，为杭州市招商引资，为家乡招商引资，开展业务培训提高会员企业会员的素质，开展咨询业务为会员提供行业发展信息、态势，维护会员的利益，为会员企业搭建融资、合作的平台和发挥整体优势、争创名牌等职能，以上比例分别达58.18％，78.18％，78.18％，54.55％、80.00％、74.55％、78.18％、81.82％、81.82％和54.55％。 其中，在维护会员利益，为会员企业搭建融资、合作的平台和家乡招商引资方面占比最高，分别为81.82％、81.82％和80.00％。 但在主办或组团参加各类展交会、维护市场秩序和参与政府有关部门关于政策的制定方面仍显不足，分别为56.36％、40％和25.45％，如表3-11所示。

表 3-11　现阶段商会已具备的职能

现阶段商会已具备的职能	数量	比例
维护市场秩序	22	40.00%
协调社会纠纷	32	58.18%
推动光彩事业和支持社会公益事业	43	78.18%
协调组织内部企业的关系	43	78.18%
为杭州市招商引资	30	54.55%
为家乡招商引资	44	80.00%
参与政府有关部门关于政策的制定	14	25.45%
开展业务培训、提高会员企业会员的素质	41	74.55%
开展咨询业务,为会员提供行业发展信息、态势	43	78.18%
维护会员的利益	45	81.82%
为会员企业搭建融资、合作的平台	45	81.82%
发挥整体优势、争创名牌	30	54.55%
主办或组团参加各类展交会	31	56.36%

2.在杭异地商会与政府的合作实践

近几年,许多异地商会已在维护会员企业利益、招商引资、区域合作交流、维护社会稳定、履行社会责任等方面和政府开展了形式多样的合作。具体来说,体现在以下几个层面:

(1)政企沟通层面的合作

以经济发展指标为核心的地方政府之间日益激烈的竞争,异地商会所具有的强大经济效应与其良好的发展态势,使得各级政府在公共政策制定过程中,十分重视商会的意见和利益诉求,在许多方面将其纳入地方政府的政策制定过程。而深谙经营之道的企业家也明白,在异地他乡脱离了血缘、地缘等共同体依靠的环境下,企业要生存和发展,必须运用各种机会充分把握政府的政策导向,为自己营造一个有利的发展环境。同时,杭州市各级政府也需要通过商会这个载体,及时传达市委、市政府关于经济社会发展的各项最新政策和发展动向。因此,商会就成为了实现政企沟通和对接的重要功能平台。

如在杭投资企业（商会）联合会会员中有 3 名全国人大代表，4 名杭州市政协委员，10 余名区、县（市）各级人大代表、政协委员。他们积极履行职责、参政议政，勤于建言献策，反映社情民意和会员企业的利益诉求。市"两会"期间，在市经合办的组织下，各商会代表认真列席旁听，全面了解杭州经济社会发展情况及重大战略部署，坚定了融入杭州、创业创新的信心。安徽商会积极发挥政策沟通、政策传达和利益表达的功能。2014 年 5 月，杨士成会长出席"杭州市发展实体经济大会"后，及时传达了杭州市委、市政府在创新发展、"四换三名"、企业培育、产业发展和节能减排等 5 个方面出台的 28 项政策，及时为会员企业带来政策红利和发展导向。商会领导列席江干区工商联理事会，参加区内商会座谈会，反映会员企业的发展诉求，积极提出意见建议。江干区工商联努力协调解决商会投资公司注册、拟建徽商大厦选址和用地等问题。上海商会在吴征会长的带领下，先后考察了江干区、上城区、余杭区、钱江科技城等区域，积极与有关政府部门沟通，联系建设杭州市上海中心大厦地块事宜，并初步选择杭州东站（杭州的交通枢纽中心）某地块共计 100 余亩地。

（2）经济发展领域的合作

第一，招商引资中的合作。作为连接企业之间、企业与政府之间的商会组织，其经济职能是最为重要的，这也是商会区别于其他社会组织的最鲜明特征。在杭州把招商引资、"浙商回归"作为重点工作，甚至是"一号工程"的背景之下，商会作为招商引资的功能平台的作用愈发重要。在杭州经合办注册登记的 50 余家商会，几乎都把招商引资作为自身最重要工作来抓。2014 年，杭州市在北京、上海、广州、南京、西安等地组织开展了专题招商和联动招商活动，在杭州召开了全市实体经济大会、第十七届国内经济合作洽谈会和多次区县联动招商活动，各商会积极参与，其中杭州市青田商会充分发挥平台作用，积极帮助引荐优质项目，杭州中翰盛泰生物医学谷、千桃园、凤凰城等项目先后顺利落户杭城并建成投产。同时，各商会与主要城区进一步加强了工作联系，为家乡企业来杭发展提供咨询和服务，努力为杭州招商引资提供帮助和支持。

第二，促进企业发展中的合作。长期在外创业的企业家在市场经济的实践中逐渐意识到，要在激烈的市场竞争中立于不败之地，除了竞争，还需要合作。 而通过商会组织这一平台实现具有共同地缘的商人之间信息和资源的共享，是降低成本和风险、拓宽创业渠道的一个理性选择。 不同行业的会员企业如果能通过商会的整合，利用已经建立的庞大的销售网络优势、资源优势、信息优势及信任优势，引导会员改变故步自封的状态，携手合作，就能使广大会员企业实现更好的发展。 同时，也可以在很大程度上弥补政府对中小企业公共服务和扶持不足的问题。

例如，上海商会通过会员单位——上海融信健保管理有限公司的支持，为会员开通上海 12 家三甲医院、30 家专业体检机构的绿色通道，为全体会员企业的员工提供医疗保健方面的便利。 湖北商会充分依托商会办公场所优势，2014 年免费为 5 家小微企业、大学生创业企业提供经营场地；为 35 个会员企业提供电视、橱窗产品展示宣传；为 80 多位会员及湖北老乡提供投资融资、经营管理、劳动用工、办证办照、法律维权、看病就医、上学入托、就业安置等方面的咨询、牵线搭桥、资源对接服务；为 160 人次前往商会办公的会员提供免费工作餐。

第三，促进区域交流合作。 依托商会沟通两地联系、服务两地发展的独特优势，近年来，在杭异地商会越来越多地成为杭州联系全国各地的重要窗口、国内友好合作的重要辅助平台。 在杭州市对口支援、友好城市交往、都市圈建设、山海协作、融入长三角等各项重点工作中，几乎都有各在杭异地商会会长或是会员企业的身影。 商会充分利用自身优势，较好地发挥了桥梁纽带作用，做了大量沟通协调工作，有力推动了杭州和各地政府之间的合作交流。 比较典型的是，2014 年乐清商会先后组织会员企业参加了湖州市吴兴区人民政府的浙商创业创新恳谈会、"云南—浙江经济合作交流会"、中国光彩事业信阳行——杭州电商物流产业合作项目洽谈会等招商活动。 2014 年舟山商会组团赴舟山群岛新区投资考察洽谈，会长夏赛丽所在的正宏集团下的赛丽控股、赛丽新能源及赛丽文化与新区政府签订了三个项目，分别为文化保税区、风电二期及文创广场项目，签约金额 11.9 亿元，均列入当期 28 个重大项目。 至 2015 年，舟山商会企业在舟山投资总额接近百亿。

（3）社会治理层面的合作

第一，社会市场秩序维护层面的合作。 商会作为一个利益组织化的集体性组织,也存在自我约束机制,其重要的立足点是规范市场秩序、加强行业自律,进而组织集体行动、拓展行业的市场活动空间,从而获取个体行动无法实现的利益。 通过问卷调查可以发现,帮助会员企业处理劳资纠纷、涉法涉诉问题高居商会功能的榜首,占 87.27%,紧随其后的是处理会员企业间的经营纠纷和矛盾,约占 85.45%。 比如,2014 年福建商会为会员催讨欠款近 200万元,解决债务纠纷 30 余起。 此举不仅维护了会员的合法权益,强化了商会的维权功能,而且加强了会员的抗风险能力,促进会员合法规范经营。 还有72.73%的商会曾为会员企业提供各种融资方面的服务。

第二,创新社会治理方式。 在杭异地商会作为外来在杭创业者的代表组织,随着创业者越来越广泛地融入杭州经济社会生活的各个方面,其在发挥经济功能的同时,也承载了越来越多的社会治理功能,促进了社会的和谐稳定。 调研数据显示,有 63.64%的商会帮助政府处理和化解过群体性事件,如表 3-12 所示。

表 3-12　商会的功能

商会的功能	数量	比例
为会员企业提供各种融资方面的服务	40	72.73%
帮助政府处理和化解群体性事件	35	63.64%
妥善处理会员企业间的经营纠纷和矛盾	47	85.45%
帮助会员企业处理劳资纠纷、涉法涉诉问题	48	87.27%

第三,社会公益层面的合作。 商会组织凭借其强大的经济实力和资源动员能力,在支持社会公益事业中发挥着越来越重要的功能,成为传递社会正能量的强大力量。 据不完全统计,2014 年杭州各商会各类捐款、捐物共计价值 1500 余万元,资助贫困学生 500 余名,展现了大爱无疆的精神,彰显了社会价值,释放了正能量,得到了社会各界的高度评价与肯定。

（4）文化层面的合作

弘扬新时代的杭商文化,传递杭州城市文明的价值和精神气质,逐渐成为在杭异地商会的重要功能。 各商会都非常重视文化办会,坚持文化引领,建设文化载体,广泛开展健康向上、丰富多彩的文体活动,打造各具特色的商

会文化品牌，积极组织文化活动。比如，2014 年，杭州市天台商会举办两届
"问商论坛"，杭州市湖北商会成功举办"楚商之春"新春音乐会和"楚商好
才艺"活动，杭州市福建商会举办了"我的家乡、我的企业、我的员工、我的
亲人"摄影比赛和环西湖自行车比赛、台球比赛等文体活动。2014 年，各商
会组织企业家沙龙、书画展览、文化论坛等活动 70 余次，参加人员 3000 多人
次，既丰富了商会文化，又加强了文化交流，提升了文化内涵。

4.3 政府与商会的合作路径

城市化进程的加快不仅提升了城市经济的开放度，也使得城市间人口流
动的规模扩大，加剧了城市治理的不确定性和复杂性。与此相伴的是民间草
根组织和居民基层自治组织迅速发展，社会组织的密度和能力有了较大提
高，"社会"要素的出现对治理的模式和手段都提出了更高的要求。[①] 如何
充分发挥社会力量，让社会多元主体都参与到社会治理中来，已成为重要命
题。党的十九大报告指出，要打造共建共治共享的社会治理格局，发挥社会
组织作用，实现政府治理和社会调节、居民自治良性互动，这不仅说明社会组
织在城市治理中扮演着日益重要的角色，而且也对政府与社会合作治理的有
效途径提出了更高的要求。

异地商会作为社会组织的重要组成部分，其主要目的是推动会员企业发
展、沟通政府与企业关系、维护会员合法权益、促进两地区之间的经济往来，
同时维护同户籍地的务工人员利益，最终帮助其与新城市完成融合。异地商
会与政府在城市治理中在目标上具有一致性，在利益上具有契合性，两者的
合作具有坚实的基础。一方面，异地商会通过与政府合作可以获得资源支持
和政治合法性，另一方面，政府能够借助异地商会独有的地缘特征解决城市
治理中的难题。

---

① 张康之：《论主体多元化条件下的社会治理》，《中国人民大学学报》2014 年第 2 期，
第 2—13 页。

可以说，政府与异地商会的合作对促进经济发展、维护社会稳定等方面起到了重要的作用。 对于两者互动方式和具体途径的探讨，可以为改善地方政府的治理提供经验。[①] 近几年，许多异地商会已经在维护会员企业利益、招商引资、区域合作交流、维护社会稳定、履行社会责任等方面和政府开展了形式多样的合作。 然而，在异地商会与政府的合作中，部分商会积极性高，与政府合作密切，且合作效益高；部分商会合作积极性低，与政府的关系疏离，开展的合作较少；甚至还有较多的商会几乎没有与政府合作的意愿或合作失败。 这说明政府与商会的合作形态会受到一些因素的影响，那么，这些因素是如何影响政府与商会合作的？ 如何促进两者合作的形成？ 本部分在已有文献基础上梳理总结了有关政府与商会合作模式的研究，并运用模糊集定性比较分析法探讨影响政府与异地商会合作的因素，寻求地方政府和异地商会实现合作的可能性路径。

4.3.1　理论回顾

理解政府与异地商会之间的关系是把握两者合作逻辑的基础，也是进一步研究合作影响因素的前提。 政府与异地商会的关系是国家与社会关系的一种表现面向，总的来说呈现出对抗、补充、互补三大图景。 在对抗关系中，政府与商会组织互相抗衡制约，并试图改变对方；[②]在补充关系中，政府与商会组织平行且分离地运行，商会组织能够回应政府无法满足的社会需求，两者相互独立，[③]在各自领域内发挥作用；而在互补关系中，商会组织被看作是政府的合伙人，商会为政府提供公共产品，并得到政府的大量资助，它们的活

---

① 徐越倩:《民间商会与地方治理:理论基础与国外》,《中共浙江省委党校学报》2005年第 5 期,第 19—24 页。

② YOUNG D R. "Complementary, Supplementary, or Adversarial? Nonprofit-Government Relations", *Nonprofits and Government:Collaboration and Conflict*,2006:pp. 37—79.

③ CHAVESC M, STEPHENS L, GALASKIEWICZ J. "Does Government Funding Suppress Nonprofits' Political Activity?", *American Sociological Review*, 2004 (02): pp. 292—316.

动互相连接和协调①。 然而在实践中这三种表述并不能全面涵盖政府与商会的现实关系，很多时候对抗、补充与互补的状态并存于政府和商会的互动过程中。 就算在对抗关系中，商会也在维护社会、参与社会公益、促进经济发展等方面履行了部分政府的职能。 此外，随着私有化和公共服务承包的兴起，社会组织通过评论与监督促进政府承担责任的作用受到了挑战，②通过梳理政府与商会关系发展的政策演化与现实逻辑，可以发现我国政府与商会关系更多呈现的是不同程度的合作治理模式。③

　　国内许多学者更是基于中国现实，提出了一些本土化的概念，如"分类控制"④"行政吸纳社会"⑤"行政吸纳服务"⑥"甄别式吸纳"⑦"调适性合作"⑧"双向嵌入"和"双向赋权"⑨等，来刻画政府与商会的关系。 他们大

───────────────

　　① SALAMON L M. "Of Market Failure，Voluntary Failure，and Third-Party Government：Toward a Theory of Government-Nonprofit Relations in the Modern Welfare State"，*Nonprofit and Voluntary Sector Quarterly*，1987（16）：pp. 29—49；BRINKERHOFF J M，BRINKERHOFF D W. "Government-nonprofit relations in comparative perspective：evolution，themes and new directions"，*Public Administration Development*，2002（22）：pp. 3—18.

　　② ARVIDSON M，JOHANSSON H，SCARAMUZZINO R. "Advocacy Compromised：How Financial，Organizational and Institutional Factors Shape Advocacy Strategies of Civil Society Organizations"，VOLUNTAS：*International Journal of Voluntary and Nonprofit Organizations*，2018（29）：pp. 844—856.

　　③ 徐越倩、楼鑫鑫：《政府与商会关系的理论进路与政策演化》，《治理研究》2019 第 1 期，第 89—96 页。

　　④ 康晓光、韩恒：《分类控制：当前中国大陆国家与社会关系研究》，《社会学研究》2005 年第 6 期，第 73—89 页。

　　⑤ 康晓光、韩恒：《行政吸纳社会：当前中国大陆国家与社会关系再研究》，《中国社会科学（英文版）》2007 年第 2 期，第 116—128 页。

　　⑥ 唐文玉：《行政吸纳服务——中国大陆国家与社会关系的一种新诠释》，《公共管理学报》2010 年第 1 期，第 13—19 页。

　　⑦ 陈天祥、应优优：《甄别性吸纳：中国国家与社会关系的新常态》，《中山大学学报》2018 年第 2 期，第 178—186 页。

　　⑧ 郁建兴、沈永东：《调适性合作：十八大以来中国政府与社会组织关系的策略性变革》，《政治学研究》2017 年第 6 期，第 34—41 页。

　　⑨ 纪莺莺：《从"双向嵌入"到"双向赋权"：以 N 市社区社会组织为例——兼论当代中国国家与社会关系的重构》，《浙江学刊》2017 年第 1 期，第 49—56 页。

多立足于中国制度环境与资源背景,分析如何推动社会组织的发展,提高政府公共管理的效能,但是对影响差异化关系模式的因素的研究较为欠缺,因此分析政府与商会开展合作的影响因素和路径对于进一步促进政商合作具有重大意义。 在这个领域,有一些学者做出了积极探索,例如通过定量分析发现政府与商会的关系受到商会整体的自主性、人事、财务和认知自主性影响①。 总的来说,已有的相关研究主要有以下特点:第一,研究多为定性分析与理论研究,定量分析与实证研究较少,因而对于所形成观点的量化支撑还略显不足。 第二,研究关注政府和商会互动合作的模式,但是对于两者如何有效合作,以及如何建立良性合作关系的研究较少,对于形成合作关系的路径、影响因素与策略机制的研究更是不多。 基于此,哪些因素影响了政府和商会的合作,如何优化政府与商会的合作关系,政府与商会良性合作的可能路径有哪些等,成了我们重点探讨的问题。

4.3.2 研究设计与数据收集

1.研究方法

政府与商会合作形态在实践中是多样化的,影响政府与商会合作行为的因素也是复杂的,通常是多个因素共同作用的结果,属于一果多因,需要对一定数量的样本进行量化分析。 定性比较分析方法是查尔斯·拉金(Charles C. Ragin)在 1987 年提出的一种基于布尔代数和集合论原理开展多案例定性比较研究的方法,特别适合中等样本(10—80)的案例研究。 本书之所以选择定性比较分析,主要是出于以下三个方面的考虑:第一,异地商会自身组织状况存在差异,对所有异地商会展开深入调研在量和质方面都比较困难,而传统定量研究需要大量的样本,定性比较分析在有限样本的情况下仍然具有较强的解释力;第二,关于我国政府与社会组织关系的研究比较多,但关于政府与商会互动关系的研究目前尚未成熟,定性研究可以有效判明事物构成要

---

① 张沁洁、王建平:《行业协会的组织自主性研究——以广东省级行业协会为例》,《社会》2010 年第 5 期,第 75—95 页;王伟进:《一种强关系:自上而下型行业协会与政府关系探析》,《中国行政管理》2015 第 2 期,第 59—64 页。

素及性质；第三，影响政府与商会合作行为的因素是多重条件并发、多个因素相互间动态交互的过程，而且在实践中，部分因素是可以相互替代的，某种条件的缺乏并不会影响合作结果，因为会有另外一种替代性条件产生。正是基于这样的判断，研究采用了模糊集定性比较分析方法，较为系统地考察实践中政府与商会所具有的种种条件在促进两者合作行为中扮演的角色和起到的作用，进一步深化对政府与商会合作路径的研究。

2.案例选择

浙江省是民营经济大省，社会组织发展也比较活跃。杭州作为省会城市，近两年来政府职能转变加快，招商引资方式积极转型，城市治理理念不断升级，民营企业家阶层崛起。正是由于异地商会所特有的乡缘网络能够有效整合政治资源和经济资源，实现行业与群体利益最大化，近几年来其数量增长迅速。2014年至2018年12月底，在杭州注册的异地商会数量由42家扩展到了89家，在城市治理中发挥了重要作用。本书基于面对面访谈和问卷调研，对政府与在杭异地商会的关系的基本现状进行了梳理和分析，提出了促进两者合作关系形成的路径。

由于本书研究涉及的政府与商会的合作行为、政府的认知、政府资源支持、商会游说意愿、商会治理能力、商会影响力的数据基本很难或者无法从存档资料和公开资料中获取，本书基于以往的研究成果，结合部分商会实地调研的相关情况，采用问卷调查的方式进行数据收集。研究问卷设计的优劣程度对研究的成败极为重要。[①] 本研究首先通过文献检索和预调研访谈，在借鉴已有成熟量表的基础上，初步设计了一系列题项，并单独咨询专家及学术团队共同讨论、征求意见，形成问卷初稿。其次，项目组对在杭异地商会联合会及在杭江西商会、上虞商会、湖北商会等多家商会进行调研，与联合会秘书长、商会秘书长及工作人员访谈，听取他们对问卷的看法和建议并修改问卷，力求问题准确、语言简洁，并形成最终问卷。此外，为避免问卷调查可能存在的误差风险，本次调查问卷由团队成员亲自发放，受测者在第一时间

---

① 金蕾:《制度环境、社会资本对社区社会组织有效性的影响及其作用机制》,浙江大学博士学位论文,2017年。

答好问卷,交给作者。 受测者如对问卷中的部分问题不确定、有疑虑,也能在第一时间获得解释。

在这样的问卷发放原则下,我们随机抽取省内外在杭异地商会各 23 家,共 46 家,并向每个商会发放问卷,最终回收问卷 40 份,回收率为 86.96%。此外,在整理数据和构建真值表时,剔除问卷中没有回答完整的商会问卷,研究共以 34 家在杭异地商会的案例作为本文数据源。

3.变量说明与赋值

与回归分析不同,使用定性比较分析对变量赋值,实际上可以被看作是判断某个案例是否属于或在多大程度上隶属于某个集合的过程。 在模糊集分析中,变量被赋予 1 到 0 之间的任一值,赋值的目的在于判断某个案例在多大程度上属于某个集合。 因此,在模糊集分析中,变量的数据又被称为隶属度,标准化各个变量隶属值的过程就是校准。[1] 本文依据变量数据的不同,既有四分法赋值也有 0—1 二分赋值。

(1)结果变量

政府与异地商会合作行为是研究的结果变量。 政社合作是指政府和社会组织基于实现共同认可的公共目标,通过对运作性资源和治理性资源的交换而建立和维护的相互依赖关系。[2] 政府具有发展地方经济、提供公共服务、维护社会秩序的职责,而异地商会的作用也主要体现在促进地区间经济合作、服务会员和连接乡情等方面。 从功能角度上看,两者具有较强的利益契合性。 基于此,地方政府与异地商会在诸多方面具有较强的合作诉求及可行路径。 有研究指出,异地商会在地方治理中与政府开展的合作主要有经济桥梁纽带、自治基础上的社会公益、文化融合及公共政策倡导四类。[3] 也有研究认为,异地商会与政府的合作内容主要有:承接政府部分职能,例如招商引

---

[1] 伯努瓦·里豪克斯,查尔斯 C·拉金编著:《QCA 设计原理与应用》,杜运周等译,机械工业出版社 2017 年版。

[2] 敬乂嘉:《从购买服务到合作治理——政社合作的形态与发展》,《中国行政管理》2014 年第 7 期,第 54—59 页。

[3] 李长文:《民间组织与地方治理——基于新疆异地商会的研究》,知识产权出版社 2012 版。

资；与政府合作实施完成重大项目，例如参与文明城市创建；邀请政府相关部门参与商会重要活动或慈善项目，例如出席商会公益活动。[①]

基于已有研究，我们提炼出异地商会与政府合作的典型内容包括招商引资、社会福利、权益维护、政策倡导四个方面。 我们设置了以下问题来测量政府与异地商会合作的行为：过去一年中，商会与政府合作举办投资促进会、资本对接会等招商引资类活动几次？ 商会与政府合作举办扶贫、环保、助学等社会福利类活动几次？ 商会与政府共同解决会员企业之间矛盾纠纷、提供法律服务、开展政策宣讲等权益维护类活动几次？ 商会参与政府的政策制定咨询会、行业发展会议等政策倡导类活动几次？ 采用五分法对问卷结果进行赋值，如果选择 0 次记为 0；1—3 次记为 0.25；4—6 次记为 0.5；7—9 次记为 0.75，10 次及以上记为 1，取 4 个变量赋值总和的均值为合作行为的值，变量值越接近于 1，表示商会在城市治理中作用越大，与政府的合作行为越多。

（2）条件变量

政府对商会的认知。 政府的角色是推动社会有效治理的关键变量，[②]政府对异地商会的认知不仅能促进政商合作，也经常会成为阻碍政商合作的因素。 以往政府的管控思维已经不再适应新时代社会力量参与治理的要求，政府只有积极转变对商会组织的固有观念，认识到商会的作用，才能将"行政吸纳""组织嵌入"的政社关系转变为以独立平等为前提的互惠式合作关系。本研究从商会视角出发，让商会工作人员来判断当地政府对商会类组织的定位，如果其认为政府将商会定位为合作伙伴，赋值 1；定位为出谋划策的参谋与政府助手，赋值 0.67；定位为独立的社会自治团体，赋值 0.33；定位为随意差遣的附属，则赋值 0。

政府资源支持。 已有研究指出政府对商会的支持力度会极大地影响商会

---

① 李强：《异地商会参与地方治理的实践与启示——以广州花都温州商会为例》，《学会》2015 年第 3 期，第 17—24 页。

② 汪锦军：《合作治理的构建：政府与社会良性互动的生成机制》，《政治学研究》2015年第 4 期，第 98—105 页。

作用的发挥，①目前政府与商会关系呈现出依附特征，商会组织倾向于分享政府的权威和公共资源以谋求生存和发展，②通过"程序依附、实质合作"的形式构建起依附式合作关系，③基于利益契合形成"互益性依赖"关系。④ 但依赖政府资助并不一定会导致商会处于从属地位，商会的依附性不仅缘于国家对商会的直接控制，还取决于国家对企业经营所需要的其他经济资源的控制。⑤ 有学者指出，政府与商会的合作，首先是商会依靠政治关联将会员企业吸纳进来，再通过行政资源将会员企业与政府组织起来，⑥非营利组织拥有的资金越多，与政府联系越紧密，其政策倡导能力越强。⑦ 因此，我们从人、财、物三个方面来定义政府的外部资源支持：首先，我们将商会秘书长身份为主管部门或政府有关部门领导、工作人员和政府离退休人员记为1，商会秘书长身份为专业技术人员、会员企业家兼职等记为0；其次，商会获得的资金，无论是奖金还是其他任何名义的补助，只要是由政府财政拨款的就记为1，反之记为0；最后，政府给予商会办公场地支持的记为1，反之记为0。 由于行业协会商会脱钩政策的推进，我们在调研中发现，只有极少数商会秘书长身份具有"官方背景"，也只有少数商会获得政府资金和场地支持，因此，

---

① LU J，DONG Q. "What Influences the Growth of the Chinese Nonprofit Sector：A Prefecture-Level Study"，*VOLUNTAS：International Journal of Voluntary and Nonprofit Organizations*，2018(29)：pp. 1347—1359.

郁建兴、沈永东、周俊：《政府支持与行业协会在经济转型升级中的作用——基于浙江省、江苏省和上海市的研究》，《上海行政学院学报》2013年第2期，第4—13页。

② 胡辉华、陈世斌：《逻辑偏离：市场内生型行业协会内部运作的组织分析——以G省J行业协会为例》，《中国非营利评论》2015年第1期，第182—199页。

③ 马红光：《依附式合作：企业商会与政府的关系模式探析——以在京外地企业商会为例》，《首都师范大学学报》2016年第8期，第72—79页。

④ 郭小聪、宁超：《互益性依赖：国家与社会"双向运动"的新思路——基于我国行业协会发展现状的一种解释》，《学术界》2017年第4期，第60—71页。

⑤ 张华：《连接纽带抑或依附工具：转型时期中国行业协会研究文献评述》，《社会》2015年第3期，第221—240页。

⑥ 黄冬娅、张华：《民营企业家如何组织起来？——基于广东工商联系统商会组织的分析》，《社会学研究》2018年第4期，第29—55页。

⑦ ZHAN X Y，TANG S Y. "Political opportunities，resource constraints and policy advocacy of environmental NGOs in China"，*Public Administration*，2013(02)：pp. 381—399.

三个因素中只要有一个因素存在就记为 1，表示拥有政府的外部资源支持，反之记为 0。

商会影响力。 已有研究显示，年轻且规模大的非营利组织更有可能与政府合作，[1]且组织的规模越大，与政府的合作就越频繁。[2] 本书通过测量商会会员企业数量及会员企业的活跃程度来衡量商会的外部影响力。 依据研究中所有商会的会员企业数量，采取中位值进行二分，拥有 200 个以上会员企业的商会记为 1，反之记为 0；依据商会中会员企业参加年会或其他重要大会的积极性来衡量商会的活跃程度，将涉及行业和整体利益时及任何情况会员企业都积极参加活动的商会视为活跃型商会，记为 1，将会员企业只有在涉及自己利益才参加甚至不参加活动的商会视为活跃度低的商会，记为 0。 最后，将会员企业数量大，活跃程度高的记为 1，数量大但不活跃的记为 0.49，[3]数量小但活跃的记为 0.51，数量小也不活跃的记为 0，数值越高代表商会的外部影响力越大。

商会治理能力。 在政社合作中，社会组织专业服务能力，如专业化程度、财务能力、人力资源水平和管理能力是一个重要的考量因素，其主要体现在商会专职人员数量、年龄、学历及是否拥有专业技术资格上[4]。 本研究采用专职人数占总人数比例这一指标，即商会组织内全职人数/（全职人数＋兼职人数），比值越大说明商会全职人数占比越大。 通过设置"商会的收支情况能实现平衡吗"这一问题，将所得数据中经费不足记为 0，收支平衡记为 0.33，经费有盈余记为 0.67，经费有很大盈余记为 1。 此外，组织制度化水

---

① CHENG Y. "Exploring the Role of Nonprofits in Public Service Provision: Moving from Coproduction to Cogovernance", *Public Administration Review*, 2019(02): pp. 203—214.

② AMIRKHANYAN A A. "Closer than 'Arms Length': Understanding the factors associated with collaborative contracting", *The American Review of Public Administration*, 2012(03): pp. 341—366.

③ 在 fsQCA 中，案例中出现 0.5 的值会导致这个案例不可能在任意一个真值表的组合中，为了避免这种情况出现，结合对案例本身的了解，本研究在赋值时将数量大但不活跃的记为 0.49，数量小但活跃的记为 0.51，下文中商会内部治理能力赋值同理。

④ 周俊：《政府如何选择购买方式和购买对象？——购买社会组织服务中的政府选择研究》，《中共浙江省委党校学报》2014 年第 2 期，第 48—55 页。

平是组织内部治理能力的重要体现，已有研究通过对温州商会的观察指出政府与商会逐步从关系性合作走向准制度化合作，[1]商会的制度化水平与合作关系的强度呈正相关。[2] 本研究通过设置"贵组织是否拥有章程、会长分工制度、理事会工作制度、秘书处工作制度、财务管理制度、会费收缴、档案管理制度、委员会工作负责制度、人才招聘制度、约定俗成制度"这一问题来衡量商会的制度化水平，依据问卷中受测者选择组织拥有的制度数量占总制度数量的比值进行赋值。 最终，本研究取专职人数占总人数比例、商会收支情况、商会制度水平3个变量的均值为商会治理能力赋值，赋值越接近于1，商会治理能力越高。

商会游说意愿。 已有研究指出民营经济发达地区的商会表现出较强的政策影响力与政策参与积极性[3]。 实践中，由于每个商会各自的资源不同，利益诉求不同，参政议政积极性自然也不同。 为了研究商会的参政议政积极性对政府商会合作关系的影响，研究设置"贵商会是否从全体会员企业利益出发，向政府部门呼吁"这一问题，依据问卷所得数据，将商会频繁多次参政议政的记为1，经常呼吁的商会记为0.67，有参政议政但数量很少的商会记为0.33，没有参政议政的记为0，数值越接近1表示商会游说意愿高。 为便于观察，具体变量和赋值如表3-13所示。

表3-13　结果变量和条件变量的设定

类型	变量	变量解释	变量测量
结果变量	合作行为	招商引资类合作次数；社会福利类合作次数；权益维护类合作次数；政策倡导类合作次数	0次记为0；1—3次记为0.25；4—6次记为0.5；7—9次记为0.75，10次及以上记为1。4个变量赋值总和的均值为合作行为的值

---

① 陈剩勇、马斌：《温州民间商会：自主治理的制度分析——温州服装商会的典型研究》，《管理世界》2004年第12期，第31—49页。

② AMIRKHANYAN A A. "Closer than Arms Length: Understanding the factors associated with collaborative contracting", *The American Review of Public Administration*, 2012(03): pp. 341—366.

③ 沈永东：《中国地方行业协会商会政策参与：目标、策略与影响力》，《治理研究》2018第5期，第93—103页。

续　表

类型	变量	变量解释	变量测量
条件变量	政府认知	当地政府对商会的定位	合作伙伴记为 1;出谋划策的参谋政府助手记为 0.67;独立的社会自治团体记为 0.33;随意差遣的附属记为 0
	政府资源支持	商会秘书长身份;是否提供办公场所;是否有政府拨款	三者中有一个存在就记为 1,反之记为 0
	商会影响力	通过会员企业数量及会员企业的活跃程度进行测量	会员企业数量在 200 个以上的记为 1,反之记为 0;商会的活跃程度高记为 1,反之记为 0。最后两者综合赋值
	商会治理能力	商会全职人数比例;商会收支情况;商会制度化水平	商会全职人数比例采用全职/总人数的比值,连续变量;收支情况经费不足记为 0,收支平衡记为 0.33,经费有盈余记为 0.67,经费有很大盈余记为 1;制度数量占总制度数量的比值,连续变量
	商会游说意愿	商会参政议政积极性	没有记为 0;有但很少记为 0.33;经常记为 0.67;频繁多次记为 1

4.3.3　模糊集定性比较分析

1.逻辑真值表与必要性分析

根据条件变量的赋值标准,对选取的 34 个案例进行赋值,建立真值表。[①] 依据模糊集定性比较分析法的要求,首先进行单个条件变量必要性的分析,即一致性检验,再进行充分条件组合的分析。 如果一致性指标大于0.9,则认为该条件变量是结果变量的必要条件,[②]说明只要出现了结果,该条件就一定会出现,这项条件对于结果而言是必须的,没有这项条件,结果就不可能发生。 在 fsQCA 研究中,对必要条件的检验十分必要,因为必要条件会在得到简化方案时被消去,但其本身会对结果的出现产生影响。 覆盖率是

---

① 为方便查验,我们将真值表放置在网盘中,链接 https://pan. baidu. com/s/1UyJoBlFNPS885tD76QmdBA,提取码:ikih。

② RAGIN C C. Set relations in social research:Evaluating their consistency and coverage. *Political Analysis*,2016(14):pp. 291—310.

指该条件变量或条件变量组合对结果变量的解释力度,指标越大,解释力越大。 本研究的单个条件变量一致性覆盖率检验如表 3-14 所示。

表 3-14　条件变量的必要性条件检验

条件变量	一致性	覆盖率
政府认知	0.6654	0.7933
政府资源支持	0.4641	0.7629
商会影响力	0.6076	0.8566
商会治理能力	0.6923	0.8258
商会游说意愿	0.4459	0.7726

从表 3-14 的结果来看,政府认知、政府资源支持、商会影响力、商会治理能力、商会游说意愿者等 5 个条件变量一致性都没有超过 0.9,虽有一定解释力,但均不满足必要性的要求,说明这 5 个条件变量并不是政府与商会高合作行为的必要条件,两者高合作行为的发生是不同条件变量组合的结果。因此,我们将继续分析这 5 个条件变量的组合对结果变量的影响。

2.条件组合分析:促进政商合作的路径

作为定性比较分析方法的核心,条件组合分析是在单个条件变量达不到必要条件标准的情况下,测量条件变量不同组合对结果变量的影响。 本研究采用 fsQCA3.0 软件,频率阈值采用 2,一致性阈值采用默认值 0.8,在模糊集真值表分析类型上选择了标准分析,结果输出了复杂解、简洁解、中间解三种解,中间解方案结合了研究者的理论知识和对案例的分析,得到的结论启示性和普适性都较好,在利用 fsQCA 时被研究者采用。[①] 本文采用中间解作为分析结果如表 3-15 所示,得出 5 种条件组合,其中 3 种组合的一致性达到 1,另外两种也在 0.83 以上,说明这 5 种组合具有很强的解释力。

---

① RAGIN C C. *The Comparative Method*: *Moving beyond Qualitative and Quantitative Strategies*, Oakland: University of California Press, 2014.

表 3-15　条件组合结果分析

条件组合	1	2	3	4	5
政府认知		⊗	⊗		⊗
政府资源支持	⊗	⊗		◎	◎
商会影响力	⊗		⊗	◎	⊗
商会治理能力	◎	◎	◎	◎	⊗
商会游说意愿	⊗	⊗	⊗①◎	⊗	
原始覆盖率	0.3025	0.2912	0.3989	0.1921	0.0799
唯一覆盖率	0.0665	0.0552	0.0482	0.1060	0.0082
一致性	0.8246	0.8781	0.9080	0.9286	0.8976
总覆盖率	0.6349				
总一致性	0.8780				

注：本文参照 Ragin(2008)①的做法,使用"◎"表示原因条件出现,使用"⊗"表示原因条件不出现,空白表示原因条件对于结果无关紧要。原覆盖率表示该条件组合导致结果发生的案例数占总案例数的比例;净覆盖率表示该条件组合导致结果发生,同时其他条件组合不导致结果发生的案例数占总案例数的比例。

分析得出的 5 种解,意味着实现政府与商会合作关系有 5 种路径,具体分别是（结合表 3-15,在以下关系式中对原因条件不出现的情况,用"～"表示）：

组合 1：～游说意愿 * 商会治理能力 * ～商会影响力 * ～政府资源支持

组合 2：～游说意愿 * 商会治理能力 * ～政府认知 * ～政府资源支持

组合 3：～游说意愿 * 商会治理能力 * ～政府认知 * ～商会影响力

组合 4：游说意愿 * 商会治理能力 * 商会影响力 * 政府资源支持

组合 5：～游说意愿 * ～商会治理能力 * ～政府认知 * ～商会影响力 * 政府资源支持

---

① RAGIN C C. *Redesigning social inquiry*：*fuzzy sets and beyond*，Chicago：University of Chicago Press，2008.

　　五个条件组合的总覆盖度约 63%，表示这些组合能解释大多数案例，是促进政府与商会合作的最为典型的几种组合。通过进一步简化，本研究将政府与商会合作行为发生的路径归为 3 种类型，以说明政府与商会合作行为背后的策略：

　　类型 1——资源支持型合作：政府与商会合作发生 = ~ 游说意愿 * ~ 商会治理能力 * ~ 政府认知 * ~ 商会影响力 * 政府资源支持。当商会治理能力弱，影响力也不大时，政府积极主动地给予商会政策和资金资源上的支持，借助商会独有的地缘性特质开展招商引资活动、解决社会矛盾、提供公共产品等，推进城市经济发展与治理创新，但此时政府倾向于把商会作为政府的助手甚至是附属机构，为了促进两者合作的形成，商会需要降低游说意愿，在招商引资和公益活动中与政府保持一致，降低政府的担忧。

　　实践中，杭州 SY 商会成立于 2012 年，一直只有副秘书长和行政两位全职工作人员，商会收支上经常入不敷出，商会总体治理能力弱，但商会由近 500 名上虞籍人士组成，其中有副厅级以上或曾担任副厅级以上职务的顾问 50 余位，政治资源比较充足。此外，商会于 2018 年获得原籍地政府优胜商会的荣誉称号，获得 2 万元资金支持，商会表示，原籍地政府有可能给商会提供在杭州滨江的免费办公场所。当被问及政府是否需要商会提供某些服务来获得免费场地时，商会秘书长表示政府对此没有硬性规定，只是希望商会多举办招商引资座谈会等活动，发挥两地之间桥梁纽带作用，反哺家乡。不过，副秘书长也表示，由于原籍地政府给予了场地支持，商会便可以减少租赁开支，将更多的资源用到服务会员上，以获取更多会员企业的认可，促进与政府的合作。正是因为政府给予商会资源支持，商会才有更强的动力提升服务水平，与政府共同开展招商引资活动，履行社会责任，与政府合作提供公益产品与服务，积极为政府政策制定出谋划策，在城市治理中发挥良好的作用。

　　据此，可以判断"资源支持型"合作路径适合两类商会：第一类是地方政府对商会有强烈需求的，比如政府特别需要引入某一地区的企业，政府出台的优惠政策并不能很好吸引其来杭投资，需要结合商会独有的地缘感情加以说服的；第二类是成立不久、经验不足、影响力小、资源匮乏的新生商会，政府应发挥主导作用，为其成长提供资源支持。

类型 2——整体赋能型合作：政府与商会合作发生＝游说意愿 * 商会治理能力 * 商会影响力 * 政府资源支持。 在商会影响力比较大时，商会自身要努力提升商会治理能力，积极为自身的利益向政府部门游说，同时政府要认真听取商会的需求，在政策资金等方面给予商会支持。 已有研究表明，高绩效行业协会往往有较多的国家支持，这种支持以优先享受公共资源、进入政策议程和接近政府部门等特权形式呈现。①

在实践中，湖北商会积极参与政府举办的各类活动，在过去一年中，在会长、秘书长的带领下，商会积极参加上级主管单位的交流会、报告会、培训会议 20 余次，抓住各种机会与政府建立良好关系并向政府发声。 此外，商会积极开展党建活动，先后被评为"党建强，发展强"新社会党组织、"五星级基层党组织"等，为商会的生存与发展赋予政治合法性与资源支持；整合多方资源，成立艺术团、研究院等各种关联组织，聘请在浙（杭）从政从军从教等老乡为商会名誉会长、高级顾问、咨询委员、特邀会员等，吸引企业的加入；规范建会，不仅建立起"以制度建会、用制度管人"的商会规范管理模式，并创新制定了执行会长轮值制度。 这一系列做法不仅极大地提升了商会能力，也成功地与政府建立了合作关系，使之成为两地有关部门领导调研考察的热门之选。 在调研中，政府经常邀请商会建言献策，或是鼓励商会争创星级社会组织以获得更多资源等。 湖北商会秘书长认为，商会企业与企业、政府与企业、湖北政府与杭州政府之间的对接、桥梁、纽带作用的发挥，招商引资、社会治理等方面巨大成绩的取得，不仅依靠众多会员企业、企业家的参与，也需要政府的支持，只有两者开展合作，共同赋能，才能进一步促进商会发展，解决城市治理问题，促进社会的发展。

在 34 个案例中，与湖北商会采用相同路径形成政府与商会合作的大多是处于发展时期的商会。 这些商会组织架构完善，制度完善，且经过一定的发展已经具有较大影响力，商会在内部治理方面已经形成一些经验，但这些商会仍然需要获取政府的支持以获取更多的资源，而政府为提供更好的公共服

---

① NARDIS Y. "Explaining Institutional Innovation：Case Studies from Latin America and East Asia"，*Journal of Asian Studies*，2012(03)：pp. 757—758.

务或者加强社会治理也需要商会的帮助。 在这种情况下,两者形成合作的秘诀在于商会要踏实办事,用专业说话,同时依据自身资源,策略性地游说促进合作的形成,双方共同发展,互相增能。

类型3——内生发展型合作:政府与商会合作发生 = ~游说意愿 * 商会治理能力(~政府认知 * ~政府资源支持 + ~政府认知 * ~商会影响力 + ~商会影响力 * ~政府资源支持)。 该路径由3条路径组合而成,主要表现在商会影响力比较小,政府对于商会角色的认知存在偏差,合作伙伴意识弱或者给予的资源支持又非常少的情况下,为了促进政府与商会合作行为的发生,关键还在于商会自身。 商会需要努力提升自身治理能力,扩大商会全职人员的数量,合理开展商会活动,保障商会财务状况良好,同时还要加强商会制度建设,可以在完善组织的常规制度外根据商会特色灵活制定一些制度,减少在向政府游说中所消耗的成本,集中力量提升商会的内部治理能力,从而促成政府与商会合作关系的形成。

实践中,温州商会成立于2000年9月,发展至今,已经是一个组织架构完善、全职人数多且秘书处人员结构年轻、专业性强的成熟商会。 温州商会与跨国非营利组织中的领导者组织一样,在对待与政府合作的态度中表现出"独立""平等"的协作倾向,许多跨国非政府组织领导人对民间社会以外的行为者,特别是政府机构,表现出一种不厌恶但也不愿意的合作态度。[①] 被问及原因时,商会秘书长表示商会在发展的过程中也遇到过难题,当时积极向政府游说却没有得到商会想要的结果,因此商会转变策略,坚持独立自主的办会原则,不刻意依赖政府支持,也不主动寻求政府保护,牢牢遵循"会员逻辑",[②]以务实为基础,努力做好服务会员的本职工作,通过发挥其作为一个大平台、大系统的作用,集合各类资源并为会员企业所用,尽最大努力为会员企业带来投资、获利的机会。 商会已经与政府在国家火炬济南环保节能材

① GEORGE E M. "Collaborative Propensities Among Transnational NGOs Registered in the United States", *American review of public administration*, 2014(05): pp. 575—599.

② SCHMITTER P C, STREECK W. "The Organization of Business Interests: Studying the Associative Action of Business in Advanced Industrial Societies", *MPIfG Discussion Paper*, 1999(01): pp. 1—95.

料与装备特色产业基地、食品加工项目、纺织服装项目、科技研发孵化项目、商河经济开发区投资项目等众多项目中展开合作。此外,商会还成立了 W 商会慈善基金会,让众多企业都参与到慈善事业中来,在经济发展和社会治理领域中发挥了重要的作用。

可见,商会治理能力强并不等于商会功能发挥更好,商会治理能力越强,越有资本与政府平等合作,[①]无论政府如何定位商会,是否给予商会资源支持,商会都能够在促进经济发展与社会治理中发挥作用,赢得政府的认可并促进两者合作的形成。这条合作路径的关键是商会要形成品牌,即使商会与政府在某些议题上存在分歧或政府还有其他可选择的合作方,商会也能依靠"品牌效应"脱颖而出。

4.3.4 结论与讨论

政府与商会的合作是两者关系的一种实然状态,两者的有效合作势必能够互惠互利。商会与政府合作不仅能够使其实现目标与价值,为其赢得生存发展的合法地位,同时也能使其充分发挥专业力量,实现社会的辅助性管理和公共服务的补充性供给,切实解决城市治理转型时期的难题。然而,现实中政府与商会关系是极其复杂的,不同因素对政府与商会合作的影响不同,促进两者合作的路径也并不一致,政府与商会需要"量体裁衣""因地制宜",具体问题具体分析,策略性地选择一种合作路径,最终实现"殊途同归"。

研究通过对在杭 34 家异地商会与政府合作关系形成的原因进行比较分析,发现政府的认知、政府资源支持、商会游说意愿、商会治理能力、商会影响力都组合影响着政府与商会合作关系的形成,其中商会的内部治理能力是影响政府与商会合作的关键因素。研究提炼出"资源支持型""整体赋能型""内生发展型"三条合作路径,展现出三种不同特征的政府与商会的合作模式。这三种合作路径中,政府的资源支持的重要性依次降低,即商会对政府的依赖性越来越少,而商会的内部治理能力逐渐提升,也就是说商会的自

---

① 谭爽:《城市生活垃圾分类政社合作的影响因素与多元路径——基于模糊集定性比较分析》,《中国地质大学学报(社会科学版)》2019 年第 4 期,第 85—98 页。

主性在增强。 这也验证了我国行业协会商会与行政机关脱钩改革取得了一定成效。

在商会与行政机构的脱钩改革中，商会的政治资源逐渐减少，即使商会为行业或自身利益参与游说的意愿高，在实践中发挥有效作用的情况也不多。 有学者指出，在新一轮的威权结构重塑效应下，可预见的有影响力且活跃的市民社会场景几乎不存在足够的政治机会。[①] 另一方面，随着社会力量的不断成熟，商会的专业化水平也在不断提升，商会会长、秘书长等商会工作者均呈现出年轻化、高学历的趋势。 和社会组织一样，商会秘书长的职业化倾向逐渐显露，商会的内部治理正在走一条职业化发展的路径，不具备职业化能力的领导人越来越不能胜任商会的领导岗位，而职业化能力强的组织领导人越来越成为整个社会的稀缺资源。[②] 在这种情况下，如何促进政商合作关系的形成？ 我们认为，商会应通过职业化发展来提升内部治理力。 当然，这与政府提供资源支持并不矛盾，相反，政府应该通过加强社会组织专业人才建设来服务商会，以举办商会工作者交流培训班等形式给予商会外部资源支持，在保持商会自主性的基础上提高商会的治理能力，进而提升商会与政府在城市治理中的合作绩效。

---

① 程坤鹏、徐家良：《从行政吸纳到策略性合作：新时代政府与社会组织关系的互动逻辑》，《治理研究》2018 年第 6 期，第 76—84 页。
② 王名：《我国社会组织改革发展的前提和趋势》，《中国机构改革与管理》2014 年第 2 期，第 69—74 页。

5

技术赋能：政府与商会合作的平台与工具

"互联网+"的热潮已席卷而来，且渗入各行各业，深刻影响着我国的经济社会。政商关系在互联网时代的大背景下也有了新的路径走向，互联网技术带动了传播媒介的更新，极大地加快了信息流通的速度，同时也增加了信息的流通渠道，打破了大众传播状态下报纸、广播、电视三大传统媒体垄断信息发布的格局。互联网的发展使政府在信息渠道和信息发布上的主导地位受到了一定的冲击，但也为政府传播信息、引导舆论拓展了渠道，注入了新活力。互联网作为产业未来的基础设施和工具，商会与互联网相结合已经成为商会改革发展的必然方向。注重对信息数据的快速共享和运用，将会帮助商会更淋漓尽致地发挥其"信息共享、桥梁纽带"的功能。"互联网+商会"将使社会商务资源得到更加专业的整合，以互联网为载体的商会，可以有效地把线上与线下的商务社交相结合，为企业提供高价值的商务服务，通过互联网，不仅可以联合国内、行业内资源，更能吸引国外、行业外的资源加入，从而逐渐打破商务资源整合的界限。当下，互联网为政府、商会、政商关系带来了全新的改变，沟通监管力度加强、技术赋能、数字化政府的盛行、政策倡导等使得政商关系呈现出前所未有的新形态，但也带来了新挑战。政府如何更好地利用互联网进行信息传播和舆论引导，地方商会工作如何转变工作方式、吸引商务资源，如何运用"互联网+"思维适应新情况、新变化、新要求，更好地服务企业，如何更好地解决技术安全性、人为不公平性等问题，成了政府、商会及企业领导者需要思考的方向。

本章立足于互联网技术高速发展这一现实背景，研究互联网兴起对政府与商会关系的影响的理论发展的基础上，结合对在杭异地商会及其他省市个别商会的调研，进一步探讨在互联网的影响下政府与商会关系呈现出哪些新的形态，并为互联网技术如何推动政府与商会的良性互动提出设想。

5.1 互联网的兴起与政府与商会关系的发展

5.1.1 互联网的兴起

20 世纪 90 年代，互联网进入我国大部分家庭，由于其低廉的成本和开放的技术，互联网迅速成为人们传播信息、获取信息、表达意见、交流看法的重要手段及各种信息和舆论的集散地。 中国互联网络信息中心《第 42 次中国互联网络发展状况统计报告》显示，截至 2018 年 6 月，我国网民规模为 8.02 亿，2018 年半年新增网民 2968 万人，较 2017 年末增加 3.8％，互联网普及率达 57.7％。①

信息技术的革新改变了人们传统的工作、学习、生活和娱乐方式，也对政府提供信息服务、公民参与政府民主决策的方式提出了挑战。 越来越多的国家或地区提出了"数字政府"的建设目标。 近年来，我国"数字化政府"建设形势如火如荼，一系列较为完善的"数字政府"解决方案相继出台，大大提高了政府的信息化水平。 2014 年，贵州省率先建立了中国首个推进政府数据资源整合、共享、开放和利用的"云上贵州"平台，打破了政府各部门信息孤岛，实现了政府数据信息的融汇和应用，用技术拉近了政府与企业之间的关系。 同时，在"互联网＋政务"方面，贵州已经领跑全国，努力打造阳光透明政府，其打造的覆盖省市县三级的政务、事务、商务服务"三务合一"的省

---

① 中国互联网络信息中心：《第 42 次中国互联网络发展状况统计报告（2018 年 7 月发布）》2018 年版，第 20 页。

网上办事大厅，已初步实现"进一张网办全省事"的大审批服务格局[①]。 作为改革样本的浙江，对照"八八战略"中"进一步发挥浙江的体制机制优势"的要求，在 2016 年底首次提出"最多跑一次"改革，即通过"一窗受理、集成服务、一次办结"的服务模式创新，让企业和群众到政府办事实现"最多跑一次"的行政目标[②]。 截至 2018 年 2 月底，浙江省市县三级开通网上申请的比率分别达到 86.8%、73.7%、73.1%，统一公共支付平台累计缴费量达 4905 万笔。[③] "最多跑一次"改革的成功实践，提升了服务型政府的服务能力，也是对习近平总书记在 2016 年 3 月提出的构建"亲""清"新型政商关系的有力响应，便利了企业与政府之间的信息互通及合作往来。

"互联网＋"发展战略上升至国家顶层设计层面，政府要转型，企业要转型，作为企业与政府沟通桥梁的商会也面临转型。 各地商会纷纷利用互联网技术从管理方式、沟通渠道、发展模式等方面进行升级改造。 东莞市贵州商会抓住互联网时代的发展机遇，以互联网为载体，成为第一家使用 ERP 管理系统来规范管理商会的商会，将内部商会运作完全按照企业的模式来运作，提升了管理效率。 同时，东莞市贵州商会成为第一家使用大数据引擎系统来采集并分析商会粉丝数据的商会，借助线上平台帮助会员企业销售产品，从而实现分享、共享经济。[④] 天津市互联网信息商会则通过为企业搭建交流、分享经验及展示产品的网站平台，为会员企业提供从人才培养到融资渠道再到企业战略等多方面的服务。 在服务企业的同时，天津市互联网信息商会还与南开大学为代表的多所高校建立合作关系，积极开展"互联网＋培训"分享工作，帮助传统企业转型升级，同时积极响应政府"万众创新、大众创业"的号召，培养大学生互联网思维和创业精神，让"互联网＋"的概念在学生创业

---

① 《贵州依托大数据"互联网＋"打造"数字政府"》，《计算机与网络》2017 年第 4 期，第 5 页。

② 《推动"最多跑一次"改革不断前行》，中华人民共和国人民政府官网，2018 年 4 月 20 日，http://www.gov.cn/zhengce/2018－04/20/content_5284540.htm。

③ 《浙江深化"最多跑一次"改革：持续发力打破"信息孤岛"》，新华网，2018 年 5 月 8 日，http://www.xinhuanet.com/2018－05/08/c_1122802731.htm。

④ 东莞市贵州商会：《东莞市贵州商会简介》，东莞市贵州商会网，http://www.dggzsh.org/About.asp? id＝2。

者当中生根发芽,为国家输送更多的行业人才。[1]

在互联网经济高速发展的当下,其对政府及商会所造成的影响在很大程度上也会影响政商关系的表现,尤其会影响中观层面的政府与企业的关系。一方面,企业的进入受到政府的审批和监管,在互联网兴盛的背景下,要求政府提升监管和回应能力;另一方面,企业通过提供相关服务来吸引受众,从而形成庞大的用户群,这些用户群逐渐成为舆论的重要聚集地,而政府往往需要通过这些舆论聚集地来获取相关反馈,进行信息沟通与分享,从而形成决策依据,因此两者相互制约,相互影响。[2]

5.1.2 互联网与政府与商会关系的理论发展

1.互联网与政商关系研究的必要性

在世界各国进行现代化建设的过程中,能否处理好政商关系一直是考验国家现代化转型的关键自变量,国内国外学者对政商关系的研究从未间断。余金成学者强调政商关系是一个国家政治与经济关系的集中体现。尤其是对于社会主义国家的现代化建设而言,如何真正厘清政治与经济的关系,已成为现实社会主义国家破解发展难题的哥德巴赫猜想。[3] 陈硕颖学者视角下的中西方政商关系对比鲜明,与西方由"商"主导的政商关系相比,中国由"政"主导的政商关系的最显著优点是能够防止资本权力凌驾于国家之上,从而将经济资源集中于国家需要的战略方向,即"集中力量办大事";然而,一旦行使政治权力的官僚集团腐化堕落,就容易产生腐败和官僚主义的问题。[4] 自习近平总书记提出构建新型"亲""清"型政商关系后,关于政商关系的研究取得了新进展。褚建国学者从世界其他国家政治经济发展的角度出发,概括出了"代理、指导、管理"这三种政商关系模式,同时指出"以上三种模式

---

[1] 《商会简介》,天津市互联网信息商会官网,http://www.tjhlwsh.com/。

[2] 匡文波:《互联网为政商关系增添新变量》,《人民论坛》2016 年第 28 期,第 32—34 页。

[3] 余金成:《政治与经济的关系——中国社会主义建设中的哥德巴赫猜想》,天津人民出版社 2002 版。

[4] 陈硕颖、杨扬:《中国特色社会主义新时代下的新型政商关系——兼论 PPP 对构建新型政商关系的作用》,《教学与研究》2017 年第 12 期,第 42 页。

在中国都能找到各自的影子，但都不能成为中国的标准定义①"。其认为中央提出的新型政商关系就是试图从理论上对政商关系模式化、定型化。唐亚林学者则从另一角度——政商关系的价值基础来探讨新型政商关系产生的缘由，认为新型政商关系实际上反映出党中央和政府试图通过重构正常的市场经济主体关系，来全面塑造符合社会主义核心价值观的社会价值体系基础。这种社会价值体系基础的核心是民主法治价值及官商二元化价值，其支撑价值体系是平等服务精神、清廉正派意识和守法诚信价值。② 不得不说，唐亚林学者从市场发展这一视角敏锐地看到了政商关系的重塑是深化改革进程中发挥市场在资源配置中起决定性作用的要求，从而达到规范市场活动中的主要行为体，进而推动市场经济健康、有序发展的目的。

随着信息技术革命的不断推行，信息的传播技术日新月异，更多学者开始关注互联网的变革对社会资本产生的影响，进而对商会、对政商关系产生的影响。在研究初期，不同国家的学者普遍认为互联网的普及带来了信息传播的变革，影响了公众参与，使社区生活走向衰落，对社会资本有着负面影响。美国学者罗伯特认为，随着信息的进步，美国公民不再愿意把闲暇时间用在与邻居一起喝咖啡聊天、一起走进俱乐部从事集体行动上，而是宁愿一个人在家看电视，或者独自去打保龄球。"独自打保龄"的现象意味着公众参与的降低，进而导致美国社会资本的流失，因此罗伯特认为互联网会降低社会资本。③ 美国经济学家奥尔森认为，互联网使得行业协会这样的利益集团拥有"狭隘而非相容性的利益"，从而更倾向于寻租而非其他生产性的活动，因此对经济成长有消极影响。④ 随着互联网逐步成熟，并在全球范围进入商业化，其对经济生活、社会资本的影响也逐步向积极方面转变。有学者明确指出，网络空间里诞生的虚拟社区，同样可以产生社会资本。这种新形

① 褚建国:《政商关系:清晰界定才能更好构建》,《中国党政干部论坛》2016 年第 6 期,第 7—9 页。
② 唐亚林:《"亲""清"政商关系的社会价值基础》,《人民论坛》2016 年第 9 期,第 6 页。
③ 罗伯特·帕特南:《独自打保龄:美国社区的衰落与复兴》,刘波等译,北京大学出版社 2011 年版。
④ 曼瑟尔·奥尔森:《国家的兴衰》,李增刚译,上海人民出版社 2007 年版,第 45 页。

式的社会资本有时被称为"虚拟社会资本"，以区别于现实社会中产生的"真实社会资本"。 学者宋晓清认为虚拟社会资本不仅可以拓展行业协会商会积累社会资本的空间，还突破了社会资本生成的物理时空限制。[①] 21 世纪初期，多奈尔（Doner）和施耐德（Schneider）针对亚非拉三个洲的多个发展中国家的行业协会功能进行比较，基于政府、市场、协会的多重视角进行交叉研究，解释了协会在多大程度上能够影响一国的国民经济和企业运行。 他们认为，在高会员密度地区即会员的产出占整个行业或区域总产出的比重较大的区域，行业协会商会通过建设性活动来提升其经济效率的作用更显著，且一些外部环境如竞争性市场、国家选择性支持及技术带来的竞争性协会等，将促使行业协会商会发挥其内部制度优势，并将该优势运用于优化产业结构、提升经济效益方面，化行业协会商会的制度优势为经济优势[②]。 达维（Nadvi）和斯密兹（Schmitz）论证了发展中国家的行业协会与经济发展的关系，认为协会能够以其特有的技术、信息等优势影响经济。 随着互联网及信息化社会的不断发展，当前社会已经进入了大数据、大社会时代。 美国学者维克托·迈尔·舍恩伯格（Viktor M S）就曾经在他的著作中指出大数据开启了一次重大的时代转型，全书用三个部分讲述了大数据时代的思维变革、商业变革和管理变革，并预测大数据带来的信息风暴将变革人们的生活、工作和思维，和日常生活息息相关的所有方面都将发生变化。 2011 年在联合国大会"全球脉动"会议上，时任联合国秘书长的潘基文指出，当前我们处于一个信息时代，我们处于在信息的海洋中遨游。[③] "全球脉动"计划对大数据时代背景下可能出现的社会问题进行了剖析，主要包括数据分析、隐私保护及

---

① 宋晓清、沈永东：《技术赋能：互联网时代行业协会商会的组织强化与功能重构》，《中共浙江省委党校学报》2017 年第 2 期，第 14—23 页。

② DONER R F, SCHNEIDER B R. "Business associations and economic development：why some associations contribute more than others"，*Business & Politics*，2000,2(3)：pp. 261—288.

③ 维克托·迈尔·舍恩伯格、周涛：《大数据时代生活、工作与思维的大变革》，《人力资源管理》2013 年第 3 期，第 174 页。

数据与政策的相关，①这也引发了学者对身处大数据时代的政商关系中信息安全等问题的重视及深入研究。由此可见，进入 21 世纪后，大数据背后的经济价值在新型政商关系中将会产生连锁效应，使越来越多的学者将目光锁定在互联网对政商关系产生的影响上。

如果说唐亚林学者是从根本上看到了新型政商关系是市场经济发展的产物，那么以下学者则是从所处的时代环境入手来探讨政商关系、研究商会的发展的。广东高科技产业商会执行会长兼秘书长王理宗在接受采访时说道"随着互联网的发展，行业间的边界逐渐模糊，商会应该有自己的思考，从经验上看，商会信息服务的泛职能正在逐渐衰减，整合资源的能力急需提升，朝着'精、专、新'路线发展，精即'有标准、有模式、精益求精、附加值高'；专即'专一、专业、专攻'；新即'新概念、新模式、新触觉、新战略'。"②王理宗指出，网络时代商会最重要的工作就是织网。至于如何织网，他强调要突破资源整合上的界限和学会创造资源，兼具资源、战略、眼界，有标准动作，这样的商会才是一个完善的行业组织。同时，在对于未来商会发展走向的预判上，他认为随着科技、互联网新技术的出现，行业的界限将会逐渐模糊，随之出现的将是复合型、立体型行业协会商会，单纯的行业特色将会越来越少。③就互联网兴起带来的改变而言，中华工商时报评论员万润龙认为，传统的会议、文件、简报等工作手段较难适应互联网时代商会工作即时性、移动性、交互性的特点，而商会微信平台的创立和运用，实现了线上与线下、官方与民间、引导与服务、自主与管理、责任与义务的结合，可有效化解商会工作人手少、责任重的矛盾。④正如浙江省工商联副主席尹健评价的那样，商会拥抱互联网产生的是乘方效应。从技术维度看，宋晓清、沈永东认为互联网的全球化扩张使得行业协会商会的外部技术环境产生巨变，进

---

① 刘叶婷、王春晓：《"大数据"，新当做——"大数据"时代背景下政府当做模式改变的分析》，《领导科学》2012 年第 35 期，第 4—6 页。

② 刘全保：《互联网时代商会生存博弈——访广东高科技产业商会执行会长兼秘书长王理宗》，《经济》2014 年第 11 期，第 140—142 页。

③ 同上。

④ 万润龙：《商会拥抱互联网的乘方效应》，《中华工商时报》，2015 年 7 月 31 日第 5 版。

而对其组织优势与功能定位产生了深远影响。 在一个整合新制度主义经济学和组织制度理论视角的分析框架下，他们提出互联网对行业协会商会的组织与功能具有"内部组织强化、外部功能重构"的"技术赋能"效应，即凭借互联网技术，行业协会商会能够发展出更有效的选择激励机制和社会资本积累方式，从而增强自身组织集体行动的能力；而互联网经济和网络公共领域的兴起，一方面有助于行业协会商会增强其经济发展功能，另一方面也令其面临更多的竞争与监督。① 从公共化的角度而言，毛寿龙学者主张处理新时代的政商关系要以公共化作为主要的价值追求，呼吁企业要加入到政府的管理过程中来，以公共服务、公共产品作为切入点，开放政府决策、管理的过程。"企业家可以通过公共平台，参与到政府的管理中，也可以从自己的亲身经历出发，花点时间研究法律和政策，包括法律和政策的执行，推进政府改革，促进相关法律和政策的改进和执行的改善。"②表面上看，公共化是互联网时代的要求，符合现代公共管理的需要，但是从内在的推动来看，政治上的民主、法治建设及经济上的市场化改革都需要营造公共、开放的环境，信息的公开、参与的通畅都会推动社会多元利益主体参政议政、表达利益诉求。 过程、结果的公开也使得政商关系日益制度化、规范化，从而规避了政府机关的设租寻租、私营企业家的利益输送，避免了两者之间的权钱交易，有利于营造既"亲"又"清"的新型政商关系。③ 基于互联网背景下有可能产生的一些问题，匡文波学者指出，最和谐的政府和企业的关系应当是"企业不越位、政府不失位"，从企业和政府两个方面入手，共同营造和谐的互联网环境，才能为公众提供更加优质的互联网服务。④

2.互联网为政府与商会关系带来的赋能作用

社会资本是商会最为重要的内部能动性要素。 赵曙光学者发现，中国网

---

① 宋晓清、沈永东：《技术赋能：互联网时代行业协会商会的组织强化与功能重构》，《中共浙江省委党校学报》2017年第2期，第14—23页。

② 毛寿龙：《政商关系应走向"公共化"》，《学习月刊》2017年第4期，第21页。

③ 侯恩宾：《当前我国新型政商关系研究现状与问题——兼议大统战的深刻含义》，《上海市社会主义学院学报》2018年第3期，第50—56页。

④ 匡文波：《互联网为政商关系增添新变量》，《人民论坛》2016年28期，第32—34页。

民社交媒体的使用频率与其桥接、黏合与维持社会资本均呈现显著的正相关性。 其中，微信对桥接社会资本和黏合社会资本的影响最为明显，微博对维持社会资本的影响最为明显。① 这也从侧面印证了宋晓清学者所认为的社交媒体的普及已经为行业协会商会扩大、积累社会资本的空间范围与持续性奠定了技术基础。 她还指出，基于互联网技术产生的众筹平台和社交媒体分别强化了行业协会商会组织集体行动的两个关键要素——选择性激励机制和社会资本，这意味着互联网技术有助于提升行业协会商会的内部组织潜力。② 从技术赋能这一视角来看，宋晓清学者指出，互联网技术不仅降低了行业协会商会在网络公共领域发布信息的技术和成本门槛，而且拓展了信息传播的范围，提高了信息传播的速度；且互联网技术结构本身所具有的消解等级制和权力去中心化的特性，③使得行业协会商会能够在网络公共领域相对自由地提出政策倡导议题，而较少受到身份和议题内容的限制。 Streek. W 和 Visser. J 通过对欧盟商协会组织的研究也发现，欧盟成员内部商协会组织开始以多种方式影响欧盟公共政策的制定与实施，他们或通过本国政府间接影响欧盟政策制定，或绕开上级商协会组织，与欧盟机构建立直接关系。④ 勇美菁学者从利用"互联网＋思维创新"商会管理模式这一角度出发，提出商会可以利用大数据整合资源，通过互联网技术编织一张包罗万象的数据网，满足企业的各种需求，在保持和完善原本具备的线下服务的同时，创建并丰富线上的服务，同时通过信息网络平台，搜寻和网罗前沿的科技成果，将其转化成商品服务大众⑤。 作为政府与企业间沟通桥梁的商会，利用互联网技术互

① 赵曙光：《社交媒体的使用效果：社会资本的视角》，《国际新闻界》2014 年第 7 期，第146—159 页。

② 宋晓清、沈永东：《技术赋能：互联网时代行业协会商会的组织强化与功能重构》，《中共浙江省委党校学报》2017 年第 2 期，第 14—23 页。

③ MANSELL R. "Power，Hierarchy and the Internet：Why the Internet Empowers and Disempowers"，*Global Studies Journal*，2015，9(2)：pp. 19—25.

④ STREEK W，VISSER J. *Organized Business Facing Internationalization*。*Governing Interests：Business Associations Facing Internationalism*. New York：Routledge，2006.

⑤ 胡井军、勇美菁、王佳慧等：《"互联网＋"时代，商会发展的问题及对策研究》，《现代商业》2016 年第 15 期，第 164—165 页。

联网思维为政府解决实际问题、为企业提供便利服务是其最主要的职责所在。 俄罗斯学者 Zudin Alexey Yurievich 和 Yakovlev Andrei Alexandrovich 基于对 23 个商会负责人进行的一系列深入非正式访谈的定性调查，肯定商会在俄罗斯政府关系中的地位和作用，认为商会拉近了企业与政府间的距离，形成了双向监督。① Bulatov Dmitrij Sergeevich 通过俄罗斯出口商协会利用互联网技术在出口促进系统的所有机构之间建立有效合作这一案例肯定了这些商会在促进出口政策方面的工作，进而带动俄罗斯经济，印证了商会在政商关系中所发挥的脐带作用②。 对于异地商会而言，金宸学者认为顺应时代发展潮流，构建信息共享、资源共享、服务共享的商会工作平台，既响应社会创新需求与会员发展的呼声，也有利于提高异地商会的工作成效和吸引力③。

在技术赋能的另一方面，互联网促进了数字政府的建立。 凭借互联网、大数据、云计算、人工智能等现代信息技术，通过数据整合、开放、共享，为大众提供个性化服务，以流程再造实现了跨部门、跨系统、跨地域、跨层级高效协同。 数字政府的建设是打破信息孤岛的进一步深化，是"最多跑一次"改革的延伸和提升，带动了政府工作结构的变革与政府工作素质的提高，有利于增创"市场有效、政府有为、企业有利、百姓受益"体制机制新优势。政府门户网站群、网上办公大厅等电子政务服务方式的出现为不同特定群体提供了方便、优质、高效的服务，尤其是为企业办理业务等提供了便利，这在一定程度上也提高了政府管理企业的能力。 近年来，为防止泄密，很多机关建立了自己的业务网络，像北京、上海、天津等大中城市均建立了基于全市的政务专网，既保障了业务数据传输的通畅性，又保障了数据传输的安全性，④在很大程度上有效地解决了互联网技术带来的信息安全隐患。

---

① ZUDIN A Y，YAKOVLEV A A. "Indispensable or Marginal? The Sector of Well-Functioning Business Associations in Russia（based on qualitative survey data）", *Russian World：Sociology，Ethnology*，2011，20（3）：pp. 95—124.

② BULATOV D S. "Russian food exports：promotion need to be improved", *Pishchevaya promyshlennost*，2018，4：pp. 30—32.

③ 金宸：《以服务吸引人 用实惠留住人——广东异地商会面对新变化奏响"变"奏曲》，《大社会》2016 年第 5 期，第 34—37 页。

④ 彭荣：《中国的数字化政府之路》，《电脑知识与技术》2009 年第 21 期，第 5923—5924 页。

3.互联网时代下政府与商会关系发展的挑战

互联网时代的到来改变了人们获取信息的方式，提升了社会管理能力，也改变了人们获取利益的路径。但在信息技术革命开展得如火如荼的同时，一系列监管能力亟待提升，技术安全性、竞争加剧、思维固化导致的转型困难及人为不公平性等问题也随之出现，政商关系发展进程面临挑战。金宸学者曾提到："蚁度公司从 2015 年 5 月开始，用 6 个月的时间对珠三角、长三角和北京 3 个地区的 650 家异地商会进行调研。调研结果显示，异地商会在数量上迅猛发展的同时，其活跃度也在急速下降，每年能组织全体会员开一次年会的有 423 家，占 65％；除年会外，一年内组织过 5 次以上超过 100 位会员进行合作交流的只有 56 家，仅占 8％；一年内没有组织超过 100 位会员进行合作交流的有 285 家，占 43％。90％以上的会员入会的'相互交流'目的并未实现，能够实现'合作共赢'目的的不足 5％"。① 究其本因，互联网的深度普及，改变了传统意义上的信息流通方式，提供了生产经营、协调供需关系、改变工作习惯和思维方式的新型模式，而一些异地商会存在年龄老化、思维固化、思想僵化的现实，也间接影响了新生代群体加入的积极性上。另一方面，互联网对商会的冲击还体现在竞争的加剧及技术的可替代性上。宋晓清学者认为互联网经济的发展与数字鸿沟的产生，加剧了市场的竞争性，互联网企业和完成互联网转型的行业协会商会拥有巨大的技术、资本和市场优势，也有可能对传统的行业协会商会构成挑战，商会的部分职能有被技术替代的风险。② 同时，因竞争带来的差异也有可能增强政府对商会的选择性支持，在一定程度上也对商会造成人为不公平的情形。田德毅学者从互联网的非万能性考虑，商会在发展互联网、信息化建设的同时，需慎重考虑信息安全问题，尤其是涉及国家机密、商业秘密、内部情况等内容，面对互联网中黑客

---

① 金宸：《以服务吸引人 用实惠留住人——广东异地商会面对新变化奏响"变"奏曲》，《大社会》2016 年第 5 期，第 34—37 页。

② 宋晓清、沈永东：《技术赋能：互联网时代行业协会商会的组织强化与功能重构》，《中共浙江省委党校学报》2017 年第 2 期，第 14—23 页。

入侵、恶意病毒等不确定的安全问题,需更加重视。① 其次,互联网技术的发展也产生了许多新的政府监管与行业管理需求,目前我国互联网发展还处于初级阶段,管理等方面存在较大提升空间。 匡文波学者曾详细列举过我国关于互联网管理的法律文件等级较低、执法管理模式不规范、监管机制职责不明、受传统行政思维影响缺少必要的互联网思维等问题②,对构建新型政商关系产生了一定的冲击。 龚维斌学者也提到:"互联网信息和舆论冲击着传统的政府决策环境,决策的信息和利益诉求越来越复杂多样,使得决策的难度加大。互联网的发展,给予政府决策的时间越来越短,网络舆论形成的外部压力越来越大。"③在这些因素的影响下,政府肩上的管理职责进一步加重。

4.互联网对于政府与商会关系发展提出的新要求

在政商关系面临诸多挑战的现实背景下,各学者针对具体问题提出了各自的见解及解决方案。 金宸学者认为"互联网+"是强大的社会创新需求与会员发展的呼声,要求商会在管理理念、管理方式、会员活动方面都要做出转变。④ 就具体做法来说,田德毅学者主张创建和丰富线上的服务,具体包括吸引社会力量专门成立企业信息服务中心,为商会提供信息化支撑,为会员企业服务平台提供运营服务,借助大数据、云计算、移动通信及其技术、移动互联网等新一代信息技术向各级党和政府、各级商会提供信息服务,为企业创立、采购、研发、生产、销售、服务、转型等各个阶段提供政策解读、企业和产品宣传、项目推介合作、引进人才、财务审计、融资投资、法律援助、企业信息化管控、市场营销、大数据分析等各项业务服务。⑤ 利用互联网这一桥梁实现线上线下两平台共同为政府和企业服务,促进非公经济健康发展。

---

① 田德毅:《地方商会:用"互联网+"思维服务企业》,《中国党政干部论坛》2015 年第 6 期,第 29—32 页。

② 匡文波:《互联网为政商关系增添新变量》,《人民论坛》2016 年第 28 期,第 32—34 页。

③ 龚维斌:《互联网发展对我国政府决策的影响》,《中国行政管理》2008 年第 10 期,第 44—47 页。

④ 金宸:《以服务吸引人 用实惠留住人——广东异地商会面对新变化奏响"变"奏曲》,《大社会》2016 年第 5 期,第 34—37 页。

⑤ 田德毅:《用"互联网+"思维推进地方商会工作》,《中国县域经济报》2016 年 7 月 4 日,第 5 版。

同时，整合民企资源，借鉴创客空间、创新工场等新型孵化模式，构建一批低成本、便利化、开放式的众创空间，为互联网创新创业者提供良好的创业平台，吸引互联网人才到本地就业和创业。"术为用，道为本。如果我们只是把互联网等网络新媒体作为商会工作的一种工具或者手段，那只是停留在'术'的阶段，要用'互联网＋'的思维武装工作的头脑，在'道'的层面扩展工作范围，提升工作质量。"①田德毅学者对于采用互联网思维解决问题做出了很好的解释，在具体实施方面其主张改变思路，依托互联网，线上在先，线下在后。采用PPP模式，基于大数据、移动互联等信息技术，为企业提供投融资、政策咨询、企业管理、自主创新、法律维权、创业培训、建言献策等服务。全面整合优化内外资源，促进企业之间的合作，取长补短；发挥好行业的作用，推动协会商会组织承接政府职能转移，主动开展项目对接，真正实现商会服务窗口进一步前移。②在改变商会传统模式这一研究上，胡井军、勇美菁等学者提出四点建议：引入管理信息系统，改革商会运营模式建立资源整合平台；打破商会地域限制建立商会信息平台，适应时代发展潮流；取消会费式的生存模式，转变经营方式；引进高精尖人才进入商会管理部门，注入新鲜血液。③

在政商关系的构建中，企业与政府都扮演着不可替代的角色。在互联网大力发展的背景下，需要企业响应政府、顺应时代要求，需要政府不断自我完善、相互配合，推动新型政商关系的构建。匡文波学者强调在互联网空间下，企业应不"越位"，④即尊重相应的社会规则，特别是互联网规律，认清企业的目标定位，维护社会公德，加强行业自律，提供稳定、高质量的产品或服务，从而获得用户的支持与认可，进而塑造自己优质的品牌形象；⑤政府应"不失位"，即在处理同企业的关系中，牵头制定相关的法律法规，推动我国

① 田德毅：《用"互联网＋"思维推进地方商会工作》，《中国县域经济报》2016年7月4日，第5版。
② 同上。
③ 胡井军、勇美菁、王佳慧等：《"互联网＋"时代，商会发展的问题及对策研究》，《现代商业》2016年第15期，第164—165页。
④ 匡文波：《互联网为政商关系增添新变量》，《人民论坛》2016年第28期，第32—34页。
⑤ 同上。

的互联网立法进程,牢牢地把握住相关法律法规的规定,以事实为依据,尊重互联网发展的规律;在注重发挥各个部门独立作用的同时,应完善协调机制;转变固有思维,创新管理理念。 只有这样才能够保证在互联网经济下,政府能够成为促进企业快速发展的催化剂。[①] 杨卫敏学者认为在现阶段的中国,政府与私营业主在互动过程中,党政机关由于拥有资源分配的权力优势,在政策制定、政治议程中都处于显而易见的优势地位,因此协调政商关系,关键在于党政机关要加强自身政治能力、思想素质建设。[②] 同样地,刘以沛也表示党和政府应发挥不可替代的作用,在国家治理体系现代化的语境下构建新型政商关系,需要从政府改革入手,通过制度化和法治化的方式厘清政府与市场的权力边界,推动服务型政府建设;需要拓宽民营企业的制度化参与渠道;需要构建良性互动的合理政商关系,搭建新型政商关系的法治框架。[③]

通过互联网技术对政商关系影响的现实背景及理论发展的研究,我们不难发现政商关系逐渐呈现出新的形态。 在理论研究的基础上,接下来我们将通过具体调研在杭异地商会及其他省市的部分商会来探究互联网在政商关系的重新塑造中发挥的角色及政商关系在这样的大背景下将呈现出怎样的路径走向。

5.2 互联网背景下政府与商会关系的现实问题

"互联网十"是在创新 2.0 大环境下的一种新型演进模式,其背后是信息技术的跨越式变革。 自 2015 年 3 月 5 日十二届全国人大三次会议上,李克强总理在政府工作报告中首次提出"互联网十"行动计划以来,大数据、云计算、物联网等一系列新兴工具逐渐渗入人们的日常生活、企业经营、国民经济运行等领域,在很大程度上改变了传统的生产方式、生活习惯及治理模式,成了 21 世纪第二个十年里一种新的社会形态。 而商会作为政府与企业间交流

---

① 匡文波:《互联网为政商关系增添新变量》,《人民论坛》2016 年第 28 期,第 32—34 页。

② 杨卫敏:《构建"亲""清"政商关系探析——学习习近平有关新型政商关系的重要论述》,《江苏省社会主义学院学报》2016 年第 3 期,第 37—45 页。

③ 刘以沛:《构建良性互动的合理政商关系》,《中州学刊》2016 年第 9 期,第 7—11 页。

合作的重要平台，能否在互联网时代继续保持集体行动的组织优势，其传统的服务功能是否会遭遇挑战，政商关系在这样的时代背景下又会发生哪些变化？ 我们在调研走访多家在杭异地商会及对话数家国内大型商会的基础上，针对互联网时代下的商会进行了现状探究，并将结论大致概括为以下内容。

5.2.1 商会"去行政化"改革困难

与世界各国相比，我国商会最突出的发展瓶颈就是行政化色彩浓厚，政商关系紧密依存。 虽然政府不断出台脱钩政策，但由于各地商会情况千差万别，一部分已市场化、社会化运作，一部分仍依托行政机关生存，机构、人员、资产组成情况复杂。 究其本因，部分商会平时开展工作会习惯性依赖行政主管部门，一些业务主管部门出于工作上的便捷也较多地采用传统的管理方式即直接指导商会开展工作，从而导致我国众多商会组织严重缺乏自主工作能力，业务活动的开展也因此受到很大的制约，久而久之，商会逐渐成了行政主管部门权力的一种延伸。

在发挥市场对资源配置起决定性作用和加快形成现代社会组织体制的新时代背景下，商会的"去行政化"改革依然任重道远。 受"互联网＋"的影响，全国性实体经济尤其是制造业受到了前所未有的冲击，商会去行政化亦陷入困境。 创新能力弱成了互联网时代制约商会自身发展、顺利脱钩的一大难题。 在职能新增的问题上，部分商会往往只考虑从政府现有职能中分一杯羹，依靠政府赋予其职能生存，而较少突破固化思维主动向市场要职能，尤其是经济新常态背景下，商会发展面临企业性质的新平台竞争，如果不改变原有的传统理念，选择较多依靠政府而缺少独立创新意识，不仅不利于商会的去行政化改革，影响商会的长远发展和有效竞争力，还会使得政商关系趋于固态化。

5.2.2 商会政治参与制度化不足

政策倡导是在政治、经济和社会系统、制度内影响公共政策和有关公共资源配置下决定的一系列努力，也是商会发挥其市场支持型功能的重要实现手段。 论坛、微博、微信等互联网平台的出现造就了网络公共领域,①在很大程度上拓展了商会作为政府与企业连接平台进行政策倡导的空间。 之前,我国商会组织传统的政策倡导方式主要体现在体制内部,其中包括向各级人大、政协递交提案,向各级党委政府提交政策建议,共同参与部分政策调研和起草及通过听证会、座谈会等方式传递、宣传政策主张等。 这种政策倡导方式在很大程度上受政府意识、政府行为的影响乃至控制,很多时候政策的开放程度、偏向性更多取决于政府与商会组织所代表的会员利益之间的契合程度,这种时候,地方政府更倾向于和大型龙头企业直接沟通,较少主动为商会提供政治参与的机会,越来越多的调研显示,各地商会对政策的实际影响力正在不断减弱,这也就意味着商会想通过传统途径进行政策倡导的空间实际上是十分有限的——特别当其倡导的政策内容与政府部门"利益契合"程度较低的时候。 而网络公共领域所具有的互联网特性与微信、微博、新闻客户端评论等基于 Web2.0 的技术赋予了新时代商会参与政治、为企发声的技能,能帮助商会解决在网络公共领域发布信息的技术和成本门槛高的问题,而且有效提高了信息传播的范围与速度,政府自身的监管能力也在大众监督下迅速提升。

但在调研过程中,我们发现即使互联网时代提供了技术支撑及良好的社会舆论背景,目前,各地商会在政治参与时仍存在参与范围有限、参与积极性不高、参与渠道不畅、参与形式较随意等问题。 具体来讲,各地商会政治参与的热情与能力存在差异,在以商会为代表的政治诉求中,也鲜有逻辑性与概括性较强的提案,多数个体只是拘泥于自身发展建设中的细节问题发表意见,这也从侧面反映出商会中缺少专业的从事政治参与、提案等活动的人才;同时,在互联网时代,政治参与的渠道与形式仍不够灵活,商会成员在政治参与上更多地表现为个体性的参与,没有形成整体意义上的阶层人士,从而导致政治诉求缺乏共同性和系统性;从渠道上来说,目前已有借助线上平台、新媒体等互联网时代下的工具参与政策倡导、发表政治诉求的案例,但仍为少

---

① 宋晓清、沈永东:《技术赋能:互联网时代行业协会商会的组织强化与功能重构》,《中共浙江省委党校学报》2017 年第 2 期,第 14—23 页。

数，我们从访谈过程中也能感受到商会自身想突破传统模式的愿景。此外，商会参与政治的制度和程序不够完善，就商会而言，其在一些座谈会、听证会上更偏向于充当倾听者的角色，较少愿意勇当领头羊，而于政府而言，对极个别商会提出的意见往往缺少回应，政府只听取意见，流于形式，缺乏实际措施。

5.2.3　商会缺乏政府支持

"重政府作用而轻社会组织参与"的思想桎梏使得商会发展难以获得政策上的足够重视。从某种意义上而言，政府对商会组织的发展前景和能力并不看好，没有真正赋予商会充分的功能发挥空间。根据访谈记录，多家商会工作人员反映，政府在政策扶持及资金投入等方面支持力度不足，扶持资金大多流向了少数重点领域，如科技型企业，而绝大部分商会发展根本得不到财政扶持，许多税收优惠政策也没有惠及商会；商会在对外推广公益服务项目时，也常常得不到政府部门或公众的充分支持，导致开展的公益活动群众参与度不高；很多政府部门甚至直接与企业建立合作机制，跳过商会这个双向沟通渠道，这些都制约了商会的可持续发展。

以深圳市宝鸡商会为例，在 2015 年 5 月的商会换届选举暨第二届第一次会员大会上，第二届新会长雷均平表示将推出"大数据＋微信公众号"活动，构建全面精确的会员档案数据库，一对一了解会员企业的需求，及时定位进行援助对接，最大限度地发挥商会的大平台作用。通过建立微信公众号，设置多个板块内容，推送原创、优质的各类文章，集合有用的各类信息，提升商会的信息化，打造互联网时代的商会品牌。可以说，深圳市宝鸡商会紧跟"互联网＋商会"思潮想要做出一番突破，但我们在后续跟踪调研过程中发现，真正落实到位的"互联网＋商会"行动并不乐观，这也跟当地政府的支持力度有很大的关系。

在与杭州市诸暨商会骆秘书长的交谈过程中，我们也了解到商会急需专业的信息整合管理机构以及信息资源共享的标准系统。"'互联网＋商会'也好，微信公众号也罢，现在都是每个商会自己在做系统，我认为还是要由商会主管部门统一建造专用系统，这样每个商会都可以用，管理者可以更方便地管理,商会亦减少了工作量。 比如像微信公众号的二次开发、人才需求、招商需求、物资对接等板块我们不是没有尝试过,后来因为经费问题,最终不了了之。 我认为政府在这方面具体做得仍不够,征询各商会的意见统一开发一个商会专用系统很有必要。"商会缺少政府支持下的统一的信息系统,导致商会与政府难以做到数据资源共享与有效配置,商会跨部门、跨领域合作困难,从而带来公共管理的低效率和高成本的困境。

5.2.4 商会与政府难以形成合力

根据调研反馈,政府各部门间、上下级间往往各自为政,缺少横向、纵向的交流沟通与协作,举办的活动有时在形式上与内容上都会出现重叠,导致商会及政府的很多工作重复且不方便,浪费了宝贵的公共资源。 同时,异地商会跨地域的特殊性质使部门间工作杂乱重叠的问题更为突出,影响了异地商会的资源整合和功能的有效发挥。 究其本因,目前中国还没有设立规范商会行为的专门的法律法规,只能依靠 1998 年国务院颁布的《社会团体登记管理条例》及 2016 年民政部修订颁发的行政法规《社会团体登记管理条例》对商会进行管理,而条例中的双重管理模式也间接导致了商会与政府关系不清、政出多门等问题,在商会实际发展过程中往往因为无法可依只能将问题搁置;同时,在对商会的监管方面也没有设立统一的标准以及相关的法律法规,在商会的登记等方面的监管上存在不小的空白区。 不少商会负责人表示,在互联网经济迅速发展的当下,政府更要做好监管、打假工作,商会规范化尤为重要。

5.2.5 商会评估模式有待完善

对商会工作进行科学、合理、有效的评价,不仅可以更好地促进商会的规范化、制度化建设,不断提升自身素质和服务水平,也是要求政府监管能力有效提升的一大体现。 目前,商会正在逐步向着独立自主的非政府机构发展,这样一来,除了民政部门的定期评估,几乎没有真正对其进行监督的权威部门,所以评估指标尤为关键。 根据所走访商会反馈,就目前的杭州市行业协会商会规范化建设评估指标为例,仍存在部分不合理之处。

一是评估的一级指标包括"基础条件、内部治理、工作绩效和社会评价"四大方面,部分内容过大,对社会评价部分的内容指标权设置过低;"互联网＋商会"虽在稳步普及中,但关于技术类指标仍未列入政府对商会的硬性考核中,只有"新闻媒体"这一指标在"社会评价"一级指标中占据 10 分,也从侧面反映了商会与互联网的真正融合仍有难度,部分评估指标亟待改善。

二是评估的公信力有待增强,易引发不公平事件。民政部门作为评估主体,同时负责组织等级评估的各项工作,很容易诱发违规操作,滋生腐败行为,且在之后的职能转移和购买公共服务等工作中,政府都会优先向 3A 级以上商会倾斜,对许多小型商会的长远发展不利。

三是评估结果缺少监督和反馈。就目前商会的管理而言,只有出现年检不合格或违规行为的才会降低或者取消评估等级,而年检又是通过报送材料的方式来进行的,辐射范围较窄,且很难发现问题。互联网技术的发展也促进了许多新的政府监管与行业管理需求的产生,还是缺少长期跟进、全面监督的反馈系统;同时,在与杭州市诸暨商会秘书长的谈话过程中,我们也发现政府对于商会等级评估结果缺乏实质性的奖励措施,工商联单独开展的评估工作基本上都以自己召开会议进行表彰的形式出现,政府没有配套的奖惩机制,难以真正转化为对商会发展有实质性推动的内在动力。

5.2.6　商会功能定位仍较为传统

对于当前大多商会而言,其自身定位仍处于传统模式,即处理好企业与政府的关系,处理好企业与市场的关系,包括通过会员制度,为企业招商引资、展销等提供平台等。这种传统的模式固然能为会员企业提供便利,但是在"互联网＋"时代,随着信息流、物流、资金流三者与大数据的充分融合,随着时间、空间等快速交融,传统的功能模式已难以有效应对。在技术创新、政府政策和商业资本的共同推动下,"互联网＋"正在改造金融、教育、餐饮、服装、影视、房地产乃至汽车、新闻媒体等传统行业。在这样的经济环境下,率先利用互联网技术、人力资源等优势进行重新定位,并积极为会员企业提供人才培训、技术储备、品牌建设等方面服务的商会,对传统模式下的商会形成了巨大的冲击,不仅加剧了商会间的竞争,也导致了政府对商会的选择性支持。

以东莞市贵州商会为例，这家于 2012 年 9 月由在莞贵州籍企业家共同发起成立的商会组织，其会员企业多从事快销品、五金、塑胶、模具等制造行业。而近年来，受国际金融危机等影响，大量制造企业面临转型。特别是中小型企业，过去只是埋头于生产，没有途径或者意识对消费者行为进行分析。了解到企业的痛点后，东莞市贵州商会重新审视自身定位，毅然与会员企业共转型，成为行业内第一家使用大数据引擎分析系统的商会，通过微信平台微商城的购买数据采集、分析商会粉丝数据，销售会员产品，并且通过引导消费者扫描产品上附加的二维码等方式，帮助会员企业精准定位产品、市场和消费人群，灵活掌握哪类商品更受市场欢迎，从而帮助会员企业实现轻资产化经营，减轻企业负担，将自身打造成分享、共享经济的商会平台。同时，"东莞市贵州商会"微信平台还帮会员企业家们免费设计电子名片，帮助他们更好地展示企业形象、加大推广力度。东莞市贵州商会执行会长兼秘书长李隆康说，"商会希望能通过移动端做营销产生价值，为传统企业插上大数据、互联网思维的翅膀"。[1] 未来，微商城还将通过互动功能工具实现"吸粉"，实现传统企业线上粉丝"倍增"，线下业绩上升。东莞市贵州商会在互联网时代的推动下，成为成功重新定位、转型的优秀典例，用实际行动响应政府号召下的"互联网＋"商会，也为众多目前仍处转型瓶颈期、遭遇时代难题的商会提供了经验借鉴。

5.2.7 商会经营模式落后

在调研过程中不难发现，目前我国大部分商会仍采取传统的收取年费的方式来维持商会的日常运营，不少商会工作人员表示收取年费导致了许多工作的重复及人力的浪费，这一机制也有可能导致商会把过多精力投入到发展会员而不是举办高质量的活动及提供切实到位的服务中。此外，在互联网时代，传统的商会内部的会籍管理制度，财务和资产管理制度，工作人员管理制

---

① 郭文君:《东莞贵州商会建大数据管理平台》,《南方日报》,2017 年 4 月 7 日,http://cn. sonhoo. com/info/860281. html。

度，会费收取、使用和管理制度，信息公开制度等难以适应现实情况的发展，内部治理结构、经营模式的不合理亦导致商会功能难以恰当发挥。具体主要体现为以下两点：

第一，缺少动态管理理念。以天津商会为例，由于信息量缺乏且更新滞后，天津商会的管理模式属于一种相对静止的管理方式。在这种相对静止的管理方式下，天津商会的信息实时性较差，在管理中无法进行准确的预测，难以及时有效地化解新的危机和难题。在大数据时代，信息量极为庞大且更新极为迅速，这对天津商会管理的及时性和有效性都提出了更高的要求，相对静止的管理方式已经无法满足大数据时代社会变化的需求。

第二，缺乏创新治理意识。上文提到的东莞市贵州商会在管理上也采取大胆、创新、超前的路线，在社会组织类别中首先使用 ERP 管理系统来规范、管理商会，对不同岗位设置不同权限，各司其职，像企业供应链管理一样把会员、政府及相关联单位紧密地连在一起，商会运作完全按照企业的模式来运作，高效规范，也便利了与政府之间的联系，成为互联网时代管理新模式的典范。同时东莞市贵州商会也是在同类别中第一家使用企业营销 QQ 平台进行宣传的商会，商会通过平台构筑商会与外围沟通桥梁，一个平台可供多人同时按所授权限工作，在很大程度上提升了商会形象，同时加强了商会保密工作，并且让工作人员能及时主动地和任何一位进入商会网站的人员沟通，有效解决了商会自身独立性差、信息安全等问题。[①] 但东莞市贵州商会毕竟是个案，就我们所调研的结果来看，大部分商会仍存在服务会员企业手段单一、载体不足，创新发展意识不强等问题，在调研中发现，大部分商会提供的服务主要是举办论坛、组织讲座培训、开展联谊交流、举办展销会等，服务活动的方式和内容单一、雷同，流于形式，科技含量不高。商会对其会员的维系更多是基于一种情感上的交流和沟通，而在专业性服务如融资、可行性项目分析、维权、承接政府有关职能转移等方面则显得不足，在提供独具特色的商会服务、树立服务品牌方面亦有所欠缺。服务面窄、质量不高和缺乏

---

① 东莞市贵州商会：《东莞市贵州商会简介》，东莞市贵州商会官网，http://www.dggzsh.org/About.asp? id=2。

新意成为制约商会发挥作用的普遍问题,相当多的商会对会员所属行业的前瞻性、战略性问题缺乏兴趣与能力进行深入研究。尤其是伴随着当下互联网经济对民营企业经营模式及经营理念的巨大冲击,众多商会在治理理念及行动上明显反应迟缓,难以迅速应对,这也严重阻碍了政府力推的区域性创新治理的进程。

5.2.8 商会技术支撑不足

互联网时代下,技术赋能商会成为大势所趋。而对于很多商会而言,技术支撑不足成为其转型的重要制约因素。在调研过程中,我们将存在的问题具体分为以下三点。

第一,缺乏专职化、专业化人才。根据调研,诸多商会的专业人士所占比重过低,专业化程度远远无法达到基本水准,部分商会还出现高龄化、养老化的状况,许多退休人员在商会中占据重要位置,这也在一定程度上导致商会缺乏活力、缺乏创新力。同时,作为非营利性组织,商会的工作往往缺乏职业愿景并且不能提供较高的薪酬待遇与社会保障,导致商会难以留住人才、商会人员流动性高,部分商会甚至长期保持着"一位老人＋一位小姑娘"的工作人员结构。商会中工作人员专业化素质不高,全职人员少,也直接导致其在与政府、企业合作的过程中难以提供专业化服务,甚至在某些规模较小的商会中,对外联系、财务、内勤等各项事务均由一人担任,难免顾此失彼。

第二,缺少技术型平台作为载体。目前,我国大部分传统商会的信息发布和沟通一方面通过线下会议和活动,另一方面通过线上微信群和微信公众号,秘书长和商会工作人员可以在群内发布消息通知会员企业,在很大程度上便利了商会的工作。但是这种方式仅局限于商会内部,会员企业能对接到的总资源也局限于商会自身所拥有的资源。因此,在互联网时代,商会急需一个可以打破地域和行业限制的信息发布和对接平台,以更好地服务会员企业。调研发现,只有少数商会能够自主建立信息交流平台,比如网站、微信公众号、新浪微博、论坛等,来介绍产业政策、政府惠企政策和会员企业经营的经验与分享。但由于缺乏平台运营人员,平台常常未能被及时维护,信息出现中断，平台名存实亡。 以大连市的尝试为例，2016 年 7 月，在全国"互联网＋商会"行动计划启动仪式上，"六脉神剑"商会互联网服务平台正式上线，该平台得到了大连市经合办、大连市工商联、大连市创业服务中心和大连30 多家异地商会的支持①。 "六脉神剑"商会互联网服务平台是中国首个商会移动信息交互平台，专门针对商会形成一套独特的"互联网＋"服务体系，通过 App 和微信公众服务平台为全国各地商会提供免费项目展示合作、产品招商、智能通讯录、商会会员管理、企业网络营销推广服务，打通商会与商会之间的信息壁垒，通过重新整合商会资源，为企业提供深度服务。 这一举措曾引起一时轰动，但以其发展态势来看也因技术支撑不足、政府支持力度有限等导致效果一般，只能说以上做法为互联网时代下商会技术赋能这一发展方向提供了新思路、新做法。

第三，产生技术替代危机。 当下，越来越多的互联网企业涉足"商会平台"这一领域，通过其自身技术优势替代商会许多职能，探索新商机，如商会的信息发布类职能已基本可以被取代：行业类的 B2B 垂直网站能够提供更为专业、全面的行业信息；移动互联网用户端，如微信、微博、新闻客户端等比会刊、网站等传统渠道能实时地发布商会信息，且成本更为低廉；商会线下的人才培养职能则受到了在线职业教育、网上公开课的挑战。 这些现象的产生加剧了商会的竞争，也加重了政府对互联网市场的管理负担。

5.3 互联网技术作用下政府与商会关系的形态与走向

互联网时代是大数据的时代，无处不在的自媒体使得政府与商会的关系、政府与企业的关系越来越公开化，技术赋能引导下的政府与商会关系呈现出了新的形态，未来又将如何推动互联网下的政府与商会关系进行良性互动，成了当下急需议论的话题。

---

① 肖立志：《全国"互联网＋商会"行动计划正式启动》,大连新闻网,2016 年 7 月 8 日,https://m.hexun.com/tech/2016－07－08/184832914.html。

5.3.1 互联网时代下政府与商会关系发展的新形态

1.政府在政府与商会关系中越来越偏向监督者、引导者,而不是操作者

商会不再是政府管理经济的辅助工具,而是一个独立的非政府机构;政府不能干预商会的内部事务,商会亦无法代表政府管理,两者之间更多的是合作与相互监督的关系。 同时,移动互联网时代对政府监管能力的要求越来越高,商会的内部规范不能取代政府、社会舆论的监督,政府亦不能推卸监管市场行为的责任。 政府监管的方式也将越来越创新化,除了法律规章的制定及引进竞争机制之外,可参考国外成功经验,通过政府设立公平交易委员会、引进职业公诉人制度等对商会的日常管理、活动等进行有效监管。

2.商会理论受到越来越多的关注

当前我国经济结构进入转型发展关键期,各领域全面优化改革。 互联网时代下的商会亦肩扛重要使命,帮助会员企业提高创新能力,加快转型升级。在此背景下,商会的理论将会得到史无前例的丰富。 当前,商会尚未形成自身的发展理论,无论是角色定位、管理模式、发展战略、发展理念还是其自身的价值内涵,均没有全面的、系统的、科学的理论。[①] 出于引导会员企业搭建创新平台、优化产业结构、培养优秀人才,以及科学解读产业政策、市场信息等需要,商会及社会组织发展的理论将日益被重视。

3.政府与商会之间的治理式互赖越来越明显

当政商关系逐渐走向平等化,两者之间的合作互赖也会越来越突出,互联网时代下彼此的相互嵌入,促使两者之间平等地互动与博弈,最终实现资源、信息、价值和知识的交换与共享,从而提升政商两个系统的功能。 于政府而言,两者的互动有利于提升政府决策的科学化、民主化,便于政策的执行;于商会而言,加深政策解读有助于帮助会员企业及时调整经营策略,顺应经济趋势。 从某种意义上来说,治理式互赖能使政商"各安其分、各司其职、各得其所",从而真正构建起政商关系新生态。

---

① 刘全保:《互联网时代商会生存博弈——访广东高科技产业商会执行会长兼秘书长王理宗》,《经济》2014年第11期,第140—142页。

5.3.2 技术推动下政府与商会关系的良性互动

1. 完善法律法规，健全监管机制

目前，我国商会管理的主要法律法规依据仍是《社会团体登记管理条例》，制度建设的滞后与商会迅速发展的现状严重不适应。因此，政府应当牵头制定相关的法律法规，推动我国互联网时代下商会的立法进程。尽快制定规范商会组织及其运行的基本法，可以为商会在政商关系新形态建设中发挥职能提供法律保障，具体表现为：尽快出台一部能够有效促进商会组织建设和发展的法律法规，明确商会组织的性质、地位、活动准则、权利和义务及在参与社会治理中的定位，并在此基础上完善商会组织的社会保障、税收优惠、人事管理、政府购买服务等法规政策。政府在互联网空间下的治理困境根源在于缺少必要的基本法，相信有了明确的商会基本法，不仅可以从法律层面保护商会组织的发展，也有助于商会明晰职能，正式加入制度化的治理体系之中，政府也可以在处理商会的问题上有章可循。

由于我国对于商会的监管仍处于多头监管，存在很多交叉问题，沟通渠道仍然不足，尤其是异地商会缺乏统一归口业务指导的工作协调机制，且互联网时代下公开透明性更加剧了政府的监管难题。因此，要完善监管立法，通过立法明晰监管体系和监管运行机制，同时，完善监管主体结构，将工商联设为商会组织的主要管理部门，避免多头管理，加强立法和司法监管的功能，弱化行政监管职责，发挥公众监督和舆论监督及商会自我监督等作用。例如，在立项评审、预算编制和绩效评估等环节，引入听证会、满意度调查等程序，引导公众参与监督。

2. 加快政会脱钩的同时加大政府支持力度

"去行政化"改革一直是政商关系改革的重要内容，尽管近几年来，商会早已面向市场，开始了"去行政化"改革，然而由于政策本身的不完备和执行中的偏差，商会平台的改革仍然有很多提升空间。以"政会脱钩"为主要内容的"去行政化"改革应该在人事、财务、机构等方面着手进行，政府应建立纵向和横向相结合的商会组织网络体系，有序推进各类商会组织"去行政化"改革，为互联网背景下商会自我"造血"、现代治理等创造良好的制度条件。

另一方面，商会也应该更积极自主地参与公共事务，提高公共政策参与倡导的有效性。一些综合性、联合性较强的大型商会也可以适当地承担部分公共治理职能。

在加速脱钩进程的同时，政府应结合实际，对商会实行政策上的扶助，通过下拨专项政府经费等方式，对协助政府参与社会管理、提供公共服务、招商引资突出的商会给予适当补贴。并制定税收优惠政策，提高商会参与公共事业的积极性。在人才资源尤为重要的互联网时代，政府更要为商会工作人员制造公平的政策环境，尤其是针对异地商会组织的工作人员，可以在积分落户、子女就学、办理社保、工资福利等方面予以合理的政策倾斜，以增强商会工作的吸引力，使优秀人才扎根商会。

3.完善评估考核机制，拓宽政治参与渠道

首先，完善现行的民政部门考核及工商联独立开展考核的不合理指标；其次，支持和引导商会开展第三方评估，鼓励竞争，在客观公正的基础上，由政府主导，广泛动员全社会参与，通过分类方式进行评定，形成公平公正公开、科学规范有效的评估机制，让第三方评估机构协助政府进行产业行业调整和区域经济协调、招商引资等，也可将评估结果作为商会承接政府职能转变和购买服务的初级依据。再次，在商会竞争愈发激烈的当下，建议引入商会竞争机制和退出机制，打破"能进不能出"的局面，允许商会自主解散并提供注销服务，针对不符合规范的商会也对其执行撤销行为，从而实现对商会的动态管理。

互联网时代下，要突破传统的政治参与方式，拓展我国政商互动，不能仅靠政协和人大这两个渠道，可借鉴发达国家的经验，建立相对固定的、多样化的政商对话互动制度体系。同时，加强政商交往平台机制建设，构建政商间多元化、多领域的沟通机制，通过线上平台加强工商联与商会联系，强化对商会指导和服务的同时，方便商会参与政治，提高政策倡导的有效性。此外，要加快信息化建设，推进"互联网＋政务服务"工作，推进事项上网、流程优化、信息共享和平台融合，实现政府公共服务体系互联互通，打造真正的阳光政务。

4.创新政府管理、政商合作形式

在互联网背景下，要创新政府管理方式，构筑高效的政商沟通平台来增进政商关系。 通过正式与非正式、定期与不定期相结合的会议、座谈、调研等沟通形式，结合信息分析手段，明确沟通与信息反馈渠道，达到顺畅沟通的目的。 与此同时，建立分级管理、双向沟通的政商沟通平台，引导不同层次的沟通机构建立功能定位准确、权责清晰的分工协作机制，使政商沟通程序化、制度化，避免工作的重复、错位等。

政府应与"脱钩"后的商会建立平等互利的新型合作关系，由"资源供给型"政策逐步向"制度供给型"政策转型，充分认识政府购买服务机制的完善在商会改革发展中发挥的重要作用。 通过推进政府购买服务，引导商会承接政府职能转移，使商会与政府在行业调查、统计、规划的拟制等方面进行广泛合作，从而完善购买项目的双向选择机制，推动商会间的良性竞争。 同时，政府在制定公共事务政策、举行各类听证会、组织注册商标或评选等活动时，要引入商会进行辅助，并且通过设立法律程序稳定商会在活动中的地位。

5.完善内部治理模式，融入互联网思维

商会现有的管理制度已无法满足商会建设发展的需求，应继续补充完善商会内部管理条例及制度，将已有的会员入会、会费收支、会议制度、权责分工、财务收支等规章制度进行细致解释，并迅速建立起原来没有明确规定的考核制度、评估方法、信息公开渠道和监管体系并且督促落实。 同时，随着互联网技术的发展，信息量的增大，传统的文字录入已经不能满足商会日益增长的信息需求，商会也需要一个更加系统的、符合商会自身需求的管理系统。如企业管理中的 ERP 系统的成功运用，也是对商会管理的启示，将互联网技术应用到商会日常管理的各个方面，将使商会的管理更加数字化和智能化。

互联网时代下的商会，不仅要具备互联网技术手段，最重要的是具备互联网思维以适应信息化工作方式。 商会作为沟通交流信息、整合资源的平台，融入"互联网＋"的思维，可以利用大数据整合各地区、各会员企业的资源，将商会的系统资源输入专属数据库，以便对接供需，在最大程度上打破商会与商会之间地域、交流的限制。 不同地域的商会企业可以形成互补型合作，同时也降低了商会内部之间的竞争压力，充分激发商会的活力。

6.推动技术赋能商会，加强人才队伍建设

互联网时代下的商会可以在保持和完善原本具备的线下服务的同时，创

建并丰富线上的服务。 通过充分利用网络资源,保持与会员企业之间的积极
互动,结合线上线下开展活动,在形式与内容上同步创新,同时建立互联网线
上智库,利用大数据等技术手段,为会员企业提供政策解读、法律维权、人才
交流、融资信息、管理咨询、市场拓展、参政议政等各方面的线上对接平台;
不同商会之间可以通过大数据平台引入信息接口,共享数据、资源,使得商会
功能由孤立向开放式、多维化转型,还能在比较中明确自身的核心竞争力,帮
助自身明确定位;此外,每个商会都应建立自身的自媒体平台,通过网站、微
信公众号、微博、拍摄纪录片等互联网新兴媒体进行形象宣传,及时发布商会
近期的活动情况、会员信息及政策动态等消息,增强与会员企业、政府的互
动,提升商会整体的服务功能,通过这一途径还可以连接政府职能部门,获得
产业政策的帮助,实现横向和纵向的互联互通。

　　随着政府机构改革的日益深化、商会发展的日益成熟,以及技术赋能的
日益盛行,急需一批有能力、有技术的精英人才走进商会,给商会带来创新与
活力。 因此,要推动商会专业队伍建设,不断优化商会人才发展环境,最大
限度地吸引高精尖人才、专业性人才加入商会。 完善人才培养制度,建立人
才管理、评估发掘、任用选拔、激励保障体系,促进内部人员的职业化、专业
化,同时增加社会工作型、信息技术型人才,提升商会内部的服务水平、治理
水平和技术水平。 此外,提升商会领导人的素质亦尤为重要。 领导人的素质
直接关系到商会的治理成效,要紧跟政府号召培养商会职业化、专业化全职
经理人,用人才赋能商会。

　　互联网技术改变了人们获取信息的方式,提升了社会管理能力,模糊了
行业间的边界,同时也对商会综合管理的能力及政府监督管理的方式提出了
新的要求。 正如宋晓清学者所说,"全球互联网化的进程尽管尚未完成,但
互联网技术及其应用对行业协会商会的技术赋能已经发生"①,因此,运用
"互联网+"思维去适应新情况新变化新要求,去解决政商关系中的新难题新
挑战,有利于新型政商关系的构建。

----

① 宋晓清、沈永东:《技术赋能:互联网时代行业协会商会的组织强化与功能重构》,
《中共浙江省委党校学报》2017 年第 2 期,第 14—23 页。

　　需要指出的是，互联网对商会的实际改变、对政商关系的深入影响仍在进行中，目前可获得的实证资料十分有限。 新型政商关系研究方兴未艾，前期研究基本以规范性研究为主，尚缺少实证研究，且缺乏系统评估，需要结合多案例研究和大样本调研等方式对政商关系进行分门别类式的类型学研究；在学科分布上，此类研究多集中于公共管理、政治学等领域，需结合工商管理、公共管理、政治学、法学、经济学和社会学等多学科，实现跨学科、跨部门、跨单位的资源整合，推动交叉研究；不仅如此，目前对互联网经济之于政商关系影响的关注度仍不够，互联网经济正深刻改变着经济形态，其必将持续深入地影响政商关系，研究新型政商关系时有必要专门对此密切关注，以保证研究的前沿性和前瞻性。

参考文献

［1］王炳社.《史记·五帝本纪》主旨隐喻论［J］.理论导刊,2007（12）：114—118.

［2］唐际根.殷墟博物馆:精美文物诠译殷商文明［J］.国际博物馆（中文版）,2008（Z1）:134—141.

［3］杨华星,缪坤和.试论盐铁会议及西汉后期的盐铁政策［J］.盐业史研究,2007（1）:13—18.

［4］刘玉峰.唐代公廨本钱制的几个问题［J］.史学月刊,2002（5）：46—53.

［5］罗三洋.探寻古代中国商会的历史轨迹（上）［J］.中国民商,2015（3）:66—72.

［6］罗三洋.中世纪中国商会兴衰（中）［J］.中国民商,2015（10）：80—85.

［7］冯巨章.政府、市场、企业和商会治理机制演化研究［J］.中国经济问题,2012（07）:42—53.

［8］林尚立.改革时代的国家与社会关系——行政吸纳社会［M］//王名.中国民间组织——走向公民社会.北京:中国社会科学出版社,2008.

［9］吴昊岱.行业协会商会与行政机关脱钩:政策执行与政策特征［J］.治理研究,2018（04）:102—112.

［10］陈永杰.中国商会发展报告2005—2007［R］.中国商会发展报告No2，2008（04）：03—36.

［11］马红光.依附式合作：企业商会与政府的关系模式探析——以在京外地企业商会为例［J］.首都师范大学学报，2016（08）：72—79.

［12］季云岗.构建"政府监管＋依法自治"新型综合监管模式——民政部社会组织管理局副局长廖鸿就《行业协会商会综合监管办法（试行）》答记者问［J］.中国社会组织，2017（01）：34—36.

［13］徐越倩.民间商会与地方治理：理论基础与国外经验［J］.中共浙江省委党校学报，2005（05）：19—24.

［14］敬乂嘉.控制与赋权：中国政府的社会组织发展策略［J］.学海，2016（01）：22—33.

［15］高丙中.社会团体的合法性问题［J］.中国社会科学，2000（03）：100—108.

［16］余晖.行业协会组织的制度动力学原理［J］.经济管理，2001（02）：22—29.

［17］郁建兴，黄红华.民间商会的自主治理及其限度——以温州商会为研究对象［J］.中共浙江省委党校学报，2004（02）：5—16.

［18］王诗宗.行业组织的政治蕴涵——对温州商会的政治合法性考察［J］.浙江大学学报，2005（03）：158—165.

［19］李建琴，王诗宗.民间商会与地方政府：权力博弈、互动机制与现实局限［J］.中共浙江省委党校学报，2005（05）：5—12.

［20］陈剩勇，马斌.民间商会与地方治理：功能及其限度——温州异地商会的个案研究［J］.社会科学，2007（04）：58—71.

［21］刘世定.退"公"进"私"：政府渗透商会的一个分析［J］.社会，2010（01）：1—21.

［22］蔡斯敏.组织为谁代言：社会治理中商会多重身份的演变［J］.深圳大学学报（人文社科版），2014（09）：106—112.

［23］贾西津，张经.行业协会商会与政府脱钩改革方略及挑战［J］.社会观察，2016（01）：99—105.

［24］ 卢向东.“控制—功能”关系视角下行业协会商会脱钩改革［J］.国家行政学院学报，2017（05）:72—77.

［25］ 唐文玉.行政吸纳服务——中国大陆国家与社会关系的一种新诠释［J］.公共管理学报，2010（01）:13—19.

［26］ 郁建兴，沈永东.调适性合作:十八大以来中国政府与社会组织关系的策略性变革［J］.政治学研究，2017（06）:34—41.

［27］ 彭少峰.依附式合作:政府与社会组织关系转型的新特征［J］.社会主义研究，2017（05）:112—118.

［28］ 王诗宗，宋程成.独立抑或自主:中国社会组织特征问题重思［J］.中国社会科学，2013（05）:50—66.

［29］ 姚华.NGO与政府合作中的自主性何以可能？——以上海YMCA为个案［J］.社会学研究，2013（01）:21—42.

［30］ 吴克昌，车德昌.调适性合作与组织专业化演进——十八大以来广州市社会工作组织发展研究［J］.华南师范大学学报，2017（11）:5—13.

［31］ 汪锦军.政社良性互动的生成机制:中央政府、地方政府与社会自治的互动演进逻辑［J］.浙江大学学报，2017（06）:45—57.

［32］ 宋雷道.专业主导式合作治理:国家社会关系新探［J］.南开学报哲学社会科学版，2018（03）:37—46.

［33］ 张沁洁，王建平.行业协会的组织自主性研究——以广东省级行业协会为例［J］.社会，2010（05）:75—95.

［34］ 王伟进.一种强关系:自上而下型行业协会与政府关系探析［J］.中国行政管理，2015（02）:59—64.

［35］ 陈天祥，应优优.甄别性吸纳:中国国家与社会关系的新常态［J］.中山大学学报，2018（02）:178—186.

［36］ 宋晓清，沈永东.技术赋能:互联网时代行业协会商会的组织强化与功能重构［J］.中共浙江省委党校学报，2017（03）:15—23.

［37］ 敬乂嘉.合作治理:历史与现实的路径［J］.南京社会科学，2015（05）:1—9.

［38］ 高丽茹.法团主义视野下政府与非政府组织的互动关系研究［J］.社会

保障研究，2013（2）:104—112.

[39] 李凤琴."资源依赖"视角下政府与 NGO 的合作——以南京市鼓楼区为例 [J].理论探索，2011（5）:117—120.

[40] 薛华勇.经济全球化背景下中国商会与政府间关系的重塑 [J].苏州大学学报，2006（10）:66—73.

[41] 汪锦军.合作治理的构建:政府与社会良性互动的生成机制 [J].政治学研究，2015（08）:98—105.

[42] 卡洛林·安德鲁，迈克·戈登史密斯.从地方政府管理到地方治理 [J].马克思主义与现实，1999（05）:49—55.

[43] 俞可平:中国公民社会的兴起与治理的变迁 [J]，《治理与善治》 [M]，北京:社会科学文献出版社，2000.

[44] 陈宪.社会中介组织"三性"论 [J].上海改革，2001（5）:4—6.

[45] 余晖等:行业协会及其在中国的发展:理论与案例 [M].北京:经济管理出版社，2000.

[46] 应翔.我国民间商会和地方政府、民营企业的合作关系研巧 [D].上海交通大学，2007.

[47] 景跃进.中国农村基层治理的逻辑转换——国家与乡村社会关系的再思考 [J].治理研究，2018（01）:48—57.

[48] 张康之.论主体多元化条件下的社会治理 [J].中国人民大学学报，2014（02）:2—13.

[49] 康晓光，韩恒.分类控制:当前中国大陆国家与社会关系 [J].研究社会学研究，2005（06）:73—89.

[50] 康晓光，韩恒.行政吸纳社会:当前中国大陆国家与社会关系再研究 [J].中国社会科学（英文版），2007（02）:116—128.

[51] 唐文玉.行政吸纳服务——中国大陆国家与社会关系的一种新诠释 [J].公共管理学报，2010（01）:13—19.

[52] 纪莺莺.从"双向嵌入"到"双向赋权":以 N 市社区社会组织为例——兼论当代中国国家与社会关系的重构 [J].浙江学刊，2017（01）:49—56.

［53］ 金蕾.制度环境、社会资本对社区社会组织有效性的影响及其作用机制
　　　 ［D］.浙江大学，2017.

［54］ 伯努瓦·里豪克斯，查尔斯·C.拉金.QCA 设计原理与应用［M］，
　　　 杜运周等译，北京：机械工业出版社，2017.

［55］ 李长文.民间组织与地方治理——基于新疆异地商会的研究［M］.北
　　　 京：知识产权出版社，2012.

［56］ 李强.异地商会参与地方治理的实践与启示——以广州花都温州商会为
　　　 例［J］.学会，2015（3）：17—24.

［57］ 郁建兴，沈永东，周俊.政府支持与行业协会在经济转型升级中的作
　　　 用——基于浙江省、江苏省和上海市的研究［J］.上海行政学院学报，
　　　 2013（02）：4—13.

［58］ 胡辉华，陈世斌.逻辑偏离:市场内生型行业协会内部运作的组织分
　　　 析——以 G 省 J 行业协会为例［J］.中国非营利评论，2015（01）：
　　　 182—199.

［59］ 郭小聪，宁超.互益性依赖:国家与社会"双向运动"的新思路——基
　　　 于我国行业协会发展现状的一种解释［J］.学术界，2017（04）：
　　　 60—71.

［60］ 张华.连接纽带抑或依附工具:转型时期中国行业协会研究文献评述
　　　 ［J］.社会，2015（03）：221—240.

［61］ 黄冬娅，张华.民营企业家如何组织起来？ ——基于广东工商联系统
　　　 商会组织的分析［J］.社会学研究，2018（04）：29—55.

［62］ 周俊.政府如何选择购买方式和购买对象？ ——购买社会组织服务中
　　　 的政府选择研究［J］.中共浙江省委党校学报，2014（02）：48—55.

［63］ 陈剩勇，马斌.温州民间商会:自主治理的制度分析——温州服装商会
　　　 的典型研究［J］.管理世界，2004（12）：31—49.

［64］ 沈永东.中国地方行业协会商会政策参与:目标、策略与影响力［J］.
　　　 治理研究，2018（05）：93—103.

［65］ 谭爽.城市生活垃圾分类政社合作的影响因素与多元路径——基于模糊
　　　 集定性比较分析［J］.中国地质大学学报 （社会科学版），2019

（03）:85—98.

[66] 程坤鹏,徐家良.从行政吸纳到策略性合作:新时代政府与社会组织关系的互动逻辑[J].治理研究,2018（06）:76—84.

[67] 王名.我国社会组织改革发展的前提和趋势[J].中国机构改革与管理,2014（02）:69—74.

[68] 程坤鹏,徐家良.新时期社会组织党建引领的结构性分析——以S市为例[J].新视野,2018（02）:37—42.

[69] 严宏.解读党建研究话语中的"新社会组织"[J].理论学刊,2009（11）:19—23.

[70] 李德.当前我国社会组织快速发展产生的党建新问题和新要求[J].毛泽东邓小平理论研究,2016（07）:35—40.

[71] 乔彦斌.加强行业协会党建坚持脱钩不脱管[J].办公室业务,2016（16）:190—191.

[72] 刘先春,王小鹏.中国化马克思主义党建理论体系的建构逻辑[J].马克思主义研究,2017（06）:112—121.

[73] 李学斌.以创新精神加强社会组织党的建设[J].红旗文稿,2017（21）:34—35.

[74] 秦海涛,王世谊.新社会组织党建:现状、问题与对策——以江苏省为例[J].理论探索,2009（05）:55—57.

[75] 江苏省工商联课题组.工商联商会党建工作研究[J].广西社会主义学院学报,2016,27（4）:22—27.

[76] 檀雪菲.关于新社会组织党建研究的若干问题[J].当代世界与社会主义,2007（01）:68—71.

[77] 人民论坛专题调研组,陶建群,金雄伟.党建创新:"两外"组织的杭州娘家[J].人民论坛,2010（33）:66—68.

[78] 习近平.习近平谈治国理政[M].北京:外文出版社,2014.

[79] 王名.非营利组织的社会功能及其分类[J].学术月刊,2006（9）:8—11.

[80] 李朔严.政党统合的力量:党、政治资本与草根NGO的发展——基于Z

省 H 市的多案例比较研究［J］.社会，2018，38（01）:160—185.

［81］曼瑟尔·奥尔森.集体行动的逻辑［M］.陈郁等译，上海:生活·读书·新知三联书店，1995.

［82］冯小敏.党建研究内部文稿（2000—2004）［C］.上海:上海交通大学出版社，2004.

［83］范清宇.关于行业协会商会与行政机关脱钩后加强监管问题的思考与建议［J］.中国民政，2014（11）:26.

［84］中国互联网络信息中心.第 42 次中国互联网络发展状况统计报告［R］，2018:20.

［85］习近平.决胜全面建成小康社会夺取新时代中国特色社会主义伟大胜利——在中国共产党第十九次全国代表大会上的报告［M］.北京:人民出版社，2017.

［86］匡文波.互联网为政商关系增添新变量［J］.人民论坛，2016，（28）:32—34.

［87］罗伯特·帕特南.独自打保龄:美国社区的衰落与复兴［M］.北京大学出版社，2011.

［88］曼瑟尔·奥尔森.国家的兴衰［M］.李增刚译，上海:上海人民出版社，2007.

［89］维克托·迈尔·舍恩伯格，周涛.大数据时代生活、工作与思维的大变革［J］.人力资源管理，2013（03）:174.

［90］刘叶婷，王春晓."大数据"新当做——"大数据"时代背景下政府当做模式改变的分析［J］.领导科学，2012（35）:4—6.

［91］李国杰，程学旗.大数据研究:未来科技及经济社会发展的重大战略领域——大数据的研究现状与科学思考［J］.中国科学院院刊，2012（06）:647—657.

［92］马琳.大数据时代下的社会管理创新［J］.领导科学，2013（32）:23—24.

［93］褚建国.政商关系:清晰界定才能更好构建［J］.中国党政干部论坛，2016（06）:7—9.

［94］唐亚林."亲""清"政商关系的社会价值基础［J］.人民论坛，2016
（09）:6.

［95］宋晓清.超越"政企桥梁"：行业协会商会的角色再定位［J］.治理研
究，2018（04）:94—101.

［96］毛寿龙.政商关系应走向"公共化"［J］.学习月刊，2017（04）:21.

［97］沈永东，宋晓清.新一轮行业协会商会与行政机关脱钩改革的风险及
其防范［J］.中共浙江省委党校学报，2016（02）:29—37.

［98］宋晓清.全面深化改革时代政府与行业协会商会关系的重构［J］.中共
浙江省委党校学报，2014，30（05）:45—52.

［99］周俊，宋晓清.行业协会的公共治理功能及其再造——以杭州市和温
州市行业协会为例［J］.浙江大学学报（人文社会科学版），2011
（06）:36—46.

［100］郁建兴，宋晓清.商会组织治理的新分析框架及其应用［J］.中国行
政管理，2009（04）:59—64.

［101］宋晓清.谨防行业协会商会与行政机关脱钩过程中的三种风险［J］.
中国社会组织，2015（21）:29—30.

［102］匡文波.互联网为政商关系增添新变量［J］.人民论坛，2016（28）:
32—34.

［103］龚维斌.互联网发展对我国政府决策的影响［J］.中国行政管理，
2008（10）:44—47.

［104］杨卫敏.构建"亲""清"政商关系探析——学习习近平有关新型政
商关系的重要论述［J］.江苏省社会主义学院学报，2016（03）:
50—51.

［105］刘以沛.构建良性互动的合理政商关系［J］.中州学刊，2016（09）:
7—11.

［106］孙丽丽.关于构建新型政商关系的思考［J］.经济问题，2016（02）:
32—35.

［107］徐越倩，楼鑫鑫.政府与商会关系的理论进路与政策演化［J］.治理
研究，2019（01）:89—96.

［108］ 余浩.新时代下构建亲清新型政商关系的思考［J］.企业科技与发展，2018（12）:183—185.

［109］ 侯恩宾.当前我国新型政商关系研究现状与问题——兼议大统战的深刻含义［J］.上海市社会主义学院学报，2018（03）:50—56.

［110］ 胡凤乔，叶杰.新时代的政商关系研究:进展与前瞻［J］.浙江工商大学学报，2018（03）:125—132.

［111］ 韩阳.新时代中国特色社会主义新型政商关系的探讨与建构［J］.江苏省社会主义学院学报，2018（01）:64—69.

［112］ 谭建军.新时代新型政商关系发展的新机遇和新征程［J］.广东省社会主义学院学报，2018（01）:23—24.

［113］ 田德毅.用"互联网＋"思维推进地方商会工作［J］.中国商人，2015（8）:114—116.

［114］ 陈硕颖，杨扬.中国特色社会主义新时代下的新型政商关系——兼论PPP对构建新型政商关系的作用［J］.教学与研究，2017（12）:35—42.

［115］ 李向党，韩滨.初探银行服务客群中带有"互联网＋"基因的新兴商会——以"新疆企业家资源整合会"为例［J］.时代金融，2018（18）:50—51.

［116］ 胡井军，勇美菁，王佳慧等."互联网＋"时代，商会发展的问题及对策研究［J］.现代商业，2016（15）:164—165.

［117］ 金宸.以服务吸引人 用实惠留住人——广东异地商会面对新变化，奏响"变"奏曲［J］.大社会，2016（05）:34—37.

［118］ 彭荣.中国的数字化政府之路［J］.电脑知识与技术，2009（21）:5923—5924.

［119］ 刘文扬.大数据时代对NGO的机遇、挑战及对策研究［D］.天津大学，2016.

［120］ 张劲.肩扛时代责任 服务经济转型——牛商会帮助传统企业成功转型互联网［J］.上海商业，2016（03）:8—9.

［121］ 戴恩林.以互联网思维创新培训——商会会长班的培训实践［J］.山西

经济管理干部学院学报，2015，23（04）：12—16.

[122] 周珍芝.汽车电商搅动"互联网＋"后市场迎发展新机遇［J］.中国汽配市场，2015（06）：17.

[123] 赵曙光.社交媒体的使用效果：社会资本的视角［J］.国际新闻界，2014（7）：146—159.

[124] 刘仝保.互联网时代商会生存博弈——访广东高科技产业商会执行会长兼秘书长王理宗［J］.经济，2014（11）：140—142.

[125] 余金成.政治与经济的关系——中国社会主义建设中的哥德巴赫猜想［M］.天津：天津人民出版社，2002.

[126] 田德毅.地方商会：用"互联网＋"思维服务企业［J］.中国党政干部论坛，2015（06）：29—32.

[127] DONER R F, SCHNEIDER B R. Business Associations and Economic Development：Why Some Associations Contribute More Than Others［J］.Business&Politics, 2000, 2（3）：261—288.

[128] STREEK W, VISSER J. Organized Business Facing Internationalization. Governing Interests：Business Associations Facing Internationalism［M］. New York：Routledge, 2006.

[129] MANSELL R. Power, Hierarchy and the Internet：Why the Internet Empowers and Disempowers［J］.Global Studies Journal, 2015, 9（2）：19—25.

[130] WHITE G. Prospects for Civil Society in China：A Case Study of Xiaoshan City［J］.The China Journal, 1993（29）：63—87.

[131] CHAN A. Revolution or Corporatism？ Workers and Trade Unions in Post—Mao China［J］. The China Journal, 1993（29）：31—61.

[132] KANG X G, HAN H. Administrative Absorption of Society：A Further Probe into the State – Society Relationship in Chinese Mainland［J］.中国社会科学（英文版）.2007（08）：116—128.

[133] YOUNG D R. Complementary, Supplementary, or Adversarial? Nonprofit-Government Relations［J］. Nonprofits and Government：

Collaboration and Conflict. 2006: 37—79.

[134] CHAVES M, STEPHENS L, GALASKIEWICZ J. Does Government Funding Suppress Nonprofits' Political Activity? [J]. American Sociological Review, 2004（02）:292—316.

[135] SALAMON L M. Of Market Failure, Voluntary Failure, and Third-Party Government: Toward a Theory of Government-Nonprofit Relations in the Modern Welfare State [J]. Nonprofit and Voluntary Sector Quarterly, 1987（16）:29—49.

[136] BRINKERHOFF J M, BRINKERHOFF D W. Government-Nonprofit Relations in Comparative Perspective: Evolution, Themes and New Directions [J]. Public Administration Development, 2002（22）:3—18.

[137] ARVIDSON M, JOHANSSON H, SCARAMUZZINO R. Advocacy Compromised: How Financial, Organizational and Institutional Factors Shape Advocacy Strategies of Civil Society Organizations [J]. VOLUNTAS: International Journal of Voluntary and Nonprofit Organizations, 2018（29）:844—856.

[138] LU J, DONG Q. What Influences the Growth of the Chinese Nonprofit Sector: A Prefecture-Level Study [J]. VOLUNTAS: International Journal of Voluntary and Nonprofit Organizations, 2018（29）:1347—1359.

[139] ZHAN X Y, TANG S Y. Political Opportunities, Resource Constraints and Policy Advocacy of Environmental NGOs in China [J]. Public Administration, 2013（02）:381—399.

[140] CHENG Y. Exploring the Role of Nonprofits in Public Service Provision: Moving from Coproduction to Cogovernance [J]. Public Administration Review, 2019（02）:203—214.

[141] AMIRKHANYAN A A. Closer than "Arms Length": Understanding the Factors Associated With Collaborative Contracting

[J]. The American Review of Public Administration, 2012 (03): 341—366.

[142] RAGIN C C. Set Relations in Social Research: Evaluating Their Consistency and Coverage [J]. Political Analysis, 2016 (14): 291—310.

[143] RAGIN C C. Redesigning Social Inquiry: Fuzzy Sets and Beyond [M]. Chicago: University of Chicago Press, 2008.

[144] NARDIS Y. Explaining Institutional Innovation: Case Studies from Latin America and East Asia [J]. Journal of Asian Studies, 2012 (3):757—758.

[145] GEORGE E M. Collaborative Propensities Among Transnational NGOs Registered in the United States [J]. American Review of Public Administration, 2014 (5):575—599.

[146] SCHMITTER P C, SREEET W. The Organization of Business Interests: Studying the Associative Action of Business in Advanced Industrial Societies [J]. MPIfG Discussion Paper, 1999 (01): 1—95.

[147] BULATOR D S. Russian Food Exports: Promotion Need to be Improved [J]. Pishchevaya Promyshlennost, 2018 (4):30—32.

[148] ZUDIN A Y, YAKOVLEV A A. Indispensable or Marginal? The Sector of Well-Functioning Business Associations in Russia (based on qualitative survey data) [J]. Russian World: Sociology, Ethnology, 2011 (3):95—124.

后　记

对政府与商会关系的研究一直以来都是学术界非常关注的议题。习近平总书记在 2016 年 3 月 4 日看望参加全国政协十二届四次会议的民建、工商联委员时，提出了新形势下政府官员和非公有制经济人士互动交往的新要求、新希望，并将其概括为"亲""清"政商关系，这对于理解中国特色新型政商关系有着深远的意义。"亲""清"政商关系至少包含了三个层面的涵义：宏观层面的政治与经济的关系、中观层面的政府与商企组织的关系和微观层面的政府官员和企业家的关系。其中，与市场化进程和社会治理体系发育互动演进的政府与商会组织关系是理解与构建"亲""清"新型政商关系的必要部分。

2002 年我就开始了对民间商会的调研，十几年来走访了上海、广州、杭州、温州、宁波、绍兴、义乌等地的商会和行业协会 70 余家，我见证了以民间商会为代表的社会组织在地方治理中发挥着越来越重要的作用，成为解释国家治理现代化经验与道路的重要变量。2017 年，我们的团队又参与了教育部哲学社会科学研究重大课题攻关项目"新型政商关系研究"，构建并发布了新型政商关系的"亲清指数"，对浙江省 11 个地市的政商关系进行了初步评价，在这个过程中，我们发现商会与政府出现了策略性的合作形态，而且这种"新"的形态也进一步影响了区域政商关系的发展，这些观察与思考成为促使我继续推进政府与商会关系研究的重要原因。

　　本书系统回顾了我国政府与商会关系发展的历史脉络与演进逻辑，并提出新型政商关系背景下形塑政府与商会关系的新要求与新议题；通过对西方政社关系经典理论与国内已有研究的整理与分析，结合中国政府与商会关系的现实案例，从三个方面提出了政府与商会"策略性合作"关系的分析框架：基于党建引领作用的政治策略实现合作；基于多元主体共同利益的互嵌策略实现合作；基于互联网与大数据赋能的技术策略实现合作。 最后，本书站在新的历史起点，提出了政府与商会展开合作治理的路径，分析了政府与商会关系的未来发展趋势。 其中，我的硕士研究生张倩参与了书稿第 3 章的写作，楼鑫鑫参与了第 4 章的写作，宋淑溶参与了第 5 章的写作，特别是楼鑫鑫还参与了全书的统稿，感谢她们为书稿的完成做出的大量工作！

　　感谢课题组的同事们对本书观点提出的宝贵意见和建议，特别感谢叶杰和胡凤乔老师对政商关系研究进行的非常系统的整理。 感谢浙商研究院对于书稿写作的资助！ 感谢浙江工商大学出版社慨然允诺出版本书，并将其列入"浙江工商大学文化精品研究工程"和"中华人民共和国成立 70 周年浙商研究院智库丛书"，徐凌编辑为本书的出版付出了大量心血！

　　在国家治理体系与治理能力现代化的背景下，商会组织面临大好的发展机遇，也面临着严峻的挑战，既要回应新的时代商会研究的新议题，也要进一步思考与政府的关系，寻求政商合作的策略性机制。

徐越倩

2019 年 8 月于杭州